Die guten Deutschen

D1665051

Michael O.R. Kröher

DIE GUTEN DEUTSCHEN

**Friedensbewegung – Frauenrechte – Nachhaltigkeit
Und wie wir die Welt sonst noch bereichert haben**

VERGANGENHEITS
VERLAG

Impressum

Bibliografische Informationen der Deutschen Nationalbibliothek
Die Deutsche Nationalbibliothek verzeichnet diese Publikation in der Deutschen
Nationalbibliografie; detaillierte bibliografische Daten sind im Internet über
http://dnb.d-nb.de abrufbar.

ISBN: 978-3-86408-314-3

Korrektorat: Ralf Diesel

Grafisches Gesamtkonzept, Titelgestaltung, Satz und Layout:
Stefan Berndt – www.fototypo.de

© Copyright: Vergangenheitsverlag, Berlin / 2024
www.vergangenheitsverlag.de

Alle Rechte, auch die des Nachdrucks von Auszügen, der fotomechanischen und
digitalen Wiedergabe und der Übersetzung, vorbehalten.

Inhalt

Die Suche nach „guten Deutschen", ein Streifzug durch die jüngsten Jahrhunderte. Absichten, Ziele und Vorgehensweisen

Vom „hässlichen Deutschen" hat alle Welt ein klares Bild. Zumindest vom Modell früherer Generationen: Seine Standardgarderobe war die Uniform, anfangs in preußisch-blau, dann in feldgrau und schließlich in wehrmachtsgrün, NS-braun oder -schwarz. Dazu grobe Stiefel, mit denen sich bei Bedarf andere Länder zügig durchqueren, Ungeziefer zerquetschen und Türen eintreten ließen. Konversation betrieb er im Kasernenhofton, zum Gruß ließ er die Hacken knallen. Seine Lieblingsmusik erklang im Marschrhythmus. Das Bitten war seine Sache nicht. Stattdessen gab er Befehle und befolgte seinerseits jene, die Höhergestellte ihm erteilt hatten. Denn seine Weltordnung war hierarchisch aufgebaut: „Der Ober sticht den Unter", heißt es dazu im Kartenspiel mit „Deutschem Blatt".

Heinrich Mann hat diesen hässlichen Deutschen in seinem Roman „Der Untertan" exemplarisch beschrieben, George Grosz hat ihn vielhundertfach gemalt, Carl Zuckmayer im „Hauptmann von Köpenick" auf eine bittere Weise karikiert.

Und es gab noch eine Steigerung: „Der böse Deutsche" brachte über Jahrzehnte Unheil in die Welt, knechtete die Einwohner seiner Kolonien und brachte zigtausende um, zettelte Weltkriege an und beging millionenfach Verbrechen auch an der Zivilbevölkerung. Er setzte Giftgas ein und baute Tötungsfabriken, um Völkermord im industriellen Maßstab zu betreiben. Er verjagte hunderttausende Gelehrte, Dichte-rinnen, Künstler, Politiker, Gewerkschafter, Musikerinnen,

Ärzte, Anwälte, Erfinder, Filmemacher und Schauspielerinnen samt ihren Familien aus ihrer deutschen Heimat, zerbombte ferne Städte, terrorisierte mehrere Erdteile gleichzeitig. Am Ende setzte dieser „böse Deutsche" die eigenen Landsleute dem Hunger und allen anderen Entbehrungen, Gefahren, Bedrohungen in einem vom „totalen Krieg" zerstörten Kontinent aus.

Auch heute gibt es noch jede Menge „hässliche" Deutsche, prototypisch auf beide Geschlechter verteilt. Diese sichern sich am Urlaubsort die besten Plätze am Hotelpool, indem sie ihre Handtücher schon vorm Frühstück auf den umstehenden Liegen ausbreiten. Sie rüffeln Kellnerinnen, wenn das Bier nicht so eingeschenkt wurde, wie sie es gewohnt sind. Sie setzen die Lichthupe ein, um sich die linke Spur der Autobahn „freizuballern" und parken auf Plätzen für Behinderte, weil sie die Nutzungsbeschränkung für ein unberechtigtes Privileg halten.

Und wenn's schlimm kommt, dann werden diese hässlichen erneut zu bösen Deutschen. Die zünden Unterkünfte für Asylanten an, bepöbeln und attackieren fremdländisch aussehende oder gekleidete Menschen, greifen Feuerwehrleute, Sanitäter und andere Hilfskräfte an und behindern deren Einsatz. Einzelne starten ganze Mordserien mit terroristischer Heimtücke. Andere schmieren Davidsterne an die Wohnungstüren jüdischer Nachbarn, verüben Brandanschläge oder bewaffnete Überfälle auf Synagogen. Schon Thomas Mann reagierte 1918, am Ende des Ersten Weltkriegs, auf den „Begriff deutsch" daher nur mit dem Stoßseufzer: „ein Abgrund, bodenlos (...)".

Allerdings sind, auch dies sei angemerkt, die beschriebenen Schrecklichkeiten ebenso wenig eine Spezialität der „bösen

Deutschen" wie die illegale Entsorgung von Giftmüll, die häusliche Gewalt vor allem gegen Frauen und Kinder, das Quälen von Tieren und so weiter. All dies passiert leider auch überall sonst auf der Welt und wurde nicht von Deutschen erfunden, nicht von ihnen dorthin gebracht.

Doch wie sehen „die guten Deutschen" aus, die diesen Schreckensherrschern, Gewalttätern, Unterdrückern, Terroristen, Folterern, Nervensägen und Schandmäulern hier gegenübergestellt werden?

Ihr Bild, ihr Auftreten scheint zunächst weniger homogen – und dann doch in mancherlei Hinsicht klischeehaft. Denn „gute Deutsche" sind zunächst „die üblichen Verdächtigen": Goethe und Schiller, Bach und Beethoven, Kant und Hegel, Dürer und Cranach, Einstein und Planck, Bismarck, Brandt und Beckenbauer ... die Liste lässt sich nahezu beliebig fortsetzen.

Doch führt das simple Vis-à-vis von Gut und Böse schnell zu einem durchschaubaren, somit langweiligen Klischee. Keine Nation samt ihren Bürgerinnen und Bürgern lässt sich nur mit dem Kontrast von Schwarz und Weiß abbilden, schon gar nicht bei einem Streifzug durch die Geschichte und somit auch in der vierten Dimension der Zeit.

Thomas Mann hat deshalb sein Urteil eines bodenlosen Abgrunds revidiert und relativiert. In seinem Vortrag „Deutschland und die Deutschen", drei Wochen nach Ende des Zweiten Weltkriegs in der Washingtoner Library of Congress gehalten, entwirft er ein knappes dialektisches Modell. „Im deutschen Wesen", heißt es dort, „vereinigen sich Weltbedürftigkeit und Weltscheu, Kosmopolitismus und Provinzialismus".

Sebastian Haffner, viel beachteter Kolumnist und Chronist der zum Teil turbulent-verworrenen, aber auch gewalttriefenden

Jahrzehnte zwischen 1914 und 1945, zeichnet ein vielschichtigeres, bunteres, detaillierteres Bild. In seinen gesellschaftlichen Kreisen war Deutschland vor der Machtübernahme der Nazis „ein Gebilde von bestimmten charakteristischen Zügen: Humanität gehörte dazu, Offenheit nach allen Seiten, grüblerische Gründlichkeit des Denkens, ein Niezufriedensein mit der Welt und mit sich selbst. Mut, immer wieder zu versuchen und zu verwerfen, Selbstkritik, Wahrheitsliebe, Objektivität, Ungenügsamkeit, Unbedingtheit, Vielgestaltigkeit. Dazu eine gewisse Schwerfälligkeit, aber auch eine Lust zur freiesten Improvisation, Langsamkeit und Ernst, aber ebenso ein spielerischer Reichtum des Produzierens, der immer neue Formen aus sich herauswarf und als ungültige Versuche wieder zurückzog. Respekt für alles Eigenwillige und Eigenartige. Gutmütigkeit, Großzügigkeit, Sentimentalität, Musikalität und vor allem eine große Freiheit: etwas Schweifendes, Unbegrenztes, Maßloses, nie sich Festlegendes, nie Resignierendes." Heimlich, so erinnert sich Haffner in seiner „Geschichte eines Deutschen" aus den 1930er-Jahren, waren er und seinesgleichen „stolz darauf, dass unser Land geistig ein Land der unbegrenzten Möglichkeiten sei."

Dieses Buch macht sich auf die Suche nach jenen „guten Deutschen", die möglichst viel des hier Aufgezählten in ihren Persönlichkeiten und ihren Arbeiten vereinen. Die das Leben vielerorts angenehmer, humaner, sicherer, gerechter, harmonischer, einfacher, komfortabler, gesünder, effizienter, verständlicher, amüsanter, friedlicher, stilvoller und genüsslicher machen konnten. Und deren Namen nicht sofort jedem und jeder auf der Zunge liegen.

Es handelt von Landsleuten, die sich engagiert haben innerhalb und außerhalb ihrer eigentlichen Kompetenzen und

Zuständigkeiten. Und die mit diesem Engagement Erfolge, zumindest Ergebnisse erzielt haben, die dem Rest der Welt nicht gleichgültig waren und sind. Es geht um Friedensstifter und Elektrotechniker, um Firmengründerinnen und Ärzte, um Popmusiker und Designerinnen, Pädagogen, Flugpioniere, Feministinnen, Ökologen, Forscher, Architekten, Maschinenbauer, Forstwirte, Umweltaktivistinnen, Digitaltechnologen und sangesfreudige Liedpoeten.

Manche ihrer Errungenschaften zählen wohl als „typisch deutsch", bei anderen überrascht es, dass sie aus Deutschland kommen, von den hiesigen Eingeborenen in die Welt gebracht wurden.

Ja, die Mehrzahl der hier beschriebenen Figuren ist männlich. Das mag man bedauern, kritisieren und als empörend empfinden. Aber leider waren und sind Frauen bis in unsere Tage hinein weniger öffentlich sichtbar und wirksam. Dies war und ist gewiss eine Fehlentwicklung. Deren Korrektur kann jedoch nicht Aufgabe dieses Buches sein, das eine Bestandsaufnahme und deren lebendige Darstellung versucht, keine Kampagne betreiben will.

Bei der Auswahl der hier Genannten und Beschriebenen haben ethnische, genetische oder genealogische Kriterien keine Rolle gespielt. Denn was wäre eine in dieser Hinsicht heute allgemein anerkannte Definition von „deutsch"? Die irrlichternde Vorstellung eines „gemeinsamen Blutes" bleibt im Horrorkabinett des Nazi-Jargons verschlossen.

Hingegen wurden die geografischen Grenzen streng gezogen: Aufgenommen wurde nur, wer in Gebieten geboren wurde, deren Zugehörigkeit zu einem deutschen Staat international anerkannt war und ist. So zählen etwa Rudolf Virchow, Paul Ehrlich und Emil von Behring dazu, weil ihre Geburtsorte heute zwar in Polen liegen, dereinst aber zu einem Vorgängerstaat des Deutschen Reichs gehörten. Und weil sie in Deutschland wirkten, weltweit als Deutsche registriert wurden.

Albert Schweitzer, als Tropenarzt, Humanist und international gehörter Warner vor dem Atomkrieg sicher ein profilierter Pazifist, wird hingegen nicht näher betrachtet, obwohl er 1875 im elsässischen Kaysersberg geboren wurde, das damals zum Deutschen Reich gehörte. Schweitzer hat sich selbst als „Elsässer und Weltbürger" bezeichnet, seine drei Dissertationen und die theologische Habilitationsschrift auf Deutsch verfasst. Nach dem Ersten Weltkrieg, als das Elsass und Lothringen wieder zu Frankreich kamen, wurden die Bürgerinnen und Bürger dieser von Deutschland annektierten Regionen automatisch französische Staatsbürger, somit auch Albert Schweitzer. Der größere Teil der pazifistischen und humanitären Aktivitäten, für die er den Friedens-Nobelpreis des Jahres 1952 erhalten hat, fällt damit in seine Zeit als Franzose. Auch lag das berühmte Krankenhaus von Lambarene, das Schweitzer über Jahrzehnte leitete, im damals französischen Zentralafrika.

Auch Billy Wilder bleibt außen vor, obwohl er in Hollywood wegen seines Akzents und wegen seiner Vergangenheit, seiner Praxis bei der Berliner Ufa als „typischer Deutscher" angesehen wurde. Zwar haben seine Drehbücher und seine Regie-Kunst vor allem in den hinreißenden Filmkomödien wie „Manche mögen's heiß" oder „Das verflixte siebte Jahr" das Genre weltweit und nachhaltig geprägt. Aber sein Geburtsort liegt im damals österreichisch-ungarischen Galizien; Berlin und die deutsche Produktionsgesellschaft Ufa waren für den jungen Wilder in der Zeit vor der Machtübernahme der Nazis nur Durchgangsstationen für seine dann einsetzende, Jahrzehnte währende Weltkarriere.

Dasselbe gilt für Rudolf Steiner. Ausgehend von seinen Wirkungsstätten in Weimar und Berlin hat der Begründer der Anthroposophie zwar mit seiner Waldorf-Pädagogik ein weltweit hoch erfolgreiches Konzept für Kindergärten und Schulen bis zum Abitur etabliert. Heute gibt es allein in Deutschland über 250 Waldorf- und Steiner-Schulen, über 600 Kindergärten dieser Ausrichtung. In keinem anderen Land wird Steiners Erziehungslehre häufiger praktiziert. Doch wurde der Reformpädagoge, Theosoph und Biodynamiker 1861 in Österreich-Ungarn geboren.

Ebenfalls ausgeschlossen blieben mehr oder weniger erfolglose deutsche Impulsgeber, Erfinder, Vordenker, Veränderer, Widerständler und Ideenstifter wie Thomas Müntzer, Robert Blum, Friedrich Hecker, Albrecht Ludwig Berblinger („der Schneider von Ulm"), Siegfried Marcus, Georg Elser, die Geschwister Scholl und viele andere, die mit den besten Absichten wirkten, diese aber leider nicht umsetzen konnten. Dies Buch möchte nur Menschen beschreiben, die einen auch heute noch erwähnenswerten Einfluss hatten und für ihren Einsatz Anerkennung fanden, möglichst in vielen Regionen der Welt – und die nicht als tragische Figuren endeten.

Schließlich tauchen „die üblichen Verdächtigen" hier nicht auf. Über das Schaffen und Wirken der berühmten deutschen Dichter und Denker, der Staatsmänner, Militärs, Religionsstifter, Politiker, Künstler und Wissenschaftler ist andernorts genügend nachzulesen.

Und warum das Ganze?

Dies Buch hat keine politischen Ziele, verfolgt keine nationalistischen Absichten. Es will keine der hierzulande erbrachten Leistungen und Errungenschaften schönfärben.

Denn selbst die „guten Deutschen", die hier beschrieben werden, sind weder im Einzelfall noch in der Summe besser als die „guten" Vertreter jedes anderen Landes. Manche haben sogar üble, schlimme Seiten, haben sich schuldig gemacht und gar nicht oder zu wenig dafür gebüßt. Doch sind einige jener Vertreter originell, einfallsreich und bedeutsam genug, um ihre Geschichte zu erzählen. Zumindest solange sich ihren Untaten noch nennenswerte Verdienste gegenüberstellen lassen.

Schon gar nicht geht es darum, deutsche Verfehlungen der Vergangenheit zu relativieren oder gar vergessen zu machen, indem ihnen positiv bewertbare Leistungen und Werke in mehr oder weniger revisionistischer Absicht gegenübergestellt werden. Die historischen Verbrechen der Deutschen stehen unauslöschlich in den Geschichtsbüchern. Sie lassen sich nicht verrechnen, kleinreden oder gar vertuschen.

Aber daneben, dahinter, davor und darunter gibt es auch noch andere Themen, andere Ereignisse und Situationen, die unsere Landsleute in die Welt und dort zu Wirkung und Bedeutung gebracht haben. Auch in Zeiten, bei deren Gedenken hauptsächlich Schuldbewusstsein, Scham und Reue, Mitleid und Bußfertigkeit aufkommen sollten. Auch diese Figuren werden hier betrachtet, weil es zumindest unter bestimmten Perspektiven darüber zu berichten und nachzudenken lohnt, unabhängig von Schandtaten und Verbrechen. Diese Themen, Arbeiten, Erfindungen, Erkenntnisse, Ideen, Theorien und Errungenschaften in Medizin und Weltpolitik, in Pädagogik, Design und Architektur, Musik, Chemie und Maschinenbau, gesellschaftlicher Verfassung und Bürgerinnenrechten, Natur- und Umweltschutz, Luft- und Raumfahrt – all dies will dieses Buch beschreiben und darstellen. Davon erzählt es.

Was aber kann eine literarische Suche nach „guten Deutschen" wie die hier vorliegende bringen?

Zunächst: eine hoffentlich anregende und erhellende, informative, unterhaltsame, nützliche und eindrückliche Lektüre.

Und dann eine vielleicht neue, vielleicht aber auch nur ergänzende Einsicht ins Funktionieren, in die Zusammenhänge jenes großen, reichen, vielfach engagierten und ambitionierten Landes mitten in Europa, in dem die meisten der Leserinnen und Leser dieses Buches leben dürften, aus dem sie abstammen oder über das sie sich aus anderen Gründen Gedanken machen.

Dabei bleibt offen, welche gesellschaftlichen, politischen, kulturellen, historischen, familiären oder genetischen Faktoren zusammenkommen müssen, damit daraus ein „guter Deutscher", eine „gute Deutsche" entsteht. Es gibt keine Rezeptur, die aus durchschnittlichen Landsleuten „gute Deutsche" machen könnte, keine Formel, nach der sich eine Entwicklung in die „richtige" Richtung berechnen ließe. Und kein „System Deutschland", das solche Persönlichkeiten, solche Errungenschaften und Erfolge planvoll und strukturiert hervorbringen oder fördern könnte. Dazu sind die erforderlichen Qualifikationen zu unterschiedlich, die vorgelegten Ergebnisse zu verschieden. Und selbstverständlich bleibt auch deren individuelle Bewertung offen.

Auf emotionaler Ebene steht hoffentlich das Überraschtsein im Vordergrund, etwa über neue Erkenntnisse. Vielleicht auch das Staunen, die Freude übers Entdecken neuer Fakten und Zusammenhänge, über das Kennenlernen zuvor unbekannter Figuren und Entwicklungen. Dieses Hochgefühl sollte jedoch nicht umkippen in Stolz. Schließlich haben wir, die Nachkömmlinge der in diesem Buch Beschriebenen, nichts beigetragen zu deren Leistungen. Ihre Erfolge sind nicht auf dem Fundament unserer Vorarbeiten gelungen. Und stolz kann, darf, sollte nur sein, wer sich in eine mehr oder weniger direkte Verbindung mit dem Vollbrachten bringen kann. Fußballfans dürfen sich freuen über die Siege ihrer Mannschaft, der Stolz darauf bleibt den Spielern und Trainern überlassen.

Außerdem verschmilzt dieses spezielle Gefühl bei Gedanken an eventuelle Gemeinsamkeiten mit den Erbringern besonderer Leistungen schnell zu Nationalstolz – eine in Deutschland problematische, oftmals sogar gefährliche Empfindung, die zu ebensolchen Haltungen und Handlungen führen kann.

Bei allem Bemühen um einen umfassenden Rundumblick bleibt die hier getroffene Auswahl subjektiv, der Selektion liegen keinerlei objektivierbare Kriterien zugrunde. Der Autor möchte eindrucksvolle Geschichten erzählen, es geht ihm vornehmlich nicht um Gerechtigkeit vor irgendwelchen höheren Instanzen, nicht um Ausgeglichenheit. Ausgangsmaterial waren keine Datenbanken, keine Fachjury hat Voten abgegeben, kein Expertenrat in sonstiger Weise assistiert, zur Objektivierung des Präsentierten beigetragen.

Dadurch haben sich möglicherweise Lücken ergeben, die einzelnen Leserinnen und Lesern aufstoßen. Der Autor bittet in diesen Fällen um nachsichtige Kontaktaufnahme. So lassen sich Fehler korrigieren und ausräumen.

Frieden:
Mehr als die Abwesenheit von Krieg

Die Friedensbewegung hat in Deutschland eine lange, starke Tradition: Schon im 19. Jahrhundert organisierten sich Zehntausende für Abrüstung und gewaltfreien Umgang der Staaten. In der kurzen Zwischenkriegszeit, zwischen Erstem und Zweitem Weltkrieg, erhielten gleich drei Deutsche Friedensnobelpreise. Und lange vor den Grünen gab es in der Bundesrepublik pazifistische Parteien. Millionen von Wehrpflichtigen nahmen ihr seit 1949 unveräußerliches Grundrecht wahr und verweigerten den Dienst mit der Waffe. Selbst in der stramm militarisierten DDR hielten Widerstandsgruppen und spektakuläre Aktionen das Thema auf der Agenda.

Schachweltmeister Garry Kasparow hat sich schon immer als vielseitig orientierter, politisch reflektierender Mensch präsentiert. Doch im Jahr 2004 verstand er die Welt nicht mehr: „Wir leben in einer Zeit der Regelbrüche", beklagte er die unübersichtliche Lage: „Der beste Rapper ist ein Weißer, der beste Golfer ein Schwarzer. Die Schweiz gewinnt den America's Cup, die Franzosen nennen die Amerikaner arrogant und die Deutschen wollen nicht in den Krieg ziehen."

Was war passiert? Der weiße Rapper Eminem feierte mit seinen millionenfach verkauften Alben Triumphe und bekam in jenem Jahr die meisten Grammy-Auszeichnungen der Musikindustrie. Der afro-amerikanische Golfspieler Tiger Woods, seit Jahren auf Nummer eins der Weltrangliste, war in der Sportart der weißen Eliten vielfach als Spieler des Jahres ausgezeichnet worden. Mit dem Alinghi-Team hatte zum ersten Mal eine europäische Yacht, obendrein aus einem Binnenland, die berühmte Segelregatta gewonnen. Jacques Chirac, Staatspräsident der als hochnäsig geltenden Franzosen, hatte sich offen gegen das dominierende Auftrumpfen des US-Präsidenten George W. Bush in der Weltpolitik gestellt und Nato-Partner Deutschland hatte sich geweigert, bei einer von den USA und Großbritannien angeführten „Koalition der Willigen" mitzumachen, um den Irak kriegerisch zu besetzen und Staatschef Saddam Hussein zu stürzen.

Mit der Zurückweisung der mächtigen Verbündeten hatte die Bundesrepublik ein weltpolitisches Fanal gesetzt, das nicht nur Schachweltmeister Kasparow erstaunen ließ. Und obwohl Deutschland selbstverständlich eines der größten und wichtigsten Mitglieder im Verteidigungsbündnis der Nato blieb, war klar: Das Land und seine Bewohner vertraten im gerade begonnenen 21. Jahrhundert eine grundsätzlich andere Haltung zu seiner Beteiligung an kriegerischen Aktionen als in der meisten Zeit davor.

Seit seiner Gründung im Januar 1871 war das Deutsche Reich als militärische, oft auch militaristische Großmacht aufgetreten; Pickelhaube, eng anliegender Uniformrock und ein auf den Karabiner aufgepflanztes Bajonett wurden im Ausland als eine Art deutsche Nationaltracht, der Kasernenhofton als Umgangssprache angesehen. Beim Ausbruch des Ersten Weltkriegs, 1914, war Deutschland dann der Treiber, der aus einem regionalen Konflikt auf dem Balkan eine blutige Auseinandersetzung mit allen Großmächten machte, die am Ende Millionen von Toten, kaum ermessliche volkswirtschaftliche, kulturelle, soziale Schäden brachte.

Die Nationalsozialisten, die keine 15 Jahre nach Ende des Ersten Weltkriegs eine von sozialen und politischen Spannungen geschwächte Republik handstreichartig in ein „Drittes Reich" umwandelten, ließen von Beginn keinen Zweifel an ihren kriegerischen Absichten, mit denen sie ihrem „Volk ohne Raum" neue Territorien sowie die dazugehörige Macht und Wohlstand verschaffen wollten. Im Jahr 1939 war dieses NS-Reich dann Auslöser des Zweiten Weltkriegs und damit Verursacher von noch größeren Verlusten an Menschenleben, Gesundheit, wirtschaftlichen und kulturellen Gütern, zivilisatorischen Werten überall auf dem Globus.

Im „Kalten Krieg", der sich an den Zweiten Weltbrand anschloss, hatten sich beide Teile des geteilten Deutschlands so schnell wie möglich wieder bewaffnet und sich dem jeweils zuständigen Militärpakt angeschlossen. Sie hatten die Stationierung von Atomwaffen und chemischen Kampfstoffen auf ihrem Staatsgebiet zugelassen und jedem Säbelrasseln beigepflichtet, das den jeweiligen Gegner einschüchtern, in seine Grenzen weisen sollte.

Nun stand das noch nicht lange wiedervereinigte Deutschland beiseite, wenn die mächtigen Alliierten in den Krieg zogen, suchte nach Verhandlungsmöglichkeiten, nach anderen Lösungen. Frieden, und sei er auch unvollkommen, riskant, unbefriedigend, war für die Deutschen des Jahres 2004 zu einem höheren Wert geworden als jeder unter Waffen erzielte Sieg.

Der Weg zu dieser Abkehr von kriegerischen Zielen, zu einer diametral entgegengesetzten Haltung und Praxis, war hindernis- und entbehrungsreich, weit, gewunden und wurde oft unbeobachtet zurückgelegt. Doch haben Deutsche in den vergangenen gut 130 Jahren mehr Frieden in die Welt gebracht als das Vorurteil vom kriegslüsternen Land und seinen schießwütigen, hackenknallend salutierenden Bewohnern glauben macht. Zumindest haben sich etliche Deutsche für Verständigung und Interessenausgleich, für gewaltfreie Konfliktlösungen und für ein von gegenseitigem Wohlwollen geprägtes Miteinander engagiert – vor allem außerhalb staatlicher Gremien und Organisationen. Am Ende aber auch innerhalb derselben, sodass umfassender Frieden allmählich zum politischen Ziel jeder Regierung werden konnte.

Die Friedensbewegung, die diesen Weg propagiert und praktiziert, ging ursprünglich von den USA aus. Nach dem Krieg der noch jungen Nation gegen England gründete ein Honoratiorenkreis 1814 die Massachusetts Peace Society. Quäker und andere friedliebende Christen sorgten für ähnliche Initiativen in anderen Bundesstaaten. Bald sprang der Funke nach Europa, schließlich auch nach Deutschland über. Ein internationaler Friedenskongress tagte 1850 in der Frankfurter Paulskirche, ein schon damals traditionsreicher Ort der Demokratie.

Immerhin hatte der deutsche Moralphilosoph Immanuel Kant im Jahr 1795 ein grundlegendes Werk über den „ewigen Frieden" veröffentlicht. Dort identifizierte er jedoch nicht die Politik oder gesellschaftliche Initiativen sondern „die Natur" als „waltende Vorseherin", somit als eigentliche Friedensstifterin.

Schon den frühen Friedensbewegten war klar, dass ihr Ziel nicht bloß die Abwesenheit von kriegerischen Handlungen sein kann. In Kants Friedensschrift war das Stichwort eines „Völkerbunds" aufgetaucht, der Streitfälle moderieren soll, indem er „Völkerrechte" anwendet. Für die Bürger der sich allmählich demokratisierenden Staaten beidseits des Atlantiks wurde im Verlauf des 19. Jahrhunderts dann immer deutlicher, dass die unterschiedlichen Interessen der Länder paritätischdialogisch und möglichst ergebnisoffen verhandelt werden müssen, wenn ein gewaltsames Durchsetzen vermieden werden soll. Dass sich Frieden auch im Außenverhältnis zu anderen Staaten nur schaffen und erhalten lässt, wenn ein Ausgleich immer wieder neu austariert wird. Wenn Kompromisse immer wieder neu formuliert, praktische Lösungen immer wieder neu angepasst werden.

Hierzu braucht es geeignete Foren und kompetente, verlässliche und vertrauenswürdige Vertreter in autorisierten Gremien. Die Verhandlungen dort kosten Zeit, Energie und meist auch Geld. Frieden als ein humanitär wie wirtschaftlich wie kulturell und sozial wertvolles Gut ist also ein beträchtlicher Aufwand, der nach pazifistischer Überzeugung von den betroffenen und beteiligten Gemeinwesen betrieben werden sollte. Die Friedensbewegung hat sich diesen Aufwand zur Aufgabe gemacht.

Die Deutsche Friedensgesellschaft (DFG), 1892 in Berlin unter Mitwirkung der berühmten tschechisch-österreichischen Pazifistin Bertha von Suttner gegründet, machte sich als hierzulande erste Organisation an die Arbeit. Und obwohl das wilhelminische Deutschland militaristisch durchstrukturiert war, eine imperialistische, chauvinistische Politik verfolgte, wuchs die DFG in ihren ersten 20 Jahren auf rund 100 Ortsgruppen mit insgesamt 10.000 Mitgliedern, die gesellschaftlich wie politisch zum bürgerlichen Milieu zählten. Ihre Ziele waren nicht staatsfeindlich oder revolutionär, vielmehr sollten gegensätzliche Interessen moderiert, Konflikte diplomatisch und kommunikativ gelöst werden. Die allgemeine Wehrpflicht wurde akzeptiert, militärisch angegriffene Staaten sollten sich mit Waffengewalt verteidigen dürfen, ein Recht auf Kriegsdienstverweigerung wurde nicht gefordert. Diese gemäßigt pazifistischen Vorsätze fanden prominente Unterstützung, etwa vom bayerischen Ministerpräsidenten Clemens von Podewils-Dürnitz.

Im Jahr 1907 lud die DFG zu einem Weltfriedenskongress nach München. Organisiert hatte die Großveranstaltung der Publizist und bayerische Landtagsabgeordnete Ludwig Quidde. Der Linksliberale, 1858 in Bremen geboren, war ein entschiedener Gegner von Wilhelm II. und dessen Politik: Schon in den 1890er-Jahren hatte der promovierte Historiker ein Pamphlet veröffentlicht, in dem er den Deutschen Kaiser mit dem geistesgestörten Gewaltherrscher Caligula aus der römischen Antike verglich.

Der Ausbruch des Ersten Weltkriegs im Sommer 1914 wurde für die DFG und ihren kurz zuvor gewählten neuen Vorsitzenden Quidde zum Debakel. International war der Verband aus dem kriegstreibenden Deutschen Reich sofort isoliert, im Inland kehrten sich viele Mitglieder ab, um der 1915 angeordneten Überwachung und Repression aller pazifistischen Aktivitäten zu entgehen. Auch der Frauenfriedenskongress, 1915 von den deutschen Feministinnen Lida Heymann und Anita Augspurg für rund tausend Teilnehmerinnen aus aller Welt in Den Haag initiiert (s. S. 58), misslang. Daheim in München wurden die Organisatorinnen gesellschaftlich isoliert und umfassenden Repressalien ausgesetzt.

Nach der militärischen Katastrophe und dem politischen Umsturz am Ende des Kriegs besann sich die deutsche Öffentlichkeit jedoch wieder der pazifistischen Ideen. Ludwig Quidde wurde Vizepräsident des Provisorischen Bayerischen Nationalrates, wirkte in Weimar an der republikanischen Verfassung Deutschlands mit und zog 1920 als Abgeordneter der linksliberalen Deutschen Demokratischen Partei in den Reichstag ein.

Die von Quidde weiter geführte DFG strebte alsbald eine deutsche Mitgliedschaft im Völkerbund an. Diese 1920 gegründete Organisation mit Sitz im neutralen Genf bemühte sich ähnlich wie heute die Vereinten Nationen um internationale Verständigung und um Ausgleich, um ein Vermeiden und Beenden von bewaffneten Konflikten. Als dann Deutschland, zuvor wegen seiner Kriegsschuld geächtet, im Jahr 1926 tatsächlich in den Völkerbund aufgenommen wurde, erhielt der deutsche Außenminister Gustav Stresemann für diesen Erfolg den Friedensnobelpreis.

Nur ein Jahr später wurde auch Ludwig Quidde für seinen jahrzehntelangen Einsatz für Frieden mit dieser renommierten Auszeichnung geehrt.

In dieser Zwischenkriegszeit erlebte auch eine radikaldemokratische, pazifistische Wochenzeitschrift ihren Aufschwung: Die „Weltbühne" bot vielen zeitkritischen, scharfzüngigen Autoren eine Plattform, darunter Erich Kästner, Carl Zuckmayer, Alfred Polgar, Arnold Zweig und Lion Feuchtwanger. Prominentester Mitarbeiter in jenen Jahren war jedoch der Schriftsteller und Kommentator Kurt Tucholsky. Unter den Pseudonymen Ignaz Wrobel, Theobald Tiger und Peter Panther füllte er die Spalten der meisten Ausgaben, kritisierte antidemokratische, militaristische, chauvinistische, rassistische Auswüchse der wilhelminischen Ära.

Die „Weltbühne" setzte sich für eine Aussöhnung mit den ehemaligen Kriegsgegnern, für offene demokratische Auseinandersetzungen ein. Im Jahr 1925 enthüllte sie umfassend die so genannten Fememorde an vermeintlichen „Verrätern" in der „Schwarzen Reichswehr", also unter illegal bewaffneten, paramilitärischen Truppen.

Seit Frühjahr 1927 strahlte ein weiterer publizistischer Stern an der Redaktionsspitze der „Weltbühne": Carl von Ossietzky, 1889 in Hamburg als Sohn kleiner Leute geboren und ehemaliger Sekretär der DFG, profilierte die „Weltbühne" radikalpazifistisch und in kritischer Distanz zu den vielen totalitären Bestrebungen jener Zeit. Gleich in seinem ersten Jahr musste sich der Herausgeber wegen eines Beitrags über einen Prozess in der Folge der Fememorde vor Gericht verantworten.

Zwar konnte die „Weltbühne" unter Ossietzkys Führung ihre Auflage und damit ihre publizistische Bedeutung schnell steigern, doch schossen sich die politischen Gegner, darunter das Reichswehrministerium, alsbald auf ihn ein. Erster Höhepunkt war 1931 ein Prozess, bei dem Herausgeber Ossietzky wegen Verrats militärischer Geheimnisse zu 18 Monaten Gefängnis verurteilt wurde. Im März 1929 hatte die Zeitschrift enthüllt, dass die Reichswehr insgeheim den Aufbau einer neuen Luftwaffe plante – was klar gegen den Friedensvertrag von Versailles aus dem Jahr 1919 verstieß.

Ein Gnadengesuch für Ossietzky, das die Brüder Thomas und Heinrich Mann, Albert Einstein und zahlreiche andere prominente Schriftsteller und Wissenschaftler unterschrieben hatten, wurde vom Justizministerium nicht weitergereicht an den zuständigen Reichspräsidenten und so kam der „Weltbühne"-Chef im Mai 1932 ins Gefängnis.

Während seiner Haft folgte die nächste Anklage: In einem „Weltbühne"-Beitrag hatte Kurt Tucholsky 1931 formuliert „Soldaten sind Mörder". Der Staatsanwalt sah darin eine „Beleidigung der Reichswehr" und hielt sich ausschließlich an Ossietzky, da Tucholsky aus Abscheu vor den immer repressiveren Berliner Verhältnissen schon lange im Ausland lebte.

Diesmal wurde Ossietzky jedoch freigesprochen. Das Gericht erkannte, dass Tucholskys markanter Satz, bis heute eine Parole radikaler Pazifisten in aller Welt, keinen konkreten Hinweis auf die Reichswehr enthielt. Dank einer „Weihnachts-Amnestie" endete die Haft des „Weltbühne"-Herausgebers im Dezember 1932.

Doch seine Freiheit währte nicht lange. Im Januar 1933 war Hitler zum Reichskanzler ernannt worden, Ende Februar brannte das Reichstagsgebäude nieder und tags darauf verhafteten NS-Schergen jeden, dem sie irgendeine Mitverantwortung für die offenkundige Brandstiftung in die Schuhe schieben konnten. Bis zum Sommer wurden alle Parteien und politischen Organisationen außer der NSDAP verboten oder aufgelöst, selbstverständlich auch die DFG.

Ossietzky war mehrfach gewarnt und zur Flucht in letzter Minute gedrängt worden. Dennoch kehrte er am Abend des Reichstagsbrands in seine Wohnung zurück, wo er prompt in „Schutzhaft" genommen wurde. Anfang April kam er ins neu geschaffene Konzentrationslager Sonnenburg bei Küstrin an der Oder. Dessen Wächter von der SA waren wegen ihrer Brutalität berüchtigt.

Schon eine Woche nach der Eröffnung wurden dem Leiter der Politischen Polizei in Berlin schwerste Misshandlungen in dem KZ gemeldet. Der inspizierte daraufhin das Lager. Über seinen Besuch dort schrieb er nach Ende der NS-Herrschaft: „Der Anblick der Gefangenen war schlechthin unbeschreiblich. Es waren Gestalten aus einem Spuk oder einem dämonischen Traum. (...) Ich konnte Ossietzky kaum noch erkennen." Im Sommer 1933 titulierte die ausländische Presse das Lager Sonnenburg als „Folterhölle".

Im Februar 1934 wurde Ossietzky verlegt in das KZ nahe Esterwegen im Emsland. Dort musste er, wie die vielen tausend weiteren Gefangenen, beim Trockenlegen von Hochmooren ununterbrochen Schwerstarbeit leisten. Unter barbarischen hygienischen Bedingungen, misshandelt und chronisch unterernährt, ausgezehrt und an Leib und Seele gebrochen infizierte sich der Mittvierziger an Tuberkulose. Unter den genannten Bedingungen kann die Krankheit schnell lebensbedrohlich werden.

Nun setzte eine einmalige Rettungsaktion ein. Niemals zuvor hatten so unterschiedliche Akteure aus so vielen Ländern zusammengewirkt, um das Leben eines akut gefährdeten Aktivisten zu retten. In Prag und in Paris, in Norwegen, der Schweiz und in Schweden bildeten sich „Freundeskreise" oder Komitees vor allem unter politisch verfolgten deutschen Exilanten. Ihr Plan: Ossietzky sollte den Friedens-Nobelpreises erhalten. Ein kühnes Unterfangen, denn außerhalb Deutschlands kannte kaum jemand den Pazifisten und Publizisten. Auch nicht das norwegische Preis-Komitee.

Doch müsste die weltweit anerkannte Ehrung, so die Überlegung hinter der Initiative, eine Freilassung des unrechtmäßig Inhaftierten bewirken. Ossietzky könnte zur Preisverleihung nach Oslo reisen und seine schwere Krankheit, die physischen und psychischen Verletzungen außerhalb Deutschlands auskurieren.

Tucholsky bat den vorschlagsberechtigten Friedensnobelpreisträger Norman Agnell um Ossietzkys Nominierung mit den Worten: „Ich lege für ihn Zeugnis ab: Carl von Ossietzky ist der Vorkämpfer des militanten Pazifismus in Deutschland gewesen – ein Beispiel für uns alle, ein Vorbild, ein Führer (...)." Auch Ludwig Quidde, als Preisträger von 1927 ebenfalls vorschlagsberechtigt, nominierte den Inhaftierten.

Thomas Mann würdigte Ossietzky in einem mehrseitigen Brief an das Nobel-Komitee, von dem der Philosoph und Schriftsteller Ludwig Marcuse schrieb: „Dieses Gutachten ist vielleicht das beste Stück streitbarer Journalistik in unserem Exil gewesen." Willy Brandt, als Sozialdemokrat nach Norwegen geflohen, erreichte im Winter 1935/36, dass die Fraktion der Arbeiterpartei im dortigen Parlament die Initiative für Ossietzkys Friedensnobelpreis unterstützte. In Prag unterschrieben 46 Abgeordnete des tschechoslowakischen Parlaments und des Senats eine ähnliche Petition, in Bern 125 Mitglieder der Schweizer Bundesversammlung, in Frankreich gar 163 Abgeordnete des Parlaments, des Senats sowie zahlreiche Professoren.

Tatsächlich sprach das norwegische Nobel-Komitee am 23. November 1936 Carl von Ossietzky den Friedens-Nobelpreis für das Jahr 1935 zu, in dem die Auszeichnung nicht vergeben worden war.

Doch der Geehrte durfte nicht zur Preisverleihung nach Oslo reisen. Wegen seiner Erkrankung war er im Mai 1936 aus dem KZ Esterwegen in ein Berliner Krankenhaus verlegt worden, wo er weiter unter strenger polizeilicher Überwachung isoliert und festgehalten wurde. In einem persönlichen Gespräch versuchte NS-Grande Hermann Göring, Ossietzky zu einer Ablehnung des ihm zugesprochenen Preises zu bewegen und bot ihm im Gegenzug sogar eine lebenslange Rente an. Doch Ossietzky wies die Offerte zurück, er wollte die Ehrung annehmen. Darauf untersagte ihm die Gestapo die Reise nach Norwegen.

In der weiteren Folge ordnete Hitler „für alle Zukunft" an, kein Deutscher dürfe mehr einen Nobelpreis annehmen. Dies schloss auch Literaten sowie die wissenschaftlichen Ehrungen für Physiker, Chemiker und Mediziner ein.

Durch ein Missgeschick ging das Preisgeld verloren: Ossietzkys alkoholkranke Ehefrau fiel auf einen Betrüger herein, der die Summe zwar in Oslo abholte, dann aber für eigene Zwecke ausgab, sodass für Ossietzkys medizinische Behandlung und Pflege, für die Tilgung alter Schulden nur noch 20.000 Reichsmark verblieben.

Notgedrungen zog der Nobelpreisträger um in eine knapp zehn Quadratmeter winzige, ungeheizte Kammer ohne Fenster in einem privaten Sanatorium, wo er gemeinsam mit seiner Ehefrau die letzten Lebensmonate unter unwürdigen Bedingungen verbrachte. Die damals unheilbare Tuberkulose schritt weiter voran, völlig entkräftet und isoliert starb Carl von Ossietzky am 4. Mai 1938. Die Gestapo verbot jede Publikation, jede Gedenkfeier, das Grab blieb während der NS-Herrschaft unbeschriftet. Die Witwe musste ihren Mädchennamen annehmen. Der Name Ossietzky sollte ausgelöscht werden.

Ludwig Quidde, der Friedensnobelpreisträger von 1927 und langjähriger Vorsitzender der Deutschen Friedensgesellschaft, starb 1941 im Alter von 83 Jahren verarmt im Genfer Exil, wohin er 1933 gerade noch rechtzeitig geflohen war. Auf dem Friedhof Pankow IV ist die letzte Ruhestätte des Ehepaars Ossietzky heute ein Ehrengrab des Landes Berlin.

Nach dem Desaster des Zweiten Weltkriegs blühte in Deutschland ein neuer, erstarkter Pazifismus auf. Schon in der Zwischenkriegszeit war in der Friedensbewegung das Thema der Kriegsdienstverweigerung (KDV) aufgekommen, propagiert mit der Parole „Nie wieder Krieg": Wäre ein massenhaftes Nein zur Wehrpflicht und zu staatlich verordneten Waffeneinsätzen nicht das beste Mittel gegen militärische Auseinandersetzungen im Allgemeinen? Die Mitglieder einzelner Freikirchen – Mennoniten, Adventisten, Zeugen Jehovas u.a. – hatten diese Form des Widerstands aus religiösen Gründen seit dem 18. Jahrhundert praktiziert und während der NS-Herrschaft zum Teil mit dem Leben bezahlt. Kriegsdienstverweigerung stand dort unter Todesstrafe.

Der Parlamentarische Rat der elf westdeutschen Länder nahm deshalb 1949 das Recht auf Kriegsdienstverweigerung ins Grundgesetz der Bundesrepublik auf. Unter §4 Abs. 3 heißt es dort: „Niemand darf gegen sein Gewissen zum Kriegsdienst mit der Waffe gezwungen werden." Eine Weltpremiere. Kein anderes Land hat dieses kaum veränderliche Grundrecht auf ein Fernbleiben von staatlich organisierter Gewaltanwendung so früh, so deutlich formuliert, eingeräumt und umgesetzt.

Dabei fand diese verfassungsrechtliche Sensation, die Verankerung pazifistischer Praxis in die fundamentalen Werte des Staates, zunächst kaum Beachtung. Die junge Bundesrepublik hatte aus naheliegenden Gründen keine Streitkräfte. Doch half es zum Beispiel zu verhindern, dass die Besatzungsmächte Deutsche zum Militärdienst in ihren Reihen einziehen konnten. In den Verfassungen der DDR finden sich keine vergleichbaren Paragrafen. Wer dort nach der Wiedereinführung der Wehrpflicht im Jahr 1962 keinen Dienst mit der Waffe leisten wollte, wurde zu den so genannten „Bausoldaten" der Nationalen Volksarmee eingezogen und als Krankenpfleger, Gärtner oder Bauarbeiter eingesetzt, musste fortan mit beruflichen Problemen und persönlichen Repressalien rechnen.

In Westdeutschland dauerte es etliche Jahre, bis nach der Wiederbewaffnung in 1956 die Kriegsdienstverweigerung zu einer gesellschaftlich relevanten Maßnahme wurde. Mitte der 1960er-Jahre zeigten die medial übertragenen Schreckensbilder von Napalmopfern und Flächenbombardements aus dem Vietnamkrieg jedoch Wirkung: Im studentenbewegten Jahr 1968 verdoppelte sich die Zahl von Anträgen, statt dem Wehrdienst einen zivilen „Ersatzdienst" zu leisten. Die Ablehnung bewaffneter Auseinandersetzungen wurde zu einer Gewissensfrage, zu einer moralischen Aufgabe. Allein in 1972 verweigerten fast 34.000 junge Männer den Kriegsdienst, so viele wie in den ersten zehn Jahren seit Einführung der Wehrpflicht zusammengenommen. Die Zahl stieg immer weiter an, verdoppelte sich nach Ausbruch des ersten Golfkriegs im Jahr 1991 auf gut 151.000. Im Jahr 2004 wurden 145.000 Anträge auf KDV genehmigt, das waren fast doppelt so viele wie Wehrpflichtige zum Waffendienst eingezogen wurden.

Seit 2011 ist die Wehrpflicht für männliche Deutsche ausgesetzt. Damit haben sich die hiesigen Gesetze einer zentralen Forderung des radikalen Pazifismus angenähert und der Praxis der meisten Nato-Länder angeglichen.

In der jungen Bundesrepublik fanden Kriegsdienstgegner schon früh eine politische Bühne, die Friedensbewegung einen politischen Arm: Im Oktober 1950, nach nur einem Jahr im Amt, trat Bundesinnenminister Gustav Heinemann (CDU) zurück, weil Bundeskanzler Konrad Adenauer (CDU) eine West-Einbindung des Landes, somit auch einen Eintritt in die im Jahr zuvor gegründete Nato und eine Wiederbewaffnung propagierte.

Zur gleichen Zeit initiierte Martin Niemöller, Präses der Evangelischen Landeskirche in Hessen und als Widerstandskämpfer gegen das NS-Regime jahrelang in KZ-Haft, eine Unterschriftensammlung gegen diese Politik. Denn in diesen brenzligen Zeiten des Kalten Kriegs – in Ostasien hatten die USA gerade militärisch in den Koreakrieg eingegriffen – war klar: Würde sich die Bundesrepublik wieder bewaffnen, geschähe dasselbe in der DDR und die zwei bis dahin neutralen deutschen Staaten würden, analog zu den beiden Koreas, zu einem Brennpunkt künftiger Auseinandersetzungen.

Pastor Niemöllers Aktion erhielt fast sechs Millionen Unterschriften, doch geriet sie sofort in Verdacht einer kommunistisch gesteuerten Bewegung. Als Gegenmaßnahme gründeten Heinemann, Niemöller und Helene Wessel, zuvor Bundesvorsitzende der konservativen Zentrumspartei und eine der „Mütter des Grundgesetzes" (s. S. 64ff.), eine „Notgemeinschaft für den Frieden in Europa". Doch SPD und FDP drohten den Mitgliedern dieser pazifistischen Bürgerinitiative mit Parteiausschluss. Darauf reagierten im November 1952 der aus der CDU ausgetretene Heinemann, Wessel und weitere Bundestagsabgeordnete, die ihre Parteien verlassen hatten, mit der Gründung der Gesamtdeutschen Volkspartei.

Und obwohl sich die pazifistische GVP wegen eklatanter Misserfolge bei Wahlen schon 1957 wieder auflöste, wurden einige ihre Mitglieder später einflussreiche Politiker: Gustav Heinemann 1966 zunächst als Bundesjustizminister für die SPD, von 1969 bis 1974 dann als Bundespräsident. Johannes Rau war von 1978 bis 1998 für die SPD Ministerpräsident von Nordrhein-Westfalen und von 1999 bis 2004 Bundespräsident. Erhard Eppler und Jürgen Schmude waren ebenfalls Bundesminister der SPD.

Als Reaktion auf die Wiederbewaffnung und die Stationierung von Atom- und Chemiewaffen war 1960 die erste klar pazifistische Partei der Bundesrepublik gegründet worden: die Deutsche Friedensunion (DFU). Schon bald erhärtete sich jedoch der Verdacht, dass die Organisation von der DDR finanziert wurde. Sie hatte unmissverständlich um die ehemaligen Mitglieder der seit 1956 verbotenen Kommunistischen Partei Deutschlands (KPD) geworben. So misslang der DFU 1961 der geplante Einzug in den Bundestag. Auch später erzielte sie keine nennenswerten Wahl-Erfolge und gab daher 1984 ihren Parteistatus auf. Als nach dem Sturz der kommunistischen DDR-Regierung im Herbst 1989 die jährlichen Millionen-Zahlungen aus Ost-Berlin ausblieben, löste sich die DFU schließlich ganz auf.

Immerhin war ihr im November 1980 ein historischer Schritt gelungen: der Krefelder Appell, gemeinsam formuliert mit dem ehemaligen Bundeswehrgeneral Gert Bastian und veröffentlicht von einer breiten Basis aus der neu gegründeten Grünen Bundespartei, den Jungsozialisten, den Jungdemokraten (damals noch Jugendorganisation der FDP) und außerparlamentarischen Friedens-Initiativen. Der Aufruf war eine Reaktion auf einen Beschluss der Nato aus dem Vorjahr, der eine atomare „Nachrüstung" der in Europa stationierten Streitkräfte mit neuen Mittelstreckenraketen und Marschflugkörpern („Cruise Missiles") vorsah. Unter der Überschrift „Der Atomtod bedroht uns alle" forderten die Erstunterzeichner die Bundesregierung auf, keine neuen Atomwaffen in Deutschland zuzulassen. Darüber hinaus sollte die Regierung auf eine breite Initiative zur Abrüstung in Europa, zur Entspannung zwischen den verfeindeten Blöcken des Kalten Kriegs hinwirken.

Der Krefelder Appell fand einen breiten Widerhall und wurde nach Angabe der Initiatoren in den nächsten Jahren von rund fünf Millionen Bundesbürgern unterzeichnet. Auf seiner Basis gründeten sich zahlreiche Initiativen einer „neuen Friedensbewegung" mit dem Motto „Frieden schaffen ohne Waffen!". Deren größte Kundgebung zog im Oktober 1981 mehr als 300.000 Teilnehmer in den Bonner Hofgarten. Mindestens ebenso viele beteiligten sich im Juni 1982 an der Demonstration „Aufstehen! Für den Frieden" in der damaligen Bundeshauptstadt.

Neben den parteipolitischen Entwicklungen waren schon gleich nach dem Zweiten Weltkrieg auch zivilgesellschaftliche Initiativen mit pazifistischen Zielen und Programmen entstanden, ähnlich wie bei der neuen Frauenbewegung (s. S. 68) oder die Bürgerinitiativen der Umweltschützer (s. S. 77). Die Gruppen und Zusammenschlüsse hatten meist keine erkennbaren Strukturen, kamen ohne Vorstände, Kassenwarte, Schriftführer und all die anderen Voraussetzungen aus, die etwa das Vereinsgesetz verlangt.

Die überparteiliche Friedensbewegung fand breite Resonanz: Bei Meinungsumfragen in den Jahren 1949/50 sprachen sich drei Viertel der Westdeutschen gegen eine Wehrpflicht in ihrem neu gegründeten Staat aus. Als dann nach Ausbruch des Koreakriegs die Sorge aufkam, ein ähnlicher verheerender und von den gegnerischen Militärblöcken ausgetragener Konflikt könnte auch im geteilten Deutschland aufflammen, lehnte zum Beispiel die so genannte „Ohne-mich"-Bewegung jedes militärische Engagement strikt ab. Wer damit sympathisierte, wurde jedoch schnell als „Ohnemichel" gehänselt oder abgelehnt.

Im Mai 1952 kam es in Essen zu einem blutigen Zusammenstoß zwischen 30.000 Friedensdemonstranten und der Polizei. Der westdeutsche Arm der Freien Deutschen

Jugend, also der kommunistischen Jugendorganisation, hatte zu einer „Friedenskarawane" in der für seine Rüstungsindustrie bekannten Ruhrmetropole aufgerufen. Die Veranstaltung wurde im letzten Moment verboten. Als sich die Jugendlichen dennoch zu einem Demonstrationszug zusammenschlossen, setzte die Polizei nicht nur Gummiknüppel ein, sondern auch Schusswaffen. Zwei Demonstranten wurden schwer verletzt, der 21-jährige Philipp Müller starb an einem Schuss in den Rücken. Gegen keinen der Schützen wurde jemals ermittelt, doch wurden elf Demonstranten zu Gefängnisstrafen verurteilt.

Die Deutsche Friedensgesellschaft, 1933 im NS-Staat verboten, wurde 1946 wiederbelebt. Drei Jahre später bildete sie zusammen mit der Deutschen Liga für Menschenrechte, dem Friedensbund deutscher Katholiken und der Internationale der Kriegsdienstgegner die Arbeitsgemeinschaft deutscher Friedensverbände.

Ende Januar 1955 wurde in der traditionsreichen Frankfurter Paulskirche ein „Deutsches Manifest" beschlossen, das in den folgenden Monaten mehreren hunderttausend Unterzeichner fand: Unter Federführung von Gustav Heinemann, dem evangelischen Theologen Helmut Gollwitzer und dem SPD-Bundesvorsitzenden Erich Ollenhauer warnte diese Erklärung vor einer nächsten militärischen Konfrontation auf deutschem Boden, die durch die Wiederbewaffnung der Bundesrepublik und ihrem Beitritt zur Nato drohte. Der erfolgte gleichwohl nur wenige Wochen später.

Am 12. April 1957 veröffentlichten drei überregionale Tageszeitungen einen „Appell der Göttinger 18". Die Nobelpreisträger Max Born, Otto Hahn, Werner Heisenberg und Max von Laue, aber auch prominente Atomphysiker wie Carl-Friedrich von Weizsäcker, Fritz Straßmann, Heinz Maier-Leibnitz, Wolfgang Paul und Karl Wirtz warnten dort vor der atomaren Bewaffnung, die Kanzler Konrad Adenauer (CDU) und sein Verteidigungsminister Franz-Josef Strauß (CSU) für die Bundesrepublik anstrebten. Eine Woche zuvor hatte der militärisch gänzlich unbeleckte Adenauer behauptet, taktische Atomwaffen seien „nichts anderes als eine Weiterentwicklung der Artillerie" und eine Ausrüstung der entstehenden Bundeswehr mit diesen „beinahe normalen Waffen" in Aussicht gestellt.

In der Folge des Göttinger Appells und abermals unterstützt von der SPD, von der FDP und dem Deutschen Gewerkschaftsbund (DGB) entstand die Kampagne „Kampf dem Atomtod". Sie warb mit einem Plakat, das eine Mahnung Albert Schweitzers zitierte, des in Deutschland damals populären Friedensnobelpreisträgers von 1952: „Atomwaffen sind ein tödliches Experiment! Darum keine Atomwaffen!"

Als der Bundestag im März 1958 mit der Regierungsmehrheit die Stationierung von Atomwaffen auf dem Gebiet der Bundesrepublik unter Nato-Befehl gestattete, kam es mit diesem Slogan in den meisten deutschen Großstädten zu Massenkundgebungen mit insgesamt 1,5 Millionen Teilnehmern. Als die Protestierenden jedoch zu einem Generalstreik aufriefen, schied der DGB aus dem Aktionsbündnis aus.

Auf Initiative der Internationalen Kriegsdienstgegner, der Naturfreundejugend unter ihrem Führer Klaus Vack und einzelnen Quäkern fanden im Frühjahr 1960 die ersten so genannten Ostermärsche statt, eine bis heute fortgesetzte Protesttradition. Hier tauchte zum ersten Mal das bis heute populäre dreibeinig-kreisförmige „Peace"-Zeichen als Emblem der internationalen Friedensbewegung auf, hier wurde schwarzer Humor eingesetzt, wurden Protestformen des zivilen Ungehorsams erprobt.

Mitte der 1960er-Jahre nahmen regelmäßig Prominente wie der Schriftsteller Erich Kästner, der Verleger Ernst Rowohlt, der Kabarettist und Schauspieler Wolfgang Neuss, sogar die international gefeierte Sängerin Joan Baez an den deutschen Ostermärschen teil. Im studentischen Protestjahr 1968 zog die größte dieser Veranstaltungen 300.000 Teilnehmer nach Frankfurt/Main. Im Frühjahr 1990 kam es im offiziell noch nicht wiedervereinigten Berlin zum ersten gesamtdeutschen Ostermarsch.

Die Initiative Künstler für den Frieden, 1981 gegründet von der Schauspielerin Eva Mattes, dem Autoren Peter Homann und anderen, veranstaltete bis 1983 vier Großkonzerte zur Unterstützung dieser „neuen Friedensbewegung". Zum größten im Bochumer Ruhrstadion kamen 200.000 Zuhörer, um einem musikalischen Programm mit Udo Lindenberg, Harry Belafonte, André Heller, Konstantin Wecker, Miriam Makeba, Franz-Josef Degenhardt, Hanns Dieter Hüsch und vielen anderen zu folgen. Petra Kelly, damals Vorstandssprecherin der Grünen Partei und Wortführerin des neuen Pazifismus, hielt eine Rede.

In der totalitär regierten DDR, seit dem Mauerbau 1961 militärisch stramm integriert bei den Streitkräften des Warschauer Paktes und Standort sowjetischer Atomwaffen, dauerte es sehr viel länger, bis sich eine Friedensbewegung herausbilden konnte. Unter dem Motto „Schwerter zu Pflugscharen", ein Zitat aus der Bibel, organisierten vor allem evangelische Christen ab 1980 meist geheime, konspirative Treffen. Ihr Emblem mit dem Slogan, Abbild einer sowjetischen Bronzeskulptur gleichen Titels, musste auf den Stoff eines Aufnähers gedruckt werden, da dies als Textilveredelung galt und keiner Druckgenehmigung durch die Behörden bedurfte. Schon im Jahr darauf wurden die hunderttausendfach getragenen Aufnäher jedoch verboten.

Im Jahr März 1982 verabschiedete die Volkskammer der DDR ein neues Wehrpflichtgesetz, das im Verteidigungsfall auch eine Einberufung von Frauen vorsah. Dagegen formierte sich Widerstand. Am 12. Oktober gab es eine öffentlichkeitswirksame Aktion auf dem Berliner Alexanderplatz, als schwarz gekleidete Frauen eine offizielle „Eingabe", also eine Petition, auf dem dortigen Postamt per Einschreiben an den Staatsratsvorsitzenden Erich Honecker abschickten. Zu den etwa 130 Erstunterzeichnerinnen, für DDR-Verhältnisse eine ungeheuer große Zahl, gehörten die Malerin Bärbel Bohley, aber auch Ulrike Poppe, Katja Havemann, Almut Ilsen und Katrin Eigenfeld. Letztere sowie Bärbel Bohley, die 1989 in der Bürger- und Protestbewegung als Mitgründerin des Neuen Forums über die Landesgrenzen prominent werden würde, sowie Ulrike Poppe, Mitbegründerin der Initiative Demokratie Jetzt, wurden verhaftet, doch auf internationalen Druck wieder freigelassen.

Die Frauen für den Frieden – Ost waren bald gut vernetzt mit der gleichnamigen Gruppe in Westdeutschland, aber auch nach Skandinavien und Großbritannien. Zu ihren bekanntesten Aktionen gehörten so genannte Politische Nachtgebete für Frauen, wofür sie Verbindungen in die Evangelische Kirche der DDR nutzten. Dort hatte Pastor Rainer Eppelmann 1982 einen „Berliner Appell" veröffentlicht, in dem er den Abzug aller Atomwaffen aus Mitteleuropa forderte, folglich auch aus der DDR und der Bundesrepublik. Im selben Jahr, am

37. Jahrestag der verheerenden Bombardierung von Dresden, kamen zirka 5.000 Teilnehmer zu einem „Forum Frieden" in die dortige Kreuzkirche, um gegen die fortgesetzte Knebelung der Friedensbewegung im Land zu protestieren.

In einer ebenso spektakulären wie subversiven Aktion während des Evangelischen Kirchentags in der Lutherstadt Wittenberg arbeitete der Schmied Stefan Nau im September 1983 vor 4.000 Zuschauern ein Schwert mit Feuer, Hammer und Ambos zu einer Pflugschar um. Da auch Bundespräsident Richard von Weizsäcker als Besucher des Kirchentags bei dem Schauschmieden zusah, schritten Polizei und Staatssicherheit nicht ein. Größere öffentliche Demonstrationen gelangen der Friedensbewegung in der DDR erst nach Ende des SED-Regimes im Herbst 1989.

Allerdings arbeitete in dem totalitär regierten Teil Deutschlands auch eine pazifistische Organisation, die 1958 noch vor der endgültigen Abriegelung des östlichen Teils durch den evangelischen Kirchen-Funktionär Lothar Kreyssig in Berlin gegründet worden war: die Aktion Sühnezeichen. Der ehemalige Richter, 1898 im sächsischen Flöha als Sohn eines Getreidegroßhändlers geboren, war in seiner Jugend ein rechts-national „angestrengter Verächter der Weimarer Republik" (Kreyssig). Zwischenzeitlich sympathisierte er sogar mit den Nationalsozialisten. Von seiner Zeit als Corps-Student zeugten die beiden „Schmisse" auf der linken Wange, Narben vom Säbelkampf in der schlagenden Verbindung Grimensia.

Nach Hitlers Machtübernahme im Frühjahr 1933 erkannte der fromme Protestant jedoch schon bald die menschenverachtenden, totalitären Seiten des Nationalsozialismus und engagierte sich ab 1934 in der oppositionellen „Bekennenden

Kirche". Diese wurde im sogenannten Kirchenkampf ab 1937 massiv unterdrückt: Der landesweit prominente Pastor Martin Niemöller und viele Dutzend weitere Pfarrer kamen in KZ-Haft, die Gottesdienste der evangelischen Systemgegner wurden von der Gestapo sabotiert, das Gemeindeleben unterbunden.

Im Sommer 1940 war Kreyssig der einzige von damals 1400 Vormundschaftsrichtern in Deutschland, der gegen die von Hitler angeordnete Tötung seiner geistig behinderten Mündel in dafür eigens eingerichteten Anstalten vorging. Dazu erstattete er förmlich Anzeige bei der zuständigen Staatsanwaltschaft gegen den Reichsleiter Philipp Bouhler, Chef der Reichskanzlei. Wegen Mordes.

Tatsächlich waren im Deutschen Reich fast 9.000 geistig behinderte, stationär Pflegebedürftige in den ersten sechs Monaten des Jahres 1940 umgebracht worden. Die systematische Vernichtungsaktion war eine Generalprobe für den wenig später einsetzenden Massenmord an Juden in ganz Europa. Nach seiner Strafanzeige, die selbstverständlich ergebnislos blieb, wurde Richter Kreyssig in den Ruhestand versetzt und überstand den Rest der NS-Zeit wie durch ein Wunder auf seinem Bio-Bauernhof, den er sich 1937 in der Nähe seines Dienstsitzes in Brandenburg/Havel gekauft hatte.

Nach Kriegsende übernahm Kreyssig Leitungsfunktionen in verschiedenen Gremien der Evangelischen Kirche. Im Jahr 1957 gründete er die „Aktionsgemeinschaft für die Hungernden der Welt": Die Mitglieder sollten auf eine Mahlzeit pro Woche verzichten und das damit eingesparte Geld den Notleidenden in armen Ländern spenden. Den Gründungsaufruf unterschrieben unter anderem Willy Brandt, damals Regierender Bürgermeister von West-Berlin (SPD), sein

Nachfolger Heinrich Albertz und Heinz Galinski, damals Vorsitzender des Zentralrats der Juden.

Die Initiative war die Vorstufe unter anderem von Brot für die Welt, der 1959 gegründeten, gemeinnützigen Einrichtung der Evangelischen Landeskirchen, die heute rund 330 Millionen Euro pro Jahr an Spenden einnimmt und für Entwicklungshilfe einsetzt.

Die wichtigste und am meisten mit Kreyssigs Namen verbundene Organisation ist jedoch die Aktion Sühnezeichen, oft mit dem Zusatz Friedensdienste versehen. Deren Konzept sieht vor, dass Deutsche in Israel und in jenen Ländern freiwillig Kriegsschäden beseitigen, Wiederaufbauhilfe leisten und den Menschen helfen, in denen ihre Vorfahren und Verwandten während der NS-Zeit besonders gewütet hatten. Erste Einsätze führten die westdeutschen Aktivisten nach Frankreich, etwa ins ökumenische Zentrum Taizé, in die Niederlande, nach Norwegen und Griechenland.

Die Aktion Sühnezeichen war 1958 in den damals noch nicht vollständig getrennten deutschen Staaten gleichzeitig aufgebaut worden. Mit der militanten Grenzabschottung der DDR im Sommer 1961 war jedoch schnell klar, dass an eine gemeinsame Führung für die beiden Landesteile nicht mehr zu denken war. Lothar Kreyssig, damals noch auf seinem „Bruderhof" in Brandenburg ansässig, gab deshalb die Koordination der internationalen Einsätze auf und konzentrierte sich auf die Aktivitäten der ASZ, wie sich die Aktion Sühnezeichen in der DDR abkürzte. Deren Bürger konnten nicht einfach in andere Länder reisen. Dennoch gelang es der ASZ-Führung um Kreyssig schon in den Jahren 1965 und 1966, „Pilgerfahrten zu den Stätten deutscher Schuld" (Kreyssig), den KZs im polnischen Auschwitz, in

Majdanek und Stutthof zu organisieren. Ab 1981 gab es ASZ-Sommerlager mit entsprechenden Arbeitseinsätzen in den ostdeutschen KZ-Gedenkstätten Buchenwald, Ravensbrück, Sachsenhausen und Mittelbau-Dora.

ASZ-Gründer Lothar Kreyssig blieb aktiv bis zu seinem 75. Lebensjahr. Er starb 1986, als Rentner legal in die Bundesrepublik emigriert. Seine seit den 1990er-Jahren wiedervereinigte Organisation setzt auch heute noch Freiwillige im Sozialen Jahr in aller Welt ein als Zeichen für den praktizierten Pazifismus junger Deutscher. Bis zum Ausbruch des Gaza-Krieges im Herbst 2023 hatten zum Beispiel alljährlich 25 Freiwillige in Israel Überlebende der Shoah betreut oder in der nationalen Gedenkstätte Yad Vashem gearbeitet.

In Deutschland hat Lothar Kreyssig, dieser „Prophet der Versöhnung" (so sein Biograf, der DDR-Bürgerrechtler Konrad Weiß) kein Bundesverdienstkreuz oder ähnlich hohe Auszeichnungen erhalten. In Israel wurde er jedoch, zusammen mit seiner Ehefrau, im Jahr 2018 posthum als einer der „Gerechten unter den Völkern" geehrt.

Frauenrechte:
Auf Augenhöhe

Seit fast 160 Jahren kämpfen Organisationen um die politische und gesellschaftliche Emanzipation von Frauen in Deutschland. Sie haben die Bildungsmöglichkeiten entscheidend verbessert und das Familienrecht paritätisch gestaltet, das aktive und passive Wahlrecht durchgesetzt, die Gleichstellung in den unveräußerlichen Grundrechten der Verfassung festgeschrieben und vieles mehr. Auf diesem langen Weg wurden zahlreiche Feministinnen politisch verfolgt und verfemt, einzelne auch inhaftiert, enteignet und umgebracht. Und ihren Erbinnen bleibt viel zu tun: Noch immer sind Führungsposten in Politik, Wirtschaft, Kultur und Gesellschaft nicht gleichmäßig auf beide Geschlechter verteilt, noch immer verdienen Frauen mit gleichen Qualifikationen und in gleichen Positionen weniger als Männer. Noch immer können Schwangere nicht frei über ihren Körper bestimmen, noch immer werden Frauen häufiger Opfer von Gewalt und müssen aus Beziehungen fliehen. Noch immer ist die Frauenbewegung nicht am Ziel.

Am 19. Januar 1919 gelang ein politischer Durchbruch für die Mehrheit der Menschen in industrialisierten Ländern: Die Wahlen zur Weimarer Nationalversammlung an jenem Tag waren weltweit die ersten allgemein und landesweit abgehaltenen, bei denen erwachsene Frauen über Themen von nationaler Tragweite, über politische Institutionen, Regeln und Entwicklungen gleichberechtigt mitentscheiden konnten.

Prompt waren von den 423 Abgeordneten der so etablierten verfassungsgebenden Versammlung 37 weiblich. – Keine

Quote, die heute Zufriedenheit hervorrufen könnte. Aber als Premiere immerhin ein Achtungserfolg.

Zwar hatten Neuseeland und Australien schon 1893 und 1902 das Frauenwahlrecht eingeführt. Doch als „Dominions" waren diese Länder nur selbstverwaltete Kolonien des britischen Empire. Sie konnten sich keine eigene Verfassung, keine eigene Staatsform geben, die britische Krone war obligatorisches Staatsoberhaupt. Auch Finnland, Norwegen und Dänemark, wo Frauen früher als in Deutschland wählen durften, sahen als erbliche Monarchien ihr Volk damals nicht als obersten Souverän, waren somit keine voll demokratischen Republiken.

In den USA hatten einzelne Staaten ein Frauenwahlrecht eingeführt, nicht jedoch für die Parlamente des Bundes in Washington. In Russland und der bolschewistischen Sowjetunion durften Frauen zwar laut Gesetz ebenfalls wählen – doch fanden in dem Revolutionswirren nach 1917 lange keine Parlamentswahlen statt. Im Deutschland des Jahres 1919 waren Frauen somit erstmals ein gleichberechtigtes Element des Souveräns. In der Weimarer Verfassung, verabschiedet von der so gewählten Nationalversammlung, hieß es folgerichtig: „Manner und Frauen haben die gleichen staatsbürgerlichen Rechte und Pflichten."

Der Weg dahin hatte fast 130 Jahre gedauert. So lange zurück lagen die ersten Forderungen aus der französischen Revolution nach Emanzipation der Frauen in modernen Gesellschaftsformen. Die Schriftstellerin Olympe de Gouges (bürgerlich: Marie Aubry-Gouze) hatte 1791 eine „Erklärung der Rechte der Frau und Bürgerin" veröffentlicht. Artikel 1 dieses Verfassungsentwurfs lautete: „Die Frau wird frei geboren und bleibt dem Manne gleich in allen Rechten..."

Artikel 10 besagte: „Die Frau hat das Recht, das Schafott zu besteigen. Gleichermaßen muss ihr das Recht zugestanden werden, eine Rednertribüne zu besteigen."

Zur gleichen Zeit gründete Théroigne de Méricourt, die „Amazone der Revolution", in Paris einen „Klub der Menschenrechte", der ebenfalls eine vollständige Gleichstellung der Geschlechter forderte. Im August 1792 nahm Méricourt am Sturm auf die Tuilerien teil, der die französische Monarchie beendete, wofür sie mit der revolutionären Bürgerkrone ausgezeichnet wurde. Mit einer „Rede an die Frauen" stellte Méricourt im gleichen Jahr ihr Konzept einer egalitären Gesellschaft vor, das unter anderem bewaffnete Frauen-Einheiten des Militärs vorsah.

Olympe de Gouges wurde im Sommer 1793 verhaftet und vom rein maskulin besetzten Revolutionstribunal wegen ihres politischen und gesellschaftlichen Engagements zum Tode verurteilt, im November öffentlich guillotiniert. Im selben Jahr wurde Théroigne de Méricourt Opfer marodierender Revolutionstruppen, die selbstverständlich nur aus Männern bestanden.

In den 1840er-Jahren griff die Darmstädter Schriftstellerin Louise Dittmar die Ideen der Französinnen zur Gleichstellung von Mann und Frau auf und forderte unter anderem eine ökonomische Autonomie der Geschlechter: „Ein Hauptaugenmerk für uns Frauen muss (...) auf das Bestreben gerichtet sein, uns die Mittel zur Unabhängigkeit zu erwerben. Erwerb! (...) Es heißt, die Frau der menschlichen Würde zu berauben, wenn man ihr das Recht der Selbsttätigkeit entzieht oder sie in der Geltendmachung desselben hemmt."

Im Jahr 1849, die demokratische Revolution in Deutschland war gerade gescheitert, veröffentlichte Dittmar als

Herausgeberin und Haupt-Autorin die Anthologie „Das Wesen der Ehe". Das Werk stellt die bürgerliche Institution als besonderes Hemmnis auf dem Weg zur Emanzipation dar.

Der Band enthielt auch einen Text der 1819 in Meißen geborenen Autorin Louise Otto. Da Mädchen in Sachsen damals nur bis zu ihrer Konfirmation die Schule besuchen durften, ließ sich Louise ein Jahr später als ihr Geburtsjahrgang konfirmieren und konnte so mehr, länger lernen. Früh verwaist verfasste sie in den frühen 1840er-Jahren Gedichte und Romane, von den Honoraren finanzierte sie eine unbegleitete „Bildungsreise" durch Deutschland – in der Epoche des Biedermeier ein geradezu ungeheuerlicher Akt weiblicher Selbstermächtigung. In dieser Zeit freundete sich Otto auch mit dem 1848 standrechtlich erschossenen Robert Blum an, einem kämpferischen Demokraten.

Im Jahr 1846 erschien ihr sozialkritischer Roman „Schloss und Fabrik", von der Kritik als eines der wichtigsten Werke der literarischen Vormärz-Epoche bewertet. Während der Revolution 1848 arbeitete Louise Otto als Redakteurin einer aufständischen Zeitschrift, ab 1849 gab sie die „Frauen-Zeitung" heraus. Deren Motto: „Dem Reich der Freiheit werb' ich Bürgerinnen!" Das Königreich Sachsen änderte prompt sein Pressegesetz, verbot weiblichen Wesen das Herausgeben und Redigieren von Periodika, so dass die „Frauen-Zeitung" auswärts erscheinen musste. Doch die deutschen Frauen hatten fortan ein Organ, das ihre Forderung nach politischer, gesellschaftlicher und wirtschaftlicher Gleichstellung im gesamten Sprachraum artikulierte und verbreitete.

Nach Jahren der rein publizistischen Tätigkeit, nach Heirat mit dem wegen revolutionärer Aktivitäten zwischenzeitlich inhaftierten Schriftsteller und Journalisten August

Peters, gründete Louise Otto-Peters mit der Lehrerin Auguste Schmidt und deren Schwestern, mit der „Fröbel-Pädagogin" Henriette Goldschmidt (s. S. 183) und einigen anderen im Februar 1865 zunächst einen Frauenbildungsverein. Der setzte sich für gleiche Bildungschancen und -möglichkeiten ein und organisierte im Oktober in Leipzig eine gesamtdeutsche Frauenkonferenz. Dort wurde der Allgemeine Deutsche Frauenverein gegründet. Damit begann in Deutschland die organisierte Frauenbewegung. Außerdem gründete der ADF sogleich ein Organ, das in den folgenden Jahrzehnen zum Sprachrohr des Feminismus in Deutschland werden sollte: die zweiwöchentlich erscheinende Zeitschrift „Neue Bahnen".

Vorsitzende war Louise Otto-Peters, deren gesellschafts-politisch wichtigstes Werk „Das Recht der Frauen auf Erwerb" 1866 erschien. In jenem Jahr hatte der ADF 75 Mitglieder, vier Jahre später waren es bereits 10.000. In einer Zeit ohne digitale Vernetzung, ohne landesweite Massenmedien wie Radio oder Fernsehen war dies ein sensationeller Erfolg, ein Resultat des weit verbreiteten Bedürfnisses nach einer Änderung der Verhältnisse.

Die Aktivitäten eines feministischen Vereins in der Kaiserzeit waren indes grundverschieden von denen etwa eines lesbisch-queeren Clubs unserer Tage mit angeschlossener Chat- und Podcast-Plattform plus einem Youtube-Kanal zu Themen der sexuellen Befreiung. Eine politische Betätigung war Frauen damals in etlichen deutschen Ländern grundsätzlich verboten, sexuelle Inhalte waren total tabu. In seinen ersten 30 Jahren hatte der ADF folglich vor allem bessere Bildungsmöglichkeiten für Frauen zum Ziel, etwa die Öffnung höherer Schulen und Universitäten, später auch die Zulassung als Lehrerin, Ärztin, Anwältin und in anderen

Erwerbszweigen, den Zugang zu verantwortungsvollen und gesellschaftlich wichtigen Positionen. Außerdem ging es um karitative Arbeit, um Fürsorge und Hilfe etwa für Frauen, die plötzlich verwitwet und mittellos geworden waren. Um Erziehungs- und Familienberatung.

Wie in jeder breiten gesellschaftlichen Bewegung bildeten sich auch beim ADF bald Fraktionen. Ein radikaler Flügel formierte sich schon 1873 mit der Forderung nach vollem Wahlrecht für Frauen, formuliert und begründet mit Texten von Hedwig Dohm. Die Verfasserin feministischer Theorien, 1831 in Berlin geboren und dort Betreiberin eines Salons mit berühmten Gästen wie Franz Liszt oder Fritz Reuter, veröffentlichte in den 1870er-Jahren wegweisende Bücher wie „Die wissenschaftliche Emanzipation der Frauen" und „Der Frauen Natur und Recht". Später engagierte sie sich selbst in den Vereinen und Organisationen der „radikalen" Frauenbewegung, war aktiv als Pazifistin im Ersten Weltkrieg und erlebte sogar noch die Einführung des Frauenwahlrechts im Sommer 1919.

Diesen Aktivitäten stand bald ein „gemäßigter" Flügel gegenüber. Bekanntestes Gesicht war hier Helene Lange. Die Tochter eines gutbürgerlichen Kaufmanns wurde 1848 und damit eine ganze Generation nach den ADF-Gründerinnen in Oldenburg geboren. Sie verlor, ähnlich wie Louise Otto-Peters, früh ihre Eltern und konnte ihr feministisches Engagement wie Otto-Peters aus dem Erbe eines kleinen Vermögens finanzieren. Im Jahr 1872 legte sie in Berlin ihre Prüfung zur Lehrerin ab und widmete sich fortan vor allem einer verbesserten Ausbildung von Lehrerinnen, der Allgemeinbildung von Mädchen. Die konnten in den Anfangsjahren des Deutschen Kaiserreichs nur so genannte „Höhere Töchterschulen" besuchen, auf denen keine naturwissenschaftlich-technische Fächer unterrichtet wurden und keinerlei Vorbereitung auf ein Leben in Selbstverantwortung gegeben wurde. Lehrerinnen durften wiederum keine solchen Fächer unterrichten.

Mit Unterstützung von Kaiserin Viktoria, Gattin des nur kurz regierenden liberalen Kaisers Friedrich III., veröffentlichte Helene Lange zusammen mit fünf weiteren bürgerlich-liberalen Frauen im Jahr 1888 die so genannte „Gelbe Broschüre" zur Frauen-Bildung. Die forderte unter anderem, „dass dem weiblichen Element eine größere Beteiligung an dem wissenschaftlichen Unterricht auf Mittel- und Oberstufe der öffentlichen höheren Mädchenschulen gegeben und (...) dass von Staats wegen Anstalten zur Ausbildung wissenschaftlicher Lehrerinnen für die Oberklassen der höheren Mädchenschulen mögen errichtet werden."

Die Initiative scheiterte. Das Preußische Abgeordnetenhaus befasste sich nicht mit dem Antrag, die Regierung lehnte ihn ein Jahr später ab. Doch Helene Lange gab nicht auf. Zusammen mit zwei weiteren Aktivistinnen konnte sie 1889 „Realkurse" für Mädchen anbieten, die diese nach Besuch einer Höheren Töchterschule für eine kaufmännische oder gewerbliche Lehre, am Ende gar für ein Universitätsstudium qualifizieren sollten. Ein Jahr später gründete Lange den Deutschen Lehrerinnenverein – eine ähnliche Erfolgsgeschichte wie beim ADF: Von 85 Mitgliedern im Gründungsjahr wuchs die Vereinigung auf knapp 20.000 in 1905.

Langes Thema wurde auch andernorts aufgegriffen. Im Jahr 1888 gründete etwa die Weimarer Malerin Hedwig Kettler den Verein „Reform", der die vollständige Öffnung aller Bildungseinrichtungen, also auch der Universitäten, sowie aller akademischen Berufe für Frauen forderte. Eine in jener Zeit überaus radikale Position. Wenig später wurden Anita Augspurg und Sophia Goudstikker, die in München ein erfolgreiches Fotostudio betrieben und die dortige Bohème durch ihre Lebensgemeinschaft bunter machten, Mitglieder in der Vereinigung. Die benannte sich 1891 um in „Frauen-bildungsreform" und konnte zwei Jahre später in Karlsruhe das erste private Mädchengymnasium eröffnen. „Mit jedem gut bestandenen Examen helfen Sie mit, den Beweis zu erbringen von der Ebenbürtigkeit des Frauengeistes!", rief Hedwig Kettler dem ersten Schülerinnen-Jahrgang bei der Eröffnungsfeier zu. Anita Augspurg ergänzte: „Der Gang der Geschichte will es, dass (...) Frauenhände eingreifen in das soziale Geschehen."

Augspurg, 1857 in Verden an der Aller als jüngstes Kind eines Rechtsanwalts geboren, war in jenen Jahren klar geworden: Wer sich für Frauenrechte einsetzt, sollte sich in Gesetzeswerken auskennen. Sie bewarb sich daher um ein Jurastudium an der Universität Zürich, die sich damals als erste Hochschule im deutschsprachigen Raum für weibliche Studierende öffnete, und machte dort schon nach sieben Semestern im Sommer 1897 ihren Abschluss. Als erste promovierte Rechtsgelehrte Deutschlands setzte Augspurg die Emanzipation der Frau ins Zentrum ihrer Profession, „weil nur von der Grundlage verbürgter Rechte (...) an ihre sichere Lösung überhaupt gedacht werden kann," wie sie schon 1895 in der ersten Ausgabe der Zeitschrift „Die Frauenbewegung" schrieb.

Mit dieser nüchternen Feststellung begann Augspurg ihren Kampf gegen das Bürgerliche Gesetzbuch, dessen Entwurf in jenen Monaten politisch und unter Juristen verhandelt wurde. „Nirgends findet man im Rechtsleben eine nicht auf Verschulden oder Gebrechen zurückzuführende Wiederentziehung erworbener Rechte oder Degradation aus einem höheren Rechtsstande in einen tieferen", schrieb Augspurg 1896 in „Die Frauenbewegung". Sie konstatierte: „Das Familienrecht des Bürgerlichen Gesetzbuchs jedoch setzt sich auch über diesen Rechtsgrundsatz hinweg, indem es der volljährigen Frau, welche mündig, handlungsfähig, wechselfähig war, in Folge ihrer Eheschließung diese Eigenschaften verkürzt."

Sie illustrierte diesen Sachverhalt am eigenen Beispiel: Würde sie, die als Ledige voll geschäftsfähige Co-Eignerin eines florierenden Fotostudios, heiraten, so müsste sie einen großen Teil ihrer Rechte als Geschäftsführerin an ihren Ehemann abgeben. Sie könnte nicht mehr eigenständig ein Bankkonto eröffnen, könnte ohne Zustimmung des Ehemannes keinen Kredit aufnehmen, keinen Mietvertrag für neue Geschäftsräume abschließen oder eine Immobilie erwerben, keine weiteren Gesellschafter in das Unternehmen integrieren oder entlassen. Ohne Unterschrift ihres Gatten erhielte sie nicht einmal eine Auszahlung von jenem Konto, auf das die Einnahmen ihrer fotografischen Arbeit fließen. Verheiratete Frauen sollten nach dem BGB nicht über ihren Wohnort und über ihre Berufsausübung entscheiden können – Rechte, die Ledigen, Witwen oder Geschiedenen selbstverständlich zustanden.

Augspurgs Urteil über das künftige Fundament der deutschen Zivilrechtsprechung fiel daher bitter aus: „Unser Bürgerliches Gesetzbuch anerkennt und negiert in einem Atem die volle Rechtspersönlichkeit der Frau." Als Folge dieser Erkenntnis startete sie eine Kampagne gegen die familienrechtlichen Passagen dieses Werks.

Augspurgs grundsätzliche Überlegungen und ihre Kampfansage an das geplante Ehe- und Familienrecht fanden so viel

Resonanz, dass die Presse einen „Frauenlandsturm" erkannte. Bei der ersten Lesung des voluminösen Gesetzeswerks im Reichstag gab es im Februar 1896 dann so viele Einwände, dass es überarbeitet werden musste. Die SPD-Fraktion forderte eine völlige Gleichstellung von Mann und Frau in allen Paragrafen und selbst Carl-Ferdinand von Stumm-Halberg, Wortführer der konservativen Deutschen Reichspartei, merkte in der Debatte an: „Die Ehe wird um so normaler sein, je mehr die Frau bei der Eheschließung gleichberechtigt mit dem Manne ist".

Während der Revision der einzelnen Paragrafen schrieben hunderttausende Bürgerinnen und Bürger Briefe an einzelne Reichstagsabgeordnete, formulierten Proteste und Petitionen. Aber es half nichts: In seiner Sitzung am 26. Juni 1896 verabschiedete der Reichstag das Gesetzbuch; die strittigen Passagen waren unverändert geblieben.

Augspurg und ihre Mitstreiterinnen ließen sich dennoch nicht entmutigen. Unter dem Motto eines „Frauenlandsturms", das sie als Ehrentitel übernommen hatten, luden sie zu einer großen Protestversammlung schon drei Tage später ins Berliner Konzerthaus. Das hatte über 2.000 Plätze und in einer Zeit, in der persönliche Telegramme die einzige mögliche Form schneller Kommunikation über große Entfernungen hinweg darstellten, war die Versammlung mehr oder weniger über Nacht angesetzt. Die wenigsten der auswärts Adressierten fanden überhaupt Zeit zu antworten.

Dennoch wurde die Kundgebung ein voller Erfolg. Aus allen Großstädten, von überall reisten Frauen an, vor vollem Haus wurde eine Solidaritätsadresse nach der anderen verlesen, der Beifall toste. Es war die erste große öffentliche Protestveranstaltung der Frauenbewegung in Deutschland.

Einige Wochen später, während der Gewerbeausstellung im September 1896, fand dann in Berlins „Rotem Rathaus" der Erste Internationale Kongress für Frauenwerke und Frauenbestrebungen statt. Nicht etwa die großen Vereine oder der Dachverband BDF hatten dazu eingeladen, sondern einzelne Berliner Frauen unter Führung der Radikal-Feministin Minna Cauer. Rund tausend Engagierte, vor allem aus Deutschland, aber auch aus fast allen europäischen Ländern und den USA berieten eine Woche lang vor allem über die Rechtsstellungen von Frauen in den verschiedenen Ländern, aber auch über die Aufgabengebiete ihrer Vereine und Organisationen. Zu Beginn der Großveranstaltung erschienen die Porträts von zwölf namhaften deutschen Feministinnen auf dem Cover der „Berliner Illustrierten Zeitung", damals das auflagenstärkste Massenblatt des Deutschen Reiches.

Eine maßgebliche Fraktion blieb jedoch ausgeschlossen: die proletarischen und sozialistischen Frauenvereine. Deren Wortführerin Clara Zetkin, von einem plakativ-kämpferischen Vortragstitel im Programm des Ersten Internationalen Frauenkongresses angezogen, vermisste als anonyme Zuhörerin jede Erwähnung eines Frauenwahlrechts. In Zetkins Partei, der SPD, gehörte die Forderung schon seit Jahren zum Programm und wurde von Prominenten wie August Bebel vehement vertreten.

Dafür hatte Zetkin selbst gesorgt, als die SPD im Jahr 1891 ihr Erfurter Programm verabschiedete. Die Lehrerstochter, 1857 im sächsischen Wiederau geboren und selber zur Fachlehrerin für moderne Sprachen ausgebildet, war 1878 in die Sozialistische Arbeiterpartei (SAP) eingetreten. Vier Jahre später folgte sie ihrem damaligen Ehemann, dem russischen Exilanten Ossip Zetkin, in sein Pariser Exil. Der

Revolutionär war als „lästiger Ausländer" aus Deutschland abgeschoben worden. In Frankreich vertiefte sich Clara in marxistische Theorien und hielt 1889 auf dem Internationalen Arbeiterkongress eine viel beachtete Rede, in der sie die Erwerbsarbeit von Frauen zur wichtigsten Voraussetzung für deren Emanzipation darstellte.

Ein Jahr später, die Verbote der Sozialistengesetze waren abgeschafft, kehrte Clara Zetkin nach Deutschland zurück und war bald die wichtigste weibliche Stimme in der marxistisch-revolutionären Partei, die sich nun SPD nannte. Auch wurde sie Chefredakteurin von „Die Gleichheit – Zeitschrift für die Interessen der Arbeiterinnen". Das Blatt machte sich für Frauenrechte stark, stellte sich vehement gegen Militarismus und Krieg. Mit Erfolg: Zu Beginn des 20. Jahrhunderts betrug die Auflage stolze 125.000 Stück. Zur selben Zeit wurde Clara Zetkin in den Vorstand der SPD gewählt, 1907 wurde sie Mitglied im Frauensekretariat der sozialistischen Arbeiterinternationale. Drei Jahre später gehörte sie zu den Initiatorinnen des fortan jährlich begangenen Internationalen Frauentages.

So sehr sich Clara Zetkin auch für Frauenrechte engagierte – die völlige Gleichstellung ihres Geschlechtes zu den Männern war für sie im marxistischen Sinn nur ein „Nebenwiderspruch". Der würde sich, so ihre Auffassung, alsbald und mehr oder weniger von selbst auflösen, sobald der „Hauptwiderspruch" zwischen Arbeit und Kapital, also die Ausbeutung des Proletariats und die kapitalistische Wirtschaftsweise, durch eine politische Revolution beseitigt, überwunden wäre.

Das machte die Zusammenarbeit mit der bürgerlichen Frauenbewegung nicht leicht, auch nicht mit deren „radikalem"

Flügel um Anita Augspurg und ihrer neuen Lebensgefährtin Lida Gustava Heymann. Die hatten zusammen mit Minna Cauer und der Schriftstellerin, in der „Fröbel-Pädagogik" (s. S. 185) engagierten Lina Morgenstern 1897 in Berlin ein neues Projekt gestartet: den Verein Frauenwohl. Untergebracht in einem geräumigen Haus mit einem Teezimmer, einem Ess-Salon, mit Studier- und Schreibzimmern bot der auch eine öffentlich zugängliche Bibliothek für Frauenfragen an.

Aus dem Verein Frauenwohl und als Gegenbewegung zu den in jener Zeit sehr „gemäßigten", sprich: konservativen ADF und BDF entstand im Oktober 1899 der „Verband Fortschrittlicher Frauenvereine" (VFF). Der lehnte jede Abgrenzung zwischen Arbeiterinnen und bürgerlichen Frauen ab. Eine weitere zentrale Forderung war das Frauenwahlrecht – in der Summe Positionen, für die seine Vorständinnen vom BDF heftig angegriffen werden. Augspurg registrierte „persönlichen Hass gegen einzelne radikale Führerinnen."

Im Vorstand des VFF arbeitete die prominente Frauenführerin zum ersten Mal mit Lida Gustava Heymann zusammen. Die Tochter eines vermögenden Kaufmanns wurde 1868 in Hamburg geboren und war ab 1896 nach dem Tod ihres Vaters durch eine großzügige Leibrente finanziell unabhängig. Ihre materiellen Möglichkeiten setzte sie fortan zur Unterstützung und zur Verbesserung der Lebensverhältnisse von bedürftigen Frauen ein. So hatte sie in ihrem Elternhaus eine Nähstube für sozial schwache Familien eingerichtet, in der Innenstadt eröffnete sie wenig später das erste Frauenzentrum der Welt: Neben einem Mittagstisch für die Verkäuferinnen der umliegenden Geschäfte gab es dort auch einen koedukativen Kinderhort und eine Handelsschule nur für Frauen, eine Badeanstalt mit Wannenbädern und Duschen sowie eine Beratungsstelle.

Heymann machte auch die Prostitution zu einem Thema der radikalen Frauenbewegung: Als Teil der sogenannten Abolitionistinnen verlangte sie eine rechtliche Gleichstellung von Hure und Freier sowie ein Ende der staatlichen Regulierung, mit der Behörden Sexarbeiterinnen in jener Zeit nicht nur zwangsweise medizinischen Untersuchungen unterziehen, sondern generell gängeln, juristisch belangen konnten. Wegen dieser Forderungen wurde Heymann bis 1918 polizeilich überwacht.

In vielen Ländern des Deutschen Reiches, vor allem in Preußen und Bayern, war Frauen zu Beginn des 20. Jahrhunderts eine politische Betätigung noch immer verboten. Zusammen mit der Juristin Augspurg entdeckte Heymann jedoch eine Lücke im Vereinsgesetz der Freien und Hansestadt Hamburg, gemeinsam gründeten sie im Jahr 1902 den ersten Deutschen Verein für Frauenstimmrecht. Zwei Jahre später weitete der Verein seine Aktivitäten auf das gesamte Reich aus, wurde Mitglied im Weltbund für Frauenstimmrecht. Das geschickte Unterlaufen der gesetzlichen Verbote zeigte wenig später Wirkung: Im Jahr 1908 ließ der Reichstag die politische Betätigung auch für Frauen offiziell zu, die so engagierten Vereine konnten nun landesweit tätig werden.

Auch hatten Helene Langes Initiativen für eine verbesserte Bildung von Frauen und Mädchen Erfolg: Im Jahr 1906 setzte das Preußische Kultusministerium eine Kommission zur Reform des Höheren Mädchenschulwesens ein, knapp die Hälfte der Mitglieder war weiblich. Darunter auch Lange und ihre Lebensgefährtin Gertrud Bäumer. Zwei Jahre später konnten Mädchen in Preußen sechs Schuljahre lang Gymnasien besuchen, die ihnen auch naturwissenschaftliche und technische Grundkenntnisse vermittelten. Nur durften diese Schulen nicht von Lehrerinnen geleitet werden. Auch war hier eine Quote vorgeschrieben: mindestens ein Drittel des Lehrpersonals musste männlich sein.

In dieser Zeit öffneten sich auch deutsche Universitäten ganz allmählich für Studentinnen. Diese waren bestenfalls und vereinzelt als Gasthörerinnen geduldet worden, doch im Jahr 1895 erlaubte die Universität Heidelberg als erste offiziell die Immatrikulation von Frauen. Fünf Jahre später folgten die Unis im gesamten Großherzogtum Baden, jene in Bayern in 1903, in Preußen in 1908. Heute machen Frauen die Mehrzahl der Hochschulabschlüsse in Deutschland – ein später, doch konsequenter Erfolg von Helene Lange und ihren Mitstreiterinnen.

Im Juni 1904 tagte der Internationale Frauenrat in Berlin. Die Vereinigung, 1888 in den USA gegründet, ist bis heute der Welt-Dachverband der Frauenbewegung und berät etliche Organisationen der Vereinten Nationen. Die deutschen Teilnehmerinnen kamen großteils aus dem gemäßigten Flügel der Frauenbewegung, darunter Helene Lange und Marie Stritt, damals Präsidentin des Dachverbandes BDF, der offizielle Gastgeber des Kongresses. Bei der Abschlusskundgebung in der Berliner Philharmonie hielt die österreichische Pazifistin Bertha von Suttner einen viel beachteten Vortrag.

Im Jahr 1910 verlor Marie Stritt den Vorsitz des BDF. Die einstige Weggefährtin von Anita Augspurg und ähnlich „Radikalen" hatte sich im Bund für Mutterschutz auch für ledige Mütter engagiert, für eine grundlegende Sexualreform und war massiv gegen den §218 des Strafgesetzbuches eingetreten, der Schwangerschaftsabbruch mit Gefängnis bedrohte. Das war nicht vereinbar mit der Stimmung im großen Dachverband der Frauenbewegung. Stritt wurde zunächst Vorsitzende des Deutschen Verbandes für Frauenstimmrecht, später auch des Weltbundes für dieses Thema.

Der Ausbruch des Ersten Weltkriegs im Sommer 1914 brachte der deutschen Frauenbewegung eine Zerreißprobe. Deren große Organisationen gaben sich patriotisch, sie waren durchweg positiv eingestellt gegenüber dem Krieg. „Es ist uns selbstverständlich", schrieb zum Beispiel Gertrud Bäumer, damals Vorsitzende des „gemäßigten" BDF, „dass während eines Existenzkampfes wir Frauen zu unserem Volke gehören und nur zu ihm." An anderer Stelle sah sie sich, gemeinsam mit allen deutschen Frauen, „durch den uns aufgezwungenen Weltkrieg" aufgefordert, „die Macht und Größe unserer Nation zu erhalten." Gleich am Tag der Mobilmachung begann Bäumer mit der Organisation eines „Nationalen Frauendienstes" für „vaterländische Aufgaben an der Heimatfront". Marie Stritt setzte wenig später die Kasse des Frauenstimmrechtsverbandes, dem sie vorstand, satzungswidrig für den Kauf größerer Mengen von Wolle ein. Die in dem Verein organisierten Frauenrechtlerinnen strickten damit warme Socken für die Soldaten an der Front.

Die Sozialistin Clara Zetkin orientierte sich hingegen eher an Bertha von Suttner, die für ihren Roman „Die Waffen nieder!" im Jahr 1905 als erste Frau mit dem Friedensnobelpreis ausgezeichnet worden war. Als Mitglied des SPD-Vorstands widersprach Zetkin kurz nach Kriegsbeginn vehement dem Parteibeschluss für Kriegskredite in der damals astronomischen Höhe von fünf Milliarden Mark. Im März 1915 berief sie eine Sozialistische Frauenkonferenz der am Krieg beteiligten Länder im neutralen Bern ein – und verstieß damit gegen ein ausdrückliches Verbot der Parteiführung. Nach ihrer Rückkehr ließ sie Flugblätter mit den Forderungen der Konferenz zur Beendigung des Kriegs verteilen – und wurde wegen Landesverrats verhaftet. Sie durfte das Untersuchungsgefängnis erst nach Monaten wieder verlassen, weil sie während der Haft schwer erkrankt war.

Ihrer Kollegin Rosa Luxemburg erging es noch ärger: Wegen „Agitation gegen das Militär" wurde sie zunächst zu einem Jahr Gefängnis verurteilt, danach zu „Schutzhaft" im Zuchthaus. Sie kam erst am Ende des Weltkriegs wieder frei – und wurde gut zwei Monate später von marodierenden Freicorps ermordet.

Auch für Anita Augspurg und Lida Heymann war der Krieg „das größte Verbrechen, (...) der Kulminationspunkt männlicher Raff- und Zerstörungswut". Sie organisierten deshalb gemeinsam mit der niederländischen Feministin Aletta Jacobs einen internationalen „Frauen-Friedenskongress" in Den Haag – dem historischen Ort, an dem die Verträge zur Regulierung der Kriegsführung, zur Vermeidung schlimmster Kriegsgräuel geschlossen wurden. Nur einen Monat nach dem Kongress der sozialistischen Frauenbewegung in Bern, vom 28. April bis zum 1. Mai 1915, tagten mehr als tausend Delegierte aus insgesamt 15 Ländern im Haag, darunter prominente Feministinnen wie die Ungarin Rosika Schwimmer und die Amerikanerin Jane Addams, die kurz zuvor in den USA eine Friedenspartei gegründet hatte und im Jahr 1931 der Friedens-Nobelpreis erhalten würde.

Die Zusammenkunft war alles andere als eine Selbstverständlichkeit: Die kriegsführenden Nationen vergaben kaum mehr Ausreisevisa. Aus Großbritannien schafften es zum Beispiel nur vier Frauen in die Niederlande, aus Deutschland immerhin 28. Der Kongress beschloss Forderungen zur allgemeinen Abrüstung, zur Ausschaltung der Privatinteressen an der Waffenproduktion, eine schiedsgerichtliche Austragung und Vergleichspflicht für alle Streitigkeiten sowie die Gleichberechtigung von Frauen auf allen Gebieten. Lida Heymann gelang es, eine Protestnote gegen Vergewaltigungen „als Begleiterscheinung jedes Krieges" in die Beschlüsse aufzunehmen.

Die pazifistischen Feministinnen gründeten einen „Internationalen Frauenausschuss für dauernden Frieden" und entsandten eine Delegation zu den Regierungen von kriegsführenden und neutralen Staaten sowie zum Papst, um die Resolutionen der Konferenz zu überreichen und nach Möglichkeit Friedensverhandlungen zu initiieren.

Mit ihren Aktivitäten rund um den Internationalen Frauen-Friedenskongress in Den Haag hatten sich Augspurg und Heymann endgültig isoliert von der „gemäßigten" Frauenbewegung im BDF. Dessen Vorsitzende Gertrud Bäumer erklärte die Haager Versammlung „für unvereinbar mit der vaterländischen Gesinnung" und lehnte fortan jede Zusammenarbeit mit Besucherinnen und Förderern des Kongresses ab. Dies traf auch die Berlinerin Minna Cauer, deren Zeitschrift „Die Frauenbewegung" Beiträge und Berichte über den Kongress veröffentlicht hatte. Deren Druckfahnen unterlagen fortan einer strikten staatlichen Zensur.

In Deutschland bildeten sich nach dem Kongress 18 regionale „Frauenausschüsse für dauernden Frieden". Die Münchener Gruppe tagte meistens geheim in der Stadtwohnung von Augspurg und Heymann. Deren „Bayerischer Verein für Frauenstimmrecht" und die Münchener Ortsgruppe des „Deutschen Stimmrechtsbundes" wurden zu pazifistischen Deckorganisationen. Heymann trat auch öffentlich auf – bei Gewerkschaftstreffen, bei SPD-Frauen, bei der Deutschen Friedensgesellschaft (DFG) von Ludwig Quidde (s. S. 21 ff.). Dafür wurde sie politisch verfolgt, widerrechtlich aus Bayern ausgewiesen. Sie widersetzte sich und verbrachte den Rest der Kriegszeit versteckt und illegal auf ihrem Landsitz „Burg Sonnensturm" bei Icking in Oberbayern.

Nach dem Umsturz in Russland richteten Augspurg und Heymann gemeinsam mit der DFG und zwei kleineren Organisationen im Herbst 1917 eine „Friedenseingabe" an den Deutschen Reichstag. Vergebens. Der Krieg zog sich noch ein ganzes Jahr, bis schließlich Matrosen meuterten, Soldaten revoltierten, Reichs- und Landesregierungen zurücktraten, der Kaiser floh, „Arbeiter- und Soldatenräte" die Macht übernahmen und das Deutsche Reich am 11. November 1918 bedingungslos kapitulierte. In seinem Aufruf „An das deutsche Volk" sprach der „Rat der Volksbeauftragten" am 12. November den Frauen was Wahlrecht zu. Am 30. November trat in Deutschland das Reichswahlgesetz mit dem freien, gleichen, allgemeinen und geheimen Wahlrecht auch für Frauen in Kraft, das diese am 19. Januar an der Wahl zur verfassungsgebenden Versammlung teilnehmen ließ.

Nach diesem sensationellen Durchbruch schlug die Stimmung in Deutschland gegenüber der Emanzipation jedoch alsbald um. Die politischen Wirren der Weimarer Republik, die Putschversuche und Gebietsbesetzungen, die katastrophale Inflation und Deutschlands schwierige Wirtschaftslage während der gesamten 20er-Jahre ließen die Frauenbewegung hierzulande in den Hintergrund treten. Die weltweit wichtigen Impulse auf diesem Gebiet kamen nun vor allem von den so genannten Suffragetten aus den USA und England, aus stabileren, reicheren „Sieger"-Ländern.

Zwar wurde auch in Deutschland über die Gesetzgebung zur Prostitution, über den Abtreibungsparagrafen 218 des Strafgesetzbuches, über ein liberaleres und gleichberechtigteres Scheidungsrecht, über Gewalt in der Ehe usw. gesprochen und gestritten. Und Augspurg und Heymann engagierten sich gegen totalitäre Bestrebungen, indem sie zum Beispiel nach Hitlers gescheitertem Putschversuch im Münchener Bürgerbräukeller 1923 bei der Staatsanwaltschaft die Ausweisung des staatsfeindlichen Österreichers forderten. Doch blieb der Vorstoß bekanntlich ergebnislos.

So waren die 1920er-Jahre zunächst die Zeit, in der die deutschen Frauen ihre bescheidenen Erfolge in die Praxis umsetzten. Noch immer war die Zahl der Ärztinnen, Anwältinnen, und Professorinnen verschwindend gering; kein größeres Unternehmen, kein Gericht, keine Gewerkschaft, kein Forschungsinstitut und keine Hochschule, keine Partei, keine Rundfunkanstalt oder sonstige Massenmedien, kein namhaftes Orchester, kein Ministerium und erst recht kein Kabinett wurde von einer Frau geleitet. Und selbstverständlich blieben Frauen beim Militär komplett außen vor.

Doch fanden zumindest einige erfahrene Feministinnen ihren Platz im Parlamentarismus: In ihrem damaligen Heimatland Württemberg gehörte Clara Zetkin 1919 als eine von 13 Frauen zur Verfassungsgebenden Landesversammlung. Für die Kommunistische Partei, die sie nach der Novemberrevolution 1918 mitgegründet hatte, saß sie von 1920 bis 1933, bis zu Hitlers Verbot der Partei, als Abgeordnete im Reichstag, eröffnete als Alterspräsidentin dessen letzte Sitzungsperiode.

Helene Lange war schon 1908 zusammen mit ihrer Lebensgefährtin Gertrud Bäumer und anderen Frauenrechtlerinnen in die Freisinnige Vereinigung eingetreten, die

1910 unter Führung des Liberalen Friedrich Naumann in der Fortschrittlichen Volkspartei aufging. Nach dem Ersten Weltkrieg gehörte sie zu den Gründern der Deutschen Demokratischen Partei, für die sie 1919 als Alterspräsidentin in die Hamburger Bürgerschaft einzog.

Anita Augspurg und Lida Heymann engagierten sich weiter im Frauenausschuss für dauernden Frieden. Bei einem Kongress im Mai 1919 in Zürich beteiligten sie sich an der Gründung der Internationalen Frauenliga für Frieden und Freiheit (IFFF), die bis heute besteht. Heymann wurde deren erste Vizepräsidentin. Im Jahr 1924 reiste das Paar mehrere Monate lang durch die USA, lernte die dortigen Aktivistinnen für Frauenrechte, Frieden und Gleichheit auch persönlich kennen.

Zurück in München mussten sich die Feministinnen in den kommenden Jahren mehr und mehr gegen die SA und andere Kampftruppen der Nationalsozialisten zur Wehr setzen, die Versammlungen stürmten, Rednerinnen bedrängten und bedrohten. Was dazu führte, dass die Veranstaltungen der regionalen IFFF nur noch für Frauen öffentlich zugänglich waren.

Im Spätwinter 1933, unmittelbar nach der turbulenten Machtübernahme der Nazis, kehrten Anita Augspurg und Lida Heyman von einer langen Ferienreise durch Südeuropa und Nordafrika nicht nach Deutschland zurück. „Es wäre Wahnsinn gewesen, uns den Hitler-Schergen auszuliefern, diesen sadistischen Psychopathen!" schrieben sie später in ihren gemeinsam verfassten Lebenserinnerungen.

So begann das Züricher Exil der beiden streitbaren Frauenrechtlerinnen. Anfangs waren sie durch Heymanns Erbe materiell noch gut gestellt. Doch 1934 beschlagnahmten die bayerischen Behörden das in Deutschland verbliebene Vermögen der beiden „Reichsflüchtigen", sie wurden ausgebürgert. Ihre restlichen neun Lebensjahre verbrachten Augspurg und Heymann in Armut, angewiesen auf die Unterstützung durch schweizer Freundinnen. Heymann starb im Alter von 75 Jahren im August 1943, Augspurg im Dezember desselben Jahres, 86-jährig.

Helene Lange war schon 1930, also deutlich vor Beginn des NS-Regimes, im Alter von 82 Jahren gestorben; Clara Zetkin starb im Sommer 1933 mit 76 Jahren und seit langem schwer erkrankt in der Nähe von Moskau, fern von nationalsozialistischen Gräueltaten.

Mit Hitlers Machtübernahme im Frühjahr 1933 erlebte diese erste Welle der deutschen Frauenbewegung ihr jähes Ende. „Emanzipation" galt den Nazis als eine Erfindung des „jüdischen Intellekts", der Feminismus in Deutschland durchlebte seine wohl dunkelste Zeit: Die Nationalsozialisten reduzierten Frauen vollständig auf die Mutterrolle, führten 1939 ein dreistufiges „Mutterkreuz" für Vielgebärende ein, das sowohl ästhetisch wie ideologisch der soldatischen Tapferkeitsmedaille „Eisernes Kreuz" nachempfunden war. Bis 1945 wurde es fünfmillionenfach vergeben.

Bis auf wenige glamourös-spektakuläre Ausnahmen wie die Regisseurin Leni Riefenstahl oder Hubschrauberpilotin Hanna Reitsch drängte der NS-Staat Frauen systematisch aus der Öffentlichkeit und aus verantwortungsvollen Ämtern. Gleich 1933 verloren sie ihr passives Wahlrecht. Formal war das zwar ein großer Verlust, praktisch jedoch bedeutungslos: Es fanden keine demokratischen Wahlen mehr statt, die Parlamente blieben entmachtet. Wer es von den früheren Aktivistinnen noch schaffte, emigrierte ins Ausland. Andere gingen in die „innere Emigration", engagierten sich allenfalls in kirchlichen Frauenverbänden.

In seiner Rede auf dem Reichsparteitag der NSDAP 1934 sagte Hitler: „Wir empfinden es nicht als richtig, wenn das Weib in die Welt des Mannes eindringt, sondern wir empfinden es als natürlich, wenn diese beiden Welten geschieden bleiben." Folglich gab es grundsätzlich keine weiblichen Führungskräfte und keine Richterinnen mehr. Bis auf die Parteiorganisation der Frauenschaft wurde keine der unzähligen Einrichtungen des NS-Staats je von einer Frau geleitet. Sogar die Jungmädel und der Bund deutscher Mädel, die weiblichen Teile der Hitlerjugend, unterstanden dem selbstverständlich männlichen Reichsjugendführer.

Nach Ende des Zweiten Weltkriegs erlebte die Frauenbewegung jedoch ein ähnliches Wunder, einen ähnlich fundamentalen Fortschritt wie mit dem Wahlgesetz nach der Novemberrevolution 1918, der Weimarer Verfassung von 1919. Im 1949 verabschiedeten Grundgesetz der Bundesrepublik heißt es bis heute in §3 Abs.2 ebenso knapp wie präzise: „Männer und Frauen sind gleichberechtigt." Die erste Verfassung der DDR, im selben Jahr beschlossen, ging sogar noch einen Schritt weiter: „Mann und Frau sind gleichberechtigt", beschied dort Artikel 7. Und: „Alle Gesetze und Bestimmungen, die der Gleichberechtigung der Frau entgegenstehen, sind aufgehoben."

In der Bundesrepublik hatten sich vier so genannte Mütter des Grundgesetzes für diesen entscheidenden Schritt, für diese unmissverständliche Formulierung eingesetzt. Sie waren die knapp bemessene weibliche Vertretung im 65-köpfigen Parlamentarischen Rat, der eine vorläufige Verfassung für den neuen Staat in den drei westlichen Besatzungszonen ausarbeiten sollte. Die vier Frauen, zwischen 1881 und 1898 geboren, waren erfahrene Politikerinnen, Abgeordnete der SPD, der CDU und des (katholischen) Zentrums in verschiedenen Parlamenten und routinierte Streiterinnen für die Sache der Frauen.

Elisabeth Selbert von der SPD hatte den größten Anteil an der klaren Formulierung des Gleichstellungsparagrafen. Die Juristin, 1930 promoviert über die „Ehezerrüttung als Scheidungsgrund", wollte die unmissverständliche Formulierung als „imperativen Auftrag an den Gesetzgeber" verstanden wissen. Tatsächlich wurde der erste gewählte Bundestag aufgefordert, alle Bereiche des Bürgerlichen Gesetzbuches, die einer juristisch vollständigen Gleichstellung der Frau entgegenstanden und gegen die schon die Feministinnen um Anita Augspurg mit ihrem „Frauenlandsturm" Ende des 19. Jahrhunderts protestiert hatten, bis zum Ende der Legislaturperiode 1953 zu korrigieren. Die Adenauer-Regierungen ließen sich damit zwar bis 1957 Zeit, aber dann war auch dieser Auftrag wenigstens in den Grundzügen erledigt.

Die zweite „Mutter des Grundgesetzes", Helene Wessel, war beim Zentrum die erste Bundesvorsitzende einer politischen Partei in Deutschland und die erste Fraktionsvorsitzende des Bundestages. Im Jahr 1953, nach ihrem Austritt aus dem Zentrum, gründete sie zusammen mit Gustav Heinemann und Johannes Rau, beide später Bundespräsidenten, die Gesamtdeutsche Volkspartei und engagierte sich pazifistisch im „Kampf gegen den Atomtod" (s. S. 31).

Helene Weber hatte als Zentrumsmitglied bereits an der Weimarer Verfassung mitgearbeitet. In einer Rede gegen den Ersten Weltkrieg hatte sie den „reinen Männerstaat" als das „Verderben der Völker" bezeichnet. Sie gründete 1948 den

Vorläufer der heutigen Frauen-Union in der CDU, war von 1951-58 deren Vorsitzende und galt als die „einflussreichste Frau in der CDU". Noch im Alter von 80 Jahren erkämpfte sie zusammen mit der CDU-Politikerin Aenne Brauksiepe eine erste Ministerin in der Bundesregierung. Die beiden Frauen organisierten eine Sitzblockade vor dem Kabinettszimmer im Kanzleramt und erreichten damit, dass Elisabeth Schwarzhaupt (CDU) 1961 Bundesgesundheitsministerin werden konnte. In den zwölf vorausgegangenen Jahren seiner Regierungszeit hatte sich Kanzler Konrad Adenauer (CDU) einem solchen Schritt immer widersetzt.

In der DDR gelang der Aufstieg von Frauen in Regierungsämter schneller: Schon 1952 wurde Elisabeth Zaisser Ministerin für Volksbildung, Hilde Benjamin war von 1953 bis 1967 Justizministerin. Allerdings waren Ministerinnen und Minister in der DDR den Weisungen der obersten SED-Parteigremien unterstellt. Sie waren somit keine Lenker und Gestalter der Politik, sondern eher Behördenchefs: Höhere Beamte, die das ausführten, was sich dafür Berufenere ausgedacht hatten. Bis ins Politbüro der SED, dem wichtigsten Machtorgan, schaffte es in den 40 Jahren der DDR nicht einmal Margot Honecker, Volksbildungsministerin seit 1963 und Ehefrau des Generalsekretärs des Zentralkomitees der SED, des mächtigsten Mannes der DDR. Das Politbüro der SED hatte in den 44 Jahren seiner Existenz ausschließlich männliche Mitglieder.

Auch in der Bundesrepublik dauerte es lange, bis Frauen zur selbstverständlichen Besetzung der politischen Bühne gehörten. Aufsehen erregte zum Beispiel das „Feminat" der Grünen Bundestagsfraktion, die von 1984 bis 1987 ausschließlich von Frauen geführt wurde, darunter Antje Vollmer, Christa

Nickels und Waltraud Schoppe. Die Letztgenannte hatte schon 1983 mit einer Rede im Bundestag für Aufruhr gesorgt, in der sie Männer generell einer „fahrlässigen Penetration" beim Sex beschuldigte. Sie forderte einen Strafparagrafen gegen Vergewaltigung in der Ehe und ein Ende des „alltäglichen Sexismus hier im Parlament". Schließlich empfahl sie all ihren Zuhörerinnen und Zuhörern neue Formen von „lustvollen, schwangerschaftsverhütenden" geschlechtlichen Aktivitäten. Die Reaktion des überwiegend männlich besetzten Plenums war eindeutig: die „taz" schrieb von einem „johlenden, grölenden Männermob".

Zwar hat sich das Geschlechterverhältnis in der deutschen Politik seit dem Zweiten Weltkrieg gründlich verändert. Seit Heide Simonis (SPD) im Jahr 1993 Ministerpräsidentin von Schleswig-Holstein wurde, regieren auch in anderen Bundesländern immer mehr Frauen. Angela Merkel (CDU) war 2005 die erste Bundeskanzlerin und behielt diesen Posten 16 Jahre lang. Mit Ursula von der Leyen (CDU) stellt Deutschland die erste Präsidentin der EU-Kommission. Doch war bei Redaktionsschluss dieses Textes nichtmal ein Drittel aller Bundestagsabgeordneten Frauen. Auch im Bundeskabinett der „Ampelkoalition" aus SPD, FDP und Grünen, ursprünglich paritätisch besetzt, waren nach Umbesetzungen wieder Männer in der Mehrzahl.

Auch konnte „Außerparlamentarische Opposition", die im Umfeld der Studierendenbewegung der späten 1960er-Jahre die Missstände der bürgerlichen Gesellschaft in den industrialisierten Ländern offen kritisierte, keine entscheidenden Fortschritte im Themenfeld der Frauen-Emanzipation erzielen. Helke Sander, 1937 in Berlin geboren und in jener

Zeit Studentin an der Berliner Film- und Fernsehakademie, gründete deshalb zusammen mit einigen anderen Betroffenen im Frühjahr 1968 einen Aktionsrat zur Befreiung der Frauen. Auf der Delegiertenkonferenz des Sozialistischen Deutschen Studentenbundes (SDS), damals die wortführende Organisation des Protests, durfte sie am 13. September 1968 in Frankfurt/Main als einzige Frau eine Rede zum Programm beisteuern. Der Vortrag, der das Konzept des Aktionsrats unter anderem zur Gründung von unabhängigen Kinderläden vorstellte, gipfelte in der Feststellung, die rein männliche, inhaltlich nicht dialogbereite Führung des SDS sei „nichts weiter ist als ein aufgeblasener, konterrevolutionärer Hefeteig!"

Tatsächlich wollte der Vorsitzende der Konferenz keine Diskussion über Sanders Rede zulassen. Mit dem Ausruf „Genosse Krahl! Du bist objektiv ein Konterrevolutionär und ein Agent des Klassenfeindes dazu!" bewarf die ebenfalls aus Berlin angereiste Sigrid Rüger daraufhin aus dem Publikum das männlich besetzte Podium mit dem Inhalt einer heimlich mitgebrachten Tüte voller Tomaten. Sie traf tatsächlich ihr Ziel Hans-Jürgen Krahl, den damaligen „Chef-Ideologen" des SDS.

Sigrid Rügers Tomatenwürfe gelten als die Geburtsstunde der „neuen", nicht organisierten Frauenbewegung in der Bundesrepublik.

In der Folge gründeten sich auch in etlichen anderen Städten Aktions- oder „Weiber"-Räte. Sie griffen unter anderem die West-Berliner Praxis der selbst verwalteten Kinderläden auf, wobei vor allem Konzepte der antiautoritären Erziehung und der Reformpädagogik (s. S. 187 ff.) umgesetzt werden sollten. Schon beim nächsten Delegiertenkongress des SDS

Mitte November 1968 in Hannover kursierte dann ein feministisches Flugblatt, das mit einer drastischen Kastrations-Karikatur ironisch forderte „Befreit die sozialistischen Eminenzen von ihren bürgerlichen Schwänzen!"

Eva Quistorp, 1945 in Detmold geboren und Weggefährtin der revoltierenden SDS-Frauen, gründete an der Schwelle der 1980er-Jahre mit Petra Kelly und anderen die Grüne Bundespartei (s. S. 81). Von 1989 bis `94 hatte sie einen Sitz im Europaparlament, gehörte dort auch zum Fraktionsvorstand. Als Sigrid Damm-Rüger, wie sie nach Eheschließung hieß, 1995 im Alter von nur 57 Jahren starb, fand sich auf ihrem Grab ein Kranz, in den Tomaten geflochten waren.

Trotz dieser spektakulären Aktionen und Gründungsaktivitäten ist auch im Nachkriegsdeutschland das Themenfeld der Frauenrechte, der gesellschaftlichen, politischen und wirtschaftlichen Emanzipation längst nicht begradigt. Der „Abtreibungsparagraf" 218, schon im Jahr 1904 von der Schriftstellerin Gisela von Streitberg als „grausame und schwere Benachteiligung des weiblichen Geschlechtes" kritisiert, wurde in der Bundesrepublik zwar mehrfach revidiert – in der DDR war der Schwangerschaftsabbruch in den ersten drei Monaten straffrei – doch können die Frauen hier noch immer nicht selbst und alleine über ihren Körper bestimmen. Eine spektakuläre Aktion der Publizistin Alice Schwarzer hatte die öffentliche Aufmerksamkeit in den frühen 1970 Jahren abermals auf das Problem gelenkt. Doch noch immer ist keine befriedigende Lösung gefunden, kein gesellschaftlicher Konsens hergestellt.

Die gesellschaftliche Position von Prostituierten bleibt strittig, auch die Gewalt in Ehe und Lebensgemeinschaften ist nach wie vor ein Problem. Selbstverwaltete „Frauenhäuser" schaffen vielerorts Schutz, doch ist hier noch keine institutionelles wie flächendeckendes Modell in Sicht.

Bei Redaktionsschluss dieses Textes waren in den 40 größten deutschen Aktiengesellschaften nur 17 Prozent der Vorstandsposten von Frauen besetzt, nur eines dieser Unternehmen wurde von einer Frau geführt. Auch in der Wissenschaft, in Kultur und Verwaltung war die Mehrheit der Führungskräfte männlich. Noch immer sind Frauen etliche Karrierewege durch „gläserne Decken" und unausgesprochene Vorurteile versperrt. Auch in Deutschland beklagen Frauen ihre deutlich geringere Entlohnung in gleichen Posten wie Männer; im Jahr 2022 ermittelte das Statistische Bundesamt diesen anglisiert bezeichneten „Gender Pay Gap" mit 19 Prozent. Da die meisten alleinerziehenden Elternteile Frauen sind, brauchen diese bessere Betreuungsmöglichkeiten.

Die Frauenbewegung mag heute weniger förmlich organisiert sein als im 19. Jahrhundert, doch hat sie nach wie vor erhebliche Aufgaben vor sich. Auch in Deutschland.

Nachhaltigkeit:
Ein Schutzkonzept für die Natur, die
Umwelt und das Klima

Die einen wollen möglichst große Teile der Lebensräume auf unserem Planeten für Menschen unzugänglich halten, damit Flora und Fauna dort unbehelligt fortbestehen und gedeihen können. Die anderen wollen Wirtschaft und Gesellschaft reformieren, den individuellen Konsum und die Mobilität reglementieren, um schädliche Einflüsse auf Wasser, Boden und Luft zu minimieren. Die dritten lehren mit Blockaden und spektakulären Aktionen allen das Fürchten, die sie für eine Verschwendung begrenzter Ressourcen, für eine unwiederbringliche Veränderung der ökologischen Verhältnisse auf unserem Planeten verantwortlich halten. Einigen können sich alle auf ein Konzept, das ein deutscher Adeliger vor über 300 Jahren erfunden hat und das seither weltweit zahllose Aktionen, Aktivisten, Projekte, Organisationen und Politiker motiviert und beflügelt.

Am 20. März 1987 schloss Gro Harlem Brundtland ihre vierjährige Arbeit an einem Projekt ab, das die Zukunft des gesamten Planeten mitbestimmen sollte. Dabei brachte die ehemalige Ministerpräsidentin Norwegens einen Fachbegriff in die öffentliche Wahrnehmung und Debatte ein, dessen deutsche Übersetzung ein kurfürstlich-sächsischer Regierungsbeamter 274 Jahre zuvor geprägt hatte: „Nachhaltigkeit". Zuvor war der Terminus nur in der Forstwirtschaft verwendet worden als Prädikat für ein ökonomisch vorbildliches Handeln, für Verantwortungsbewusstsein und weitblickende Strategie.

Brundtland war die Vorsitzende der nach ihr benannten Weltkommission für Umwelt und Entwicklung. Die Vereinten Nationen hatten dieses international besetzte Experten-Gremium eigens berufen, um die Perspektiven und Möglichkeiten für eine langfristig und umweltverträglich angelegte Entwicklung der globalen Zivilisation zu analysieren. Die deutsche Version des Abschlussberichts „Unsere gemeinsame Zukunft", herausgegeben vom ehemaligen Bundesforschungsminister und Kommissionsmitglied Volker Hauff (SPD), definierte dessen zentralen Begriff so: „Nachhaltig ist eine Entwicklung, die den Bedürfnissen der heutigen Generation entspricht, ohne die Möglichkeiten künftiger Generationen zu gefährden, ihre eigenen Bedürfnisse zu befriedigen und ihren Lebensstil zu wählen."

Umgangssprachlich war das Adjektiv „nachhaltig" bis dahin nur mit der Bedeutung dauerhaft, anhaltend, allenfalls im Sinn von „bestehend auch gegen Widerstand" verwendet worden – ähnlich wie die Vokabel „sustainable" im Englischen, die in der Originalversion des Brundtland-Berichts auftaucht. Nun, bei der Frage nach dem Umgang mit begrenzten Ressourcen und nach dem Schutz unserer natürlichen Lebensräume, besannen sich die Übersetzer des Reports auf den Terminus, den Hans Carl von Carlowitz 1713 in seiner „Sylviacultura oeconomica oder haußwirthliche Nachricht und naturmäßige Anweisung zur wilden Baumzucht" für eine effiziente, ausgeglichene Forstwirtschaft eingeführt hatte. Die Essenz dieses Standardwerks besagte, dass man einem ökonomischen System nicht mehr Substanz entnehmen sollte, als sich wieder ersetzen lässt. Andernfalls läuft man Gefahr, das System zu ruinieren.

Carlowitz, als zweiter Sohn eines sächsischen Uradelsgeschlechts in den bitterarmen Jahren nach dem 30-jährigen

Krieg aufgewachsen, hatte den Raubbau in den Wäldern des Erzgebirges hautnah erlebt und während seiner „Kavalierstour" von 1665-69 durch die europäischen Metropolen auch in anderen Ländern studiert. In Frankreich hatte zum Beispiel der königliche Forstindendant Jean Baptiste Colbert für König Ludwig XIV. eine grundlegende Reform der Waldbewirtschaftung eingeführt, die den Mangel an Holz in den betroffenen Wirtschaftszweigen Bau, Erzverhüttung, Schiffbau usw. dauerhaft beseitigen sollte. Deren Maßnahmen nahm der Sachse zum Vorbild und als Anleitung.

Mit seiner „Naturmäßigen Anleitung zur wilden Baumzucht", heute als Grundstein der Forstwirtschaft anerkannt, legte Carlowitz dann 44 Jahre später fest, dass ein Staat und seine Volkswirtschaft nur dann den Holzbedarf für alle Einsatzbereiche decken können, wenn schon in den Generationen zuvor genug von der nur langsam nachwachsenden Ressource angepflanzt wurde. Zugleich verordnete er den öffentlichen Forstverwaltungen die Pflicht zu „nachhaltigem" Wirtschaften. Dies bedeutete eine bewusste Abkehr von profitmaximierendem Kahlschlag, eine planvolle Beschränkung auf nur jene jährliche Abholzungsmenge, die im selben Zeitraum auch nachwachsen konnte. Plus eine effiziente Aufforstungsroutine.

Gegen Ende des 20. Jahrhunderts diente Carlowitz' generationenübergreifendes, am künftigen Bedarf orientiertes Wirtschaften mit dem nachwachsenden Rohstoff Holz dann als Blaupause für den Umgang mit knappen Bodenschätzen und natürlichen Ressourcen wie Erzen, Mineralöl, Gasen und anderen Materialien mit endlichem Vorrat. Diese, so die neue Einsicht, mussten nach Möglichkeit zurückgeführt werden ins System, also „recycelt" werden. Und die Ozeane, die Süßwasserreserven, die Atmosphäre sowie die Räume,

Flächen zur Müllbeseitigung durften nicht stärker belastet werden durch Abgase, giftige und schädliche Einleitungen als sie selbst wieder abbauen, zu ihrem Erhalt als Lebens- und Wirtschaftsraum beitragen konnten.

Schon Dennis Meadows, Ökonomieprofessor am international renommierten Massachusetts Institute of Technology, hatte 1972 in dem von der Volkswagenstiftung kofinanzierten Report „Die Grenzen des Wachstums" im Auftrag des Club of Rome erkannt, dass die Weltwirtschaft grundlegend verändert werden musste, sollten die Zivilisation und ihre natürlichen Lebensräume gerettet werden.

Der Titel der Studie machte deutlich: Das ökonomische System, das eine quantitativ wachsende Bevölkerung zu versorgen hatte und zugleich einen qualitativ verbesserten Wohlstand ermöglichen sollte, bedrohte die natürlichen Lebensräume dieser Zivilisation und musste auf Ressourcen zurückgreifen, deren Vorräte zur Neige gingen. Deshalb, so die Schlussfolgerung der Experten vom Club of Rome, musste ebendieses Wachstum von Ressourcenverbrauch und Zivilisation beschränkt werden.

Zuvor war nur der „Natur" ein Schutzbedarf zuerkannt worden. Darunter wurden vor allem Biotope verstanden, also belebte Zonen, teilweise aber auch unbelebte Substanzen wie Gestein und Mineralien, besondere Landschaftsformen wie Felsengruppen, Gebirge, Canyons, Buchten und Strände. Der Universalgelehrte Alexander von Humboldt hatte 1799 den Begriff des „Naturdenkmals" geprägt, das es zu schützen galt. Also von besonderen Objekten, Hervorbringungen der Natur. Johann Matthäus Bechstein, Leiter der thüringischen Lehranstalt für Forst- und Jagdkunde in Dreißigacker bei Meiningen, hatte 1802 den Erhalt besonderer Tierarten als gesellschaftliche Aufgabe definiert – und sich damit als Pionier des Naturschutzes profiliert. Dabei bezog er auch solche Gattungen ein, die landläufig als unansehnlich oder gar abstoßend galten, etwa Fledermäuse, Kröten und Spinnen.

Mit zunehmender Industrialisierung wurden auch in den Vereinigten Staaten entsprechende Forderungen laut: In seiner umfassenden Zivilisationskritik mit dem Titel „Man and Nature" prangerte der universalgelehrte Politiker und einflussreiche Diplomat George Perkins Marsh im Jahr 1864 die Ausbeutung der Natur durch Überfischung von Gewässern an, die Abholzung, die Verschmutzung der Lebensräume durch Fabriken und immer weiter wachsende Städte. Der Yellowstone Nationalpark im Nordwesten der USA war dann im Jahr 1872 der erste großflächige Schutzraum für Flora und Fauna, in dem derlei gesetzlich verboten war und mit Steuergeldern unterbunden wurde. In Stuttgart gründete die Fabrikantengattin Lina Hähnle 1899 den Deutschen Bund für Vogelschutz. Sie war die erste Frau, die sich in diesem Gebiet engagierte, und stand dem Verband, der bis heute als Naturschutzbund Deutschland („Nabu") aktiv ist, fast 40 Jahre lang vor.

Rund hundert Jahre lang wurden Lebensräume und Landschaftsformen konserviert, indem man menschliche Einflüsse so weit wie möglich aussperrte. Natur- und Landschaftsschutzgebiete, Biosphärenreservate und Nationalparks wurden eingerichtet, kartografiert und katalogisiert; hegerische und pflegerische Maßnahmen sollten Gesteine und Gewässer, die Vielfalt von Tier- und Pflanzenarten erhalten. Die Idee, einen wenn auch nur kleinen Teil des verfügbaren Territoriums in einem vor-zivilisatorischen Zustand zu erhalten, wurde im öffentlichen Bewusstsein und in den Gesetzeswerken zahlreicher Länder verankert. Im Jahr 1950 schlossen sich die wichtigsten Organisationen zum Deutschen Naturschutzring zusammen. Dem Dachverband gehören heute nicht nur Nabu, Tierschutzbund und BUND an, sondern auch der Deutsche Alpenverein, der Deutsche Wanderverband, der Verband der Höhlen- und Karstforscher und jener der Deutschen Sporttaucher. Damit vertritt er Interessen von elf Millionen Menschen.

In der zweiten Hälfte des 20. Jahrhunderts, nach Kriegsgräueln, großflächigen Zerstörungen und Totalitarismus entwickelte sich jedoch auch ein kritischer Blick auf die Entwicklungen, die Lebensräume bedrohten, und auf deren Ursachen. Für diese Lebensräume kam ein neuer Begriff auf: die Umwelt, englisch und französisch „environment". Die Umwelt war die Begegnungsstätte der industrialisierten Zivilisation mit der belebten und unbelebten Natur. Sie war auch die Konfliktzone, in der später der Club of Rome die Grenzen des Wachstums aufzeigte und neu zu ziehen empfahl. Hier prallten die Erfordernisse der technisierten Industrieproduktion und des individuellen Konsumismus mit denen der wehrlosen Tier- und Pflanzenwelt, der festen, flüssigen und gasförmigen Substanzen und Ressourcen in der globalen Biosphäre aufeinander. Hier schädigten Gifte aus Fabrikschloten, Schornsteinen und Auspuffen die Atemluft, hier wurden Bäche, Flüsse, Seen und Meere verunreinigt. Hier wurden Rohstoffvorräte geplündert, als gebe es einen zweiten, dritten vierten Planeten mit unendlichen Reserven.

Und die Strahlung der neu entdeckten Atomenergie machte Sorgen. Wenn die mit ähnlichen Substanzen, nach ähnlichen physikalischen Prinzipien funktionierenden Bomben alles

Leben in weitem Umkreis auslöschen konnten, drohte dann ähnliches auch aus den in vielen Industrieländern geplanten Atomkraftwerken?

Zur Untersuchung aller Vorgänge in der Umwelt gab es bald eine neue Wissenschaftsdisziplin: Die Ökologie. Und zum Schutz der Umwelt organisierten sich Deutsche in einer neuen Form: Der Bürgerinitiative. Ungebunden vom Vereinsrecht, ohne vorgeschriebene Strukturen und Verantwortlichkeiten schlossen sich hier vor allem Betroffene zusammen, also mehr oder weniger direkt Bedrohte oder Geschädigte, oft aus der Nachbarschaft potenzieller oder effektiver Gefahrenquellen. Etwa von Atomkraftwerken, aber auch von Fabriken und Lagerstätten, von Großprojekten der Infrastruktur wie Flughäfen, Hafenanlagen, Hochspannungsleitungen, Pipelines oder neuen Autobahnabschnitten.

Diese Bürgerinitiativen veranstalteten öffentlichkeitswirksame Proteste und Großdemonstrationen, formulierten Einsprüche gegen Genehmigungsverfahren und erstritten Gerichtsurteile, die Gefährdungen von Umwelt und Natur zurückdrängen oder unmöglich machen sollten. Im Jahr 1972 entstand der Bundesverband Bürgerinitiativen Umweltschutz (BBU), der die wichtigsten Kampagnen gegen die Nutzung der Atomenergie koordiniert und bis heute zum Beispiel immer wieder gegen das Atommülllager im niedersächsischen Gorleben protestiert hat.

In der DDR waren solche Vereinigungen jahrzehntelang unmöglich. Zwar hatte der staatliche Kulturbund im Mai 1980 eine „Gesellschaft für Natur und Umwelt" gegründet, doch konnte diese Organisation wegen ihrer regierungskonformen Haltung nie wirklich Fuß fassen in engagierten Kreisen, nie die Umwelt effektiv schützen.

Die Situation änderte sich erst, als die Evangelische Kirche der DDR Seminare in so genannten „Öko-Kreisen" anbot, im Jahr 1986 in der Berliner Zionskirche eine Umweltbibliothek gründete und dort die „Umweltblätter" herausgab. Einer der Hauptaktivisten war hier der Philosophiedozent Carlo Jordan, der 1982 wegen „ungenügender gesellschaftlicher Einbindung" vom Studium an der Humboldt-Universität relegiert worden war. Im Jahr 1988 gehörte Jordan, 1951 als Sohn eines Bäckers und einer Verkäuferin in Berlin geboren, zu den Gründern des umweltschützerischen „Netzwerks Arche" und dessen Zeitschrift „Arche Nova". Im November 1989, gleich nach Fall der Mauer, gründete Jordan die ostdeutsche Grüne Partei, die er auch als Sprecher am Zentralen Runden Tisch vertrat. Nach seiner Promotion im Jahr 2000 und bis zu seiner Verrentung war Jordan Vorsitzender der Forschungs- und Gedenkstätte Berlin-Normannenstraße, einst Sitz der berüchtigten Staatssicherheit.

Eine Brücke zwischen dem konservierenden Naturschutz und dem industrie- wie konsumkritischen Umweltschutz versucht bis heute der Bund Umwelt und Naturschutz (BUND) zu schlagen, 1975 gegründet unter anderem von dem Publizisten Horst Stern, dem Forstwirt Hubert Weinzierl, dem Bestsellerautoren („Ein Planet wird geplündert – Schreckensbilanz unserer Politik") und Bundestagsabgeordneten der CDU Herbert Gruhl, sowie dem Zoodirektor, Tierfilmproduzenten und TV-Star Bernhard Grzimek.

Der BUND ist auch Mitglied im internationalen Umwelt- und Naturschutzverband Friends of the Earth, 1971 gegründet und heute in 73 Ländern der Welt aktiv. Im selben Jahr entstand in den USA auch Greenpeace aus Widerstand gegen Atombombentests in Alaska. In den Jahren darauf protestierte

der Kanadier David McTaggart mit seiner Segelyacht „Vega"
mehrfach unter Greenpeace-Flagge vor dem Mururoa-Atoll
im Südpazifik gegen die dortigen Atombombenzündungen
der französischen Armee. Wie Piraten rammten und enterten
die Soldaten McTaggarts Boot in internationalen Gewässern,
verprügelten die Besatzung und verletzten den Skipper schwer.

Bald darauf verhinderten Greenpeacer mit spektakulären
Aktionen in der Arktis das massenhafte Abschlachten von
Robbenbabies, blockierten mit ihren Schiffen Walfangboote
und starteten internationale Kampagnen zum Schutz dieser
Meeressäuger.

In den frühen 1980er-Jahren gründeten Monika Griefahn
und Harald Zindler eine deutsche Greenpeace-Sektion. Ingenieur Zindler, Jahrgang 1943, und ein weiterer Aktivist
schmuggelten sich auf das Werksgelände des Boehringer-
Konzerns in Hamburg, kletterten auf einen Abgas-Schlot und
hielten diesen in luftiger Höhe besetzt, weil er im Normal-
betrieb hochgiftiges Dioxin über die angrenzende Region ver-
teilte. Die Fotos von den Gasmasken tragenden Greenpeacern
in Schutzanzügen, von ihrem Protestplakat, das unter ihnen
hochkant an der schmalen Leiter des Schlotes befestigt war,
gingen um die Welt. Am Ende musste das Unternehmen
seine Produktion in Hamburg, die Herstellung des giftigen
Pflanzenschutzmittels für immer einstellen.

Mit einer anderen Aktion blockierten Zindler und seine
Mitstreiter wochenlang das so genannte „Verklappen" von
Dünnsäure in der Nordsee. Immer wieder steuerten sie ihre
Schlauchboote ganz eng an die Bordwand der mit voller Kraft
fahrenden Müllfrachter, hielten Kurs trotz hoher Wellen und
riskanter Manöver der Schiffsbesatzungen. Die richteten zudem Hochdruck-Wasserstrahle auf die winzigen Boote, durch-

nässten die Männer und Frauen an Bord bis auf die Knochen. Doch die ließen sich nicht abschütteln. Ihre spektakulären Einsätze verhinderten, dass mehrfach pro Woche tausende von Fässern, gefüllt mit schädlichen Chemie-Abfällen, vom Deck ins Meer geworfen und versenkt wurden. Am Ende der Kampagne hatte Greenpeace auch diesen massiven Umweltfrevel dauerhaft unterbunden.

Wenig später ließen sich andere „Regenbogenkämpfer", wie sich die Greenpeace-Aktivisten selbst nennen, an einem frühen Morgen mit einem Heißluftballon von West- nach Ostberlin treiben. Dessen Luftraum wurde in dieser spannungsgeladenen Zeit der atomaren „Nachrüstung" (s. S. 32) offiziell noch von der sowjetischen Besatzungsmacht kontrolliert. Nach der selbstverständlich illegalen Überquerung des Eisernen Vorhangs drohte jederzeit ein Abschuss des Ballons und seiner Besatzung durch Grenzschutztruppen oder Militär. Doch protestierten die deutschen Greenpeacer damit in dieser Spätphase des Kalten Kriegs wirkungsvoll gegen Atomwaffentests in West und Ost.

Ende April 1995 enterte ein Greenpeace-Kommando die schrottreife Ölplattform „Brent Spar" des britisch-niederländischen Shell-Konzerns in einer windumtosten Region der Nordsee. Das ausgediente Erdöl-Zwischenlager sollte im Ozean versenkt werden. Doch die Regenbogenkämpfer hielten den turmhohen Stahlkoloss über Wochen besetzt, machten so auf die geplante Umweltschädigung aufmerksam. Die aufsehenerregenden Bilder mit den Protestplakaten bewirkten, dass in ganz Europa viele Autofahrer Shell-Tankstellen boykottierten. Der Treibstoff-Umsatz des Unternehmens ging um 50 Prozent zurück. Nach zehn Wochen knickte der Konzern ein, gab die Pläne für die offiziell genehmigte Versenkung auf, die Besetzer zogen ab. Die „Brent Spar" wurde nach Norwegen geschleppt, dort in einem Fjord kunstgerecht zerlegt und umweltschonend verschrottet. Drei Jahre später beschlossen die Anrainerstaaten, die sich zu einem Schutzvertrag für die Nordsee zusammengeschlossen hatten, ein generelles Verbot für das Versenken von Abfällen aus der Ölförderung.

Monika Griefahn, Jahrgang 1954, war von 1984 bis 1990 Mitglied im Vorstand von Greenpeace International und baute dort ein weltumspannendes Netz von Landesorganisationen auf. Von 1990-98 war die Diplom-Soziologin Umweltministerin im niedersächsischen Kabinett von Gerhard Schröder (SPD). Danach saß sie bis 2009 als Abgeordnete der SPD im Bundestag.

Neben den Demonstrationen, Blockaden und spektakulären Aktionen bildete sich aber auch ein politischer Arm des Umwelt- und Naturschutzes. In der Bundesrepublik stellte die damals linksliberale FDP als erste das Thema in den Mittelpunkt. In ihrem Freiburger Grundsatzprogramm von 1971 widmete sich einer von insgesamt vier Abschnitten der Umweltpolitik. Dort wurden Prinzipien formulierte wie: „Umweltschutz hat Vorrang vor Gewinnstreben und persönlichem Nutzen" und „Umweltplanung und Umweltschutz sind Aufgaben des Bundes".

An der Schwelle zu den 1980er-Jahren entstand in mehreren Schritten die bundesweite Partei Die Grünen, gegründet u.a. von dem friedensbewegten Paar Petra Kelly und Gert Bastian (s. S. 32), aber auch von ehemaligen Revolutionären aus der Studentenbewegung wie Rudi Dutschke und Daniel Cohn-Bendit und von Natur- und Umweltschützern wie dem militant völkischen Bio-Bauern Baldur Springmann und dem ehemaligen CDU-Bundestagsabgeordneten Herbert Gruhl.

Das erste Parteiprogramm stellte neben friedenspolitischen Themen die Umweltpolitik in den Mittelpunkt – klar orientiert an den Zielen der Anti-Atomkraft- und Umweltschutzbewegung.

Eine Vorläufer-Organisation der Grünen Bundespartei war im Oktober 1979 ins Bremer Landesparlament gewählt worden, auch in anderen Landesparlamenten gab es bald grüne Fraktionen. Im Jahr 1983 zogen die Grünen schließlich in den Bundestag ein. Damit hatte die parteilich organisierte Umweltpolitik weltweit zum ersten Mal in einem nationalen Parlament Fuß gefasst. Nur ein Jahr später gab es mit Joschka Fischer als hessischem Umweltminister das weltweit erste grüne Regierungsmitglied. Nach der Bundestagswahl 1998 wurde Fischer Außenminister und Vizekanzler im Kabinett von Gerhard Schröder (SPD). Die Grünen, seit 1993 vereint mit dem Bündnis 90 aus der ehemaligen DDR, besetzten ab 1998 zudem zwei weitere Ministerien, darunter das für Umwelt. Der Grüne Wilfried Kretschmann ist seit Mai 2011 Ministerpräsident des Landes Baden-Württemberg. Er wurde zweimal wiedergewählt, was in der jüngeren Geschichte der Bundesrepublik wenigen Landespolitikern gelungen ist. In der „Ampelkoalition" aus SPD, FDP und Grünen, gebildet nach der Bundestagswahl 2021, stellen die letztgenannten fünf Bundesministerinnen und -minister sowie einen Vizekanzler.

Im Juni 1986, sechs Wochen nach der Reaktorkatastrophe im damals sowjetischen Tschernobyl, hatte Bundeskanzler Kohl ein Bundesministerium für Umwelt, Naturschutz und Reaktorsicherheit ins Leben gerufen. Im Oktober 1994 wurde das Grundgesetz der Bundesrepublik um den Paragrafen 20a erweitert. Seither gehört der Umweltschutz zu den Zielen des deutschen Staates.

Die DDR hatte bereits 1971 ein Ministerium für Umweltschutz und Wasserwirtschaft geschaffen, doch spielte das Thema in der Regierungspolitik nur eine untergeordnete Rolle. Dies änderte sich mit dem politischen Umsturz nach der friedlichen Revolution 1989: Zu der Übergangsregierung des Ministerpräsidenten Hans Modrow (SED) gehörten von Februar bis April 1990 auch zwei grüne Minister ohne Geschäftsbereich: Einer von der Grünen Liga, die aus der kirchlichen Umweltbewegung hervorgegangen war, und Matthias Platzeck von der Grünen Partei (Ost). Die beiden waren somit die weltweit ersten grünen Minister in einer nationalen Regierung.

Nach Vereinigung der beiden deutschen Staaten Anfang Oktober 1990 wurde Matthias Platzeck zunächst Umweltminister von Brandenburg, dann Oberbürgermeister der Landeshauptstadt Potsdam und, nach Parteiwechsel, im Juni 2002 Ministerpräsident des Bundeslandes. Ab Mitte November 2005 war er für sechs Monate Bundesvorsitzender der SPD.

Im April 1990, nach den ersten freien Parlamentswahlen der DDR, wurde der Biologe und Naturschützer Michael Succow Stellvertretender Umweltminister des ostdeutschen Staates. Der Moor-Forscher, Professor an der Nationalen Akademie für Landwirtschaft und Abgeordneter in der Volkskammer für die liberale Blockpartei LDPD, sorgte dafür, dass in den wenigen Monaten bis zur Vereinigung mit der Bundesrepublik am 3. Oktober sechs Biosphärenreservate, drei große Naturparks und fünf Nationalparks eingerichtet wurden, etwa in der Boddenlandschaft vor Rügen, an der Müritz und im Hochharz. In seiner letzten Sitzung vor der Auflösung des Staates konnte der DDR-Ministerrat am 12. September 1990 die Schutzverordnungen für knapp fünf

Prozent des damaligen Staatsgebiets beschließen, die dann in den Einigungsvertrag mit der Bundesrepublik aufgenommen wurden. Bundesumweltminister Klaus Töpfer (CDU) bezeichnete die neuen, großen Nationalparks als „das Tafelsilber der deutschen Wiedervereinigung".

Für seine Verdienste um den Naturschutz erhielt Michael Succow 1997 den „Right Livelihood Award", der als „alternativer Nobelpreis" gilt, und im Jahr 2001 das Bundesverdienstkreuz. Im Jahr 2015 folgte der Ehrenpreis der Deutschen Bundesstiftung Umwelt.

Der schnelle Erfolg der deutschen Grünen, ihr Aufstieg in die Gremien der Macht, hat weltweit Schule gemacht. Auf allen Kontinenten haben sich Landesparteien mit ähnlichen Zielen in der Umweltpolitik gegründet, in vielen Staaten ist dieser politische Arm der Umweltbewegung in den Parlamenten vertreten. Auch saßen grüne Politikerinnen und Politiker in vielen nationalen Regierungen, etwa in Italien und Frankreich, in Griechenland, Belgien, Tschechien, Schweden, Luxemburg, Österreich, Dänemark, Irland und der Mongolei. Pekka Haavisto vom finnischen Grünen Bund gehörte seit 1995 zum Beispiel gleich vier Regierungen seines Landes an, etwa als Umwelt- und als Außenminister.

Der Lette Indulis Emsis war im Jahr 2004 der weltweit erste grüne Regierungschef, in Österreich gibt es mit Alexander van der Bellen seit 2016 zum ersten Mal ein grünes Staatsoberhaupt.

In der nationalen wie in der weltweiten Umweltpolitik hat der Begriff der Nachhaltigkeit/Sustainabilty seit dem Bericht der Brundtland-Kommission aus dem Jahr 1987 zentrale Bedeutung. Auf der Konferenz der Vereinten Nationen für Umwelt und Entwicklung in Rio de Janeiro verabschiedeten zum Beispiel die rund 10.000 dort vertretenen Delegierten im Juni 1992 zwei internationale Abkommen (eins zum Klima-, eins zum Artenschutz), zwei Grundsatzerklärungen (eine zur Entwicklung der Umweltbedingungen generell plus eine zur Bewirtschaftung und zum Erhalt der Wälder) sowie ein Aktionsprogramm (Bekämpfung der Wüstenbildung in aller Welt) zu diesem Thema und Terminus.

Das bedeutendste Ergebnis des so genannten Weltgipfels in Rio dürfte jedoch die „Agenda 21" gewesen sein. Die Koalitionsvereinbarung der rot-grünen Bundesregierung von 1998 nannte sie zum Beispiel als „wichtigste Grundlage." Die 40 Agenda-Kapitel stellen die einzelnen Aspekte einer globalen Nachhaltigkeit auf drei Säulen: auf die soziale, die ökologische wie auf die ökonomische Entwicklung. Damit beziehen sie noch immer die ursprünglichen Absichten von Hans Carl von Carlowitz ein. Denn schon dem barocken Regierungsbeamten war klar, dass seine favorisierte Form einer nachhaltigen Forstwirtschaft nicht nur auf die ökologische Intaktheit des Waldes abzielen konnte. Sie musste einen klar bezifferbaren ökonomischen, damit dann auch einen sozialen Nutzen haben. Doch nun sollten die drei Bereiche von Anfang an ineinandergreifen und sich gegenseitig befruchten, beflügeln – eine Perspektive, wie sie in jüngerer Zeit vor allem durch die Klimaschutz-Bewegungen Fridays for Future und Die letzte Generation vertreten wird.

Insgesamt, so zeigt sich, bildet der modernisierte Begriff der Nachhaltigkeit die Verbindungsstelle, ein Scharnier zwischen konservierendem Naturschutz und systemveränderndem Umwelt- und Klimaschutz. Die Naturschützer wie etwa der 1961 gegründete World Wide Fund for Nature (WWF) wollen dafür sorgen, dass ihren Protektoratsgebieten nicht mehr entnommen wird, als dort nachwachsen kann. Und sie hoffen, dass sich bedrohte Arten, denen andernorts der Lebensraum und die Ressourcen beschnitten werden, dort ansiedeln. Das soll ihren Fortbestand ermöglichen. Für die Umwelt- und Klimaschützer ist die Nachhaltigkeit der Königsweg in ein ressourcenschonendes Wirtschaften und Konsumieren, der für den Energiesektor wie für den Verkehr, für das Wohnen, für die Landwirtschaft und für die Industrie zum Leitbild werden soll.

In Deutschland gibt es seit 1992 einen Rat für Nachhaltige Entwicklung und, als Auftrag und in der Folge der Weltkonferenz von Rio, seit 2002 eine Nationale Nachhaltigkeitsstrategie. Zu den 15 Ratsmitgliedern gehören Reiner Hoffmann, ehemaliger Vorsitzender des Deutschen Gewerkschaftsbundes, Tanja Gönner, Hauptgeschäftsführerin des Bundesverbandes der Deutschen Industrie und Kai Niebert, Präsident des Deutschen Naturschutzrings. Die Nachhaltigkeitsstrategie umfasst 21 Indikatoren in den Feldern Generationengerechtigkeit, Lebensqualität, Sozialer Zusammenhalt und Internationale Verantwortung.

Die UN-Konferenz 20 Jahre nach dem Umweltgipfel von Rio beschloss im Jahr 2012 eine „Agenda 2030" mit 17 Zielen und 169 -vorgaben für eine nachhaltige Entwicklung des Planeten (englisch: Sustainable Development Goals, SDG). Zu den Zielen gehören „Keine Armut", „Kein Hunger", „Gesundheit und Wohlergehen", „Gleichstellung der Geschlechter", „Hochwertige Bildung" u.v.m. In Deutschland empfiehlt der Nachhaltigkeitsrat der Bundesregierung Maßnahmen zum Erreichen dieser Ziele und Vorgaben bis zum Ablauf des Entwicklungsprozesses Ende 2030.

Abschließend lässt sich konstatieren, dass das für den Fortbestand der Menschheit zweifelsfrei wichtige Thema

Nachhaltigkeit im Gesamtbild eher von Gremien, Institutionen und Organisationen getragen und vorangebracht wird als von einzelnen Persönlichkeiten. Zwar hat mit Hans Carl von Carlowitz ein Deutscher vor über 310 Jahren den heute umfassend angewendeten Begriff für einen traditionell sehr deutschen Einsatzbereich eingeführt – den Umgang mit Wald. Obendrein liefert dieser Praxisbezug auch gleich die richtige Kulisse, einen stimmungsvoll-naturnahen Rahmen. Doch für den programmatischen Umgang mit der Biosphäre, mit natürlichen Ressourcen, Flora und Fauna stehen eher die Naturschutzvereine und Umweltverbände, die politischen Parteien, die Parlamente und überstaatliche Organisationen wie die Vereinten Nationen, Beschlüsse wie die bei der Konferenz von Rio.

Aktivisten und Funktionäre wie Lina Hähnle oder Carlo Jordan, Harald Zindler oder Michael Succow haben jedoch mit ihren Aktionen, Projekten und Beschlüssen oftmals Mut bewiesen. Sie haben Probleme und mögliche Lösungen aufgezeigt, die Öffentlichkeit zum Teil weltweit wachgerüttelt und dafür gesorgt, dass die genannten Organisationen, Gremien, Parteien und Institutionen nicht nur bedrucktes Papier und pralle digitale Dateien produzieren, sondern aktiv mitwirken, die Lebensräume unseres Planeten so weit wie noch möglich zu erhalten.

Chemie:
Brot aus Luft

Die Ernährung der heutigen Weltbevölkerung von acht Milliarden Menschen ist keine Selbstverständlichkeit. Unter natürlichen Bedingungen würden die nutzbaren Ackerflächen bei weitem nicht ausreichen. Der Nahrungsmittelbedarf kann nur einigermaßen gedeckt werden durch so genannte Kunstdünger, mit denen sich die Hektarerträge deutlich erhöhen lassen. Die Herstellung dieser chemischen Verbindungen im großindustriellen Maßstab wurde von mehreren Generationen deutscher Chemiker erfunden und entwickelt. Doch waren nicht alle Beteiligten tadellose Charaktere. Einer beging im Ersten Weltkrieg sogar Kriegsverbrechen im großen Stil. Dennoch wurde er mit dem Nobelpreis geehrt.

Die Rede, mit der die Jahrestagung der britischen Gesellschaft zur Förderung der Wissenschaften Anfang September 1898 eröffnet wurde, war ein Alarmsignal: Würde weiterhin so viel Salpeter abgebaut, wie die Herstellung von so genanntem Kunst- oder Mineraldünger benötigte, wären die Weltvorräte dieses Stickstoffsalzes in nur zwanzig Jahren aufgebraucht, warnte William Crookes, der neu gewählte Präsident der Organisation. Ohne Mineraldünger könnten dann nicht mehr genug Weizen und andere Grundnahrungsmittel angebaut werden, es drohe eine globale Hungerkatastrophe, eine massive Krise der Zivilisation.

Doch wusste der Universalgelehrte auch, wer das Problem lösen könnte und sollte: Die Chemie-Industrie. Schließlich ist Stickstoff der mit Abstand größte Bestandteil der Erdatmosphäre, somit in Hülle und Fülle und obendrein kostenlos verfügbar. Das Gas müsste nur in eine für Weizen und andere Ackerpflanzen nutzbare Form umgewandelt werden, dann gebe es „Brot aus Luft".

Tatsächlich hatte der Einsatz von Mineraldünger im 19. Jahrhundert die landwirtschaftlichen Erträge massiv gesteigert. Dadurch war die Ernährungslage vor allem in den Industrienationen deutlich verbessert worden. In der Folge wuchs deren Population schnell und stellte genug Arbeitskräfte für die noch rapider wachsende Industrieproduktion. Deren Segnungen brachten weiteres Bevölkerungswachstum und damit eine weiter gesteigerte Nachfrage nach Nahrungsmitteln. Zugleich auch immer größeren Wohlstand.

Der Mineraldünger war eine deutsche Erfindung. In den Jahrtausenden zuvor hatten Bauern Mist, Kompost oder Ernteabfälle auf ihre Felder ausgebracht, um „den Boden zu verbessern", also den Ertrag pro Hektar zu erhöhen. Als dann zu Beginn des 19. Jahrhunderts der Stoffwechsel von Pflanzen und damit auch deren „Nahrungs"-Bedarf entdeckt wurde, entwickelte zunächst Carl Sprenger eine neue Methode des Düngens mit mineralischen Salzen. Der Agrarwissenschaftler, Jahrgang 1787, hatte als umfassend ausgebildeter Landwirt fast zehn Jahre lang in verantwortungsvollen Posten auf Gutshöfen gearbeitet, bevor er im Alter von 34 Jahren ein Studium der Naturwissenschaften aufnahm. Schon nach zwei Jahren wurde er promoviert, 1827 hielt er in Göttingen den weltweit ersten Vorlesungszyklus über „Agricultur-Chemie". Im Jahr 1839 erschien sein bis heute wegweisendes Lehrbuch „Die Lehre vom Dünger".

Nahezu zeitgleich publizierte der Gießener Chemieprofessor Justus Liebig ebenfalls ein Standardwerk über das selbe Thema. Dort erklärte er die Prinzipien der Mineraldüngung und propagierte ihre praktische Anwendung. Das Werk wurde in 34 Sprachen übersetzt, erlebte allein in Deutschland neun Auflagen.

Liebig, 1803 in Darmstadt geboren, war in den 1840er-Jahren eine Berühmtheit in der akademischen Welt, auch außerhalb der Hörsäle und Labore genoss er eine gewisse Prominenz. Auf Empfehlung des legendären Naturforschers Alexander von Humboldt war Liebig schon mit 21 Jahren zum außerordentlichen, anderthalb Jahre später zum ordentlichen Professor berufen worden. Zu Liebigs Schülern gehörten viele später bedeutsame Chemiker, aber auch der Dichter Georg Büchner.

Liebig, für seine praktischen Erfindungen und vielfältigen Verdienste im Jahr 1845 zum Freiherrn geadelt, hatte herausgefunden, dass Mineraldünger nicht nur Stickstoffsalze enthalten mussten, sondern auch Kalium- und Phosphorverbindungen. Gemeinsam mit zwei englischen Studenten entwickelte er Ende der 1840er-Jahre in seinem Privatlabor wasserlösliche Phosphate, woraus die bis heute weltweit meistverwendeten „Superphosphatdünger" entstanden. In ersten Anwendungsversuchen bei Zuckerrüben hatte sich der Ernteertrag pro Quadratmeter damit schlagartig verdoppeln lassen.

Nach seinem Wechsel auf einen Chemie-Lehrstuhl in München gründete Liebig die Bayerische Aktiengesellschaft für chemische und landwirtschaftlich-chemische Fabrikate zur Herstellung und Vermarktung seiner „Superphosphate". Umbenannt zu „Süd-Chemie" gehörte das Unternehmen zu den 80 größten Aktiengesellschaften Deutschlands, bis es im Jahr 2012 im schweizer Clariant-Konzern aufging.

Doch schon an der Schwelle zum 20. Jahrhundert drohte nun das Ende des Agrarbooms, wie Sir William Crookes in seinem dramatischen Appell konstatierte. Der wichtigste Rohstoff für die Produktion von Mineraldüngern drohte zu versiegen. Aber wie sollte funktionieren, was der britische Naturforscher vorgeschlagen hatte: den atmosphärischen Stickstoff zu verarbeiten, „Brot aus Luft" herzustellen? Das unsichtbare, geruchs- und geschmacklose Gas trägt seinen deutschen Namen nicht zu unrecht: Unter natürlichen Bedingungen erstickt es chemische Reaktionen, es gilt als extrem träge.

Dies war genau die richtige Herausforderung für einen Chemieprofessor an der Technischen Hochschule in Karlsruhe, der endlich einmal beweisen wollte, was in ihm steckt. Fritz Haber, 1868 in Breslau als Sohn einer wohlhabenden jüdischen Kaufmannsfamilie geboren, hatte als Mittdreißiger schon manche Ablehnung hinnehmen müssen: Ein Chemiestudium hatte ihm der Vater zunächst untersagt, nach dem Abitur musste Fritz Haber eine Banklehre absolvieren. Beim Militär war ihm die Offizierslaufbahn versperrt geblieben, obwohl ihn sein Vorgesetzter dazu vorgeschlagen hatte. Aber die übrigen Offiziere verweigerten dem jüdischen Bewerber die Ernennung zum Leutnant. Im Jahr 1892 war Haber deshalb zum Protestantismus konvertiert.

Der Weg zu einem „Brot aus Luft", das ahnte Fritz Haber, konnte nur über Ammoniak führen, eine Verbindung aus Stickstoff und Wasserstoff. Daraus ließen sich dann wasserlösliche Salze synthetisieren, die von den Pflanzen aus dem damit gedüngten Boden aufgenommen werden. Doch wie sollten die ungeheuren Mengen dieses Gases hergestellt werden, die zur Deckung des weltweiten Dünger-Bedarfs benötigt wurden? Selbst bei einer Reaktionstemperatur von tausend Grad verband sich nur ein hundertstel Prozent des eingesetzten Stickstoffs mit hinzugefügtem Wasserstoff, eine viel zu geringe Ausbeute.

Die Chemie jener Zeit kannte noch keinerlei Scheu, große Energiemengen einzusetzen, traditionellerweise gewonnen aus Kohle und anderen fossilen Quellen. So baute Haber ab 1904 stählerne Reaktoren, in denen reiner Stickstoff und reiner Wasserstoff bei enormen Drücken von 250 bis 300 bar auf 400 bis 500 Grad erhitzt wurden. Doch gelang die Reaktion erst, als Haber einen Katalysator aus einer raffinierten Osmium-Verbindung einsetzte, einem seltenen und daher sehr teuren Verwandten des Platins. Immerhin gab es auf dieses Verfahren im Jahr 1911 ein Patent, für das der Ludwigshafener Chemiekonzern BASF eine Lizenz erwarb.

Im selben Jahr war Fritz Haber zum Direktor des Instituts für Physikalische und Elektrochemie der neu gegründeten Kaiser-Wilhelm-Gesellschaft (KWG) berufen worden, eine durch und durch elitäre Forschungs-Organisation. Von Berlin aus koordinierte er die weitere Entwicklung der Ammoniak-Synthese nach dem von ihm entdeckten Verfahren. Bei der BASF hatte deren Forschungsleiter Carl Bosch, 1874 als Neffe des schwäbischen Industriellen Robert Bosch geboren, zur selben Zeit erste Erfolge mit eisenhaltigen und daher viel günstigeren Katalysatoren erzielt. In 20.000 Experimenten erprobte Boschs Assistent Alwin Mittasch daraufhin rund 3.000 verschiedene Eisenoxid-Katalysatoren in Habers Versuchsansatz, bis die richtige Mischung gefunden war.

Parallel dazu hatte Bosch eine neue Architektur für das große Reaktorgefäß entwickelt. Daraus konnte das gewonnene Ammoniak-Gas permanent abgezogen werden, ohne dass der hohe Druck abfällt. Eine erste Anlage, die nach diesem „Haber-Bosch-Verfahren" arbeitete, ging 1913 in Ludwigshafen-Oppau in Betrieb, weitere folgten in Leuna und Bitterfeld. Schon 1918 konnte Deutschland damit 100.000 Tonnen Ammoniak herstellen. Heute werden weltweit über 150 Millionen Tonnen dieser Verbindung produziert, nicht zuletzt, um die Ernährung von derzeit acht Milliarden Menschen zu sichern. Der Traum vom „Brot aus Luft" ist wahr geworden.

Allerdings gibt es auch für diesen epochalen Erfolg mindestens eine Kehrseite. Denn Ammoniak ist nicht nur ein wichtiger Grundstoff für die Herstellung von Mineraldünger, sondern auch von Schießpulver und militärischen Sprengstoffen. Deren Produktion war im Deutschen Reich zu Beginn des Ersten Weltkriegs massiv bedroht, denn feindliche Kriegsschiffe blockierten alle deutschen Seehäfen und damit auch den Import von südamerikanischem Salpeter. Ohne diesen Rohstoff, das war klar, würden deutsche Rüstungsfirmen bald keine Munition für Kanonen und Haubitzen, für Karabiner, Bordgeschütze und Maschinengewehre fabrizieren können.

Im September 1914 handelte Carl Bosch deshalb mit dem deutschen Militär einen Deal aus: Die BASF investierte massiv in die weitere Ammoniakproduktion, die Reichsregierung gab im Gegenzug Abnahmegarantien zu festgelegten Preisen. Das Geschäft bediente die Interessen beider Beteiligten: Die BASF wuchs in diesen Jahren zum weltgrößten Chemiekonzern. Das Deutsche Reich konnte mit dem im Land produzierten Ammoniak Munition, Bomben, Granaten und Minen produzieren und den begonnenen Krieg weiter führen.

Dank seiner unternehmerisch umsichtigen Strategie wurde Carl Bosch 1919 zum Vorstandsvorsitzenden der BASF ernannt. Sechs Jahre später, nach dem Zusammenschluss der großen Chemiekonzerne Bayer, Hoechst und BASF mit einigen kleineren zur I.G. Farben, kam er auch hier an die Spitze der Unternehmensführung. Für seine Verdienste bei der Entwicklung des Haber-Bosch-Verfahrens erhielt er 1931 den Chemie-Nobelpreis. Im Jahr 1937 wurde er Präsident der renommierten Kaiser-Wilhelm-Gesellschaft, die er bis zu seinem Tod im Frühjahr 1940 leitete.

Boschs Berliner Mitstreiter Haber kam noch weiter vom Ideal eines „guten Deutschen" ab als der Industrie-Manager mit seinem Militär-Deal. Zwar war er als Gründungsdirektor eines Kaiser-Wilhelm-Instituts in akademischen Kreisen weltweit hoch angesehen, im noblen Vorort Dahlem bewohnte er eine großbürgerliche Dienstvilla. Doch wollte der als Jude Geborene seine glühende Vaterlandsliebe zu Beginn des Ersten Weltkriegs endlich und für alle Welt sichtbar unter Beweis stellen: Als Fachmann der Elektrochemie beherrschte er die Herstellung von giftigem Chlorgas aus massenhaft verfügbarem, billigem Kochsalz. Als Kriegsfreiwilliger verwendete er sich deshalb sogleich für den Einsatz dieser damals noch völlig neuartigen Massenvernichtungswaffe, obgleich die Haager Landkriegsordnung, vom Deutschen Reich ratifiziert, die Verwendung jeglicher Gifte untersagt.

Im Stellungskrieg der Zweiten Flandernschlacht setzte das deutsche Heer am 22. April 1915 bei Ypern zum ersten Mal 150 Tonnen Chlorgas frei. Die stechend riechende Substanz reagiert auf Schleimhäuten zu Salzsäure und wirkt dann stark ätzend. Wird sie inhaliert, lagert sich in den Lungenbläschen Flüssigkeit ein, die Opfer ersticken qualvoll an „innerlichem

Ertrinken". Da Chlorgas schwerer ist als Luft bleibt es nahe dem Boden, wird bei passender Windrichtung zum feindlichen Schützengraben getrieben und sinkt dort ab, wo die gegnerischen Soldaten Schutz suchen. Fritz Haber überwachte diesen ersten Akt des nun folgenden Gaskriegs selbst an der Front und freute sich über gut tausend tote Franzosen und ein Vielfaches an Verletzten.

Für diesen militärischen Erfolg wurde Fritz Haber, bisher im Rang eines Vizewachtmeisters, zum Hauptmann ernannt. Da war sie endlich, die militärische Anerkennung für das, was der zuvor gedemütigte Konvertit für die Errungenschaft, das Verdienst eines „guten Deutschen" hielt! Für sein Verdienst.

Die ersehnte Erhebung in den Offiziersstand wurde während des dafür gewährten Sonderurlaubs am Abend des 1. Mai zuhause in Berlin gefeiert. Habers Ehefrau, Deutschlands erste promovierte Chemikerin, soll jedoch entsetzt gewesen sein über das gewissenlose Vorgehen ihres Gatten, die Entwicklung und den Einsatz von Giftgas eine „Perversion der Wissenschaft" genannt haben. Aus Abscheu und Verzweiflung erschoss sich Clara Haber, geborene Immerwahr, am frühen Morgen nach der Feier mit der Dienstwaffe ihres Mannes im Garten der Institutsdirektorenvilla.

An der Beerdigung seiner Frau nahm der neu ernannte Hauptmann Haber nicht teil, er reiste sogleich zurück an die Front. Dort leitete der Chemiker fortan den gesamten Einsatz deutscher Giftgase im Ersten Weltkrieg und eine dafür eigens gebildete Spezialeinheit. Sein Kaiser-Wilhelm-Institut entwickelte währenddessen weitere Chemiewaffen, darunter das gefürchtete Phosgen. Insgesamt kamen im Ersten Weltkrieg knapp 100.000 Soldaten durch chemische Kampfstoffe ums Leben, schätzungsweise eine Million wurden verletzt.

Wegen seiner Verantwortung für die Giftgas-Einsätze verfolgten die alliierten Siegermächte Fritz Haber als Kriegsverbrecher. Nach Kriegsende floh er deshalb in die Schweiz. Teilweise rehabilitiert wurde der Chemiker erst im Herbst 1919 durch den Nobelpreis, den ihm die schwedische Akademie der Wissenschaften für seinen Anteil am Haber-Bosch-Verfahren zusprach, allen Einwänden wegen der Kriegsverbrechen zum Trotz.

Zurück in Berlin etablierte der Geehrte eine neue Form des wissenschaftlichen Austausches auf höchstem Niveau, ein Kolloquium zu aktuellen Forschungsthemen aus allen Disziplinen. Seine Labors standen Studierenden und Fachleuten aus aller Welt offen für anspruchsvolle Experimente. Im Jahr 1929 bestand die Belegschaft seines Instituts zur Hälfte aus Ausländern. Besonders der Austausch mit Japan war Haber wichtig, auf seine Initiative und als Folge mehrerer Besuche in dem ostasiatischen Kaiserreich entstand in Berlin das Japan-Institut „zur wechselseitigen Kenntnis des geistigen Lebens und der öffentlichen Einrichtungen", gefördert von der Kaiser-Wilhelm-Gesellschaft.

Nach der chemischen Kriegsführung begann Fitz Haber in den frühen 1920er-Jahren noch ein zweites Großprojekt, mit dem er sich als besonders eifriger Patriot profilieren wollte: Der Friedensvertrag von Versailles verlangte von Deutschland Reparationszahlungen an die alliierten Siegermächte des Ersten Weltkriegs von insgesamt 200 Milliarden Mark – in Gold. Aus Sicht der Verlierernation im Jahr 1919 eine schier unermessliche Summe, die das Land über Generationen geknechtet und geknebelt hätte. Haber suchte daher nach einem Verfahren, mit dem sich Gold aus Meerwasser gewinnen lassen sollte. Er ging davon aus, dass drei bis zehn Milligramm des Edelmetalls in jedem Kubikmeter der Ozeane gelöst seien.

Nach rund 5.000 aufwändigen Messungen zeigte sich jedoch, dass diese Annahme weit übertrieben war. Tatsächlich lag der Gehalt von Gold in Meerwasser hundert- bis tausendmal niedriger. Die Ausbeute wäre in jedem Fall zu niedrig, kein Konzentrierungsverfahren hätte sich auch nur im Entferntesten rentiert. Im Jahr 1926 musste Haber das ambitionierte Projekt folglich einstellen.

Für einen weiteren tödlichen Frevel der Chemie war Haber aber zumindest nicht direkt verantwortlich. Zwar hatte der Direktor an seinem Kaiser-Wilhelm-Institut schon im Ersten Weltkrieg eine Abteilung für die Entwicklung von Schädlingsbekämpfungsmitteln gegründet, um mit einfachen, überall verfügbaren Begasungsmethoden Getreidesilos und andere wichtige Lebensmittelvorräte der Zivilbevölkerung zu schützen und die Massenunterkünfte von Soldaten freizuhalten von Läusen und anderem Ungeziefer, das Fleckfieber und ähnlich letale Seuchen übertragen konnte.

Daraus war im Jahr 1919 die Deutsche Gesellschaft für Schädlingsbekämpfung entstanden, gegründet zur industriellen Herstellung von Bioziden. Haber gehörte anfangs zu den Anteilseignern. Nach seinem Ausscheiden aus dem Unternehmen entwickelten die übrigen Gründer die bis dahin gefundenen Substanzen weiter und erhielten im Jahr 1926 das Patent auf ein besonders giftiges Gas, genannt Zyklon B. Ab 1942, acht Jahre nach Fritz Habers Tod, setzten die Nationalsozialisten dieses Produkt in ihren Vernichtungslagern massenhaft ein zur Tötung von Millionen von Menschen.

In seinen letzten Lebensmonaten näherte sich der konvertierte Jude Fritz Haber wieder seiner ursprünglichen Religion und deren Glaubensgemeinschaft an, befreundete sich sogar mit Chaim Weizmann, damals Präsident der Zionistischen Weltorganisation. Weizmann, der unter anderem in Darmstadt und Berlin Chemie studiert hatte, wurde 1949 der erste Präsident des neu gegründeten Staates Israel.

Von Habers Kaiser-Wilhelm-Institut, das er auf Einladung des Gründungsdirektors im Dezember 1932 besuchte, war der jüdische Forscher und Entwickler so begeistert, dass er beschloss, in Palästina ein ähnliches Institut zu gründen. Haber und sein Kollege Richard Willstätter vom benachbarten KWI für Chemie, Nobelpreisträger von 1915, sollten dort leitende Positionen einnehmen. Wissenschaftler des 1934 tatsächlich gegründeten Weizmann-Instituts in Rehovot nahe Tel Aviv haben bisher drei Nobelpreise und drei Turing-Preise erhalten, die weltweit höchste Auszeichnung für Informatiker. Es gehört somit zur Top-Liga von Wissenschaftskollegs, vergleichbar mit dem Institute for Advanced Sciences im amerikanischen Princeton, an dem Albert Einstein nach seiner Emigration forschte, oder dem Max-Planck-Institut für Multidisziplinäre Naturwissenschaften in Göttingen.

Doch Fritz Haber litt in jener Zeit schon unter massiven Herzproblemen, fühlte sich nicht imstande für einen solchen Wechsel. Seiner Bewunderung für Weizmann und dessen zionistischer Mission tat dies jedoch keinen Abbruch. In einer Festrede verglich er sich im August 1933 mit dem israelischen Führer: Er selbst, sagte Haber, habe ganze Industrien gegründet, sei einer der angesehensten und mächtigsten Männer Deutschlands gewesen – mehr als ein Oberbefehlshaber der Armee oder ein Industrieller. Damit reiche er aber nicht an Weizmann heran. Der stelle die Würde des jüdischen Volkes wieder her und versuche, in Palästina aus dem Nichts etwas zu schaffen.

Im April 1933 hatte die nationalsozialistische Reichsregierung ein „Gesetz zur Wiederherstellung des Berufsbeamtentums" erlassen. Dies verlangte vom öffentlichen Dienst und somit auch von Kaiser-Wilhelm-Instituten, alle jüdischen Beschäftigten zu entlassen. Wegen seiner militärischen Verdienste im Ersten Weltkrieg war Haber selbst von dieser Verordnung ausgenommen, doch sollte er zwölf seiner 49 Mitarbeiterinnen und Mitarbeiter kündigen. In einem Brief an den zuständigen Minister weigerte sich Haber, das Gesetz in seinem Institut umzusetzen und trat von seinem Direktorenposten zurück. Er emigrierte nach Großbritannien, forschte und lehrte an der Universität Cambridge.

Doch schon wenige Monate später, im Januar 1934, starb Fritz Haber während einer Reise in einem Baseler Hotel an einem Herzanfall.

Die Max-Planck-Gesellschaft, Nachfolgerin der KWG, benannte das Institut für Physikalische Chemie und Elektrochemie im Jahr 1953 nach seinem Gründungsdirektor. Für die detaillierte Erforschung der Prozesse im Katalysator eines Haber-Bosch-Reaktors, somit für die endgültige Entschlüsselung des Verfahrens „Brot aus Luft", wurde Gerhard Ertl im Jahr 2007 der Chemie-Nobelpreis zugesprochen. Ertl war bis 2004 Direktor am Berliner Fritz-Haber-Institut.

Medizin:
Aus Versuch und Irrtum wird akademische Heilkunst

In der zweiten Hälfte des 19. Jahrhunderts war Berlin der weltweit wichtigste Schauplatz der medizinischen Forschung. Hier wurde die Heilkunde zu einer ernsthaften Wissenschaft, die hier praktizierenden und ausgebildeten Ärzte entschlüsselten die Ursachen von Infektionskrankheiten und entwickelten wirksame Therapien mit Impfseren und Medikamenten. In den ersten acht Jahren, in denen Medizin-Nobelpreise vergeben wurden, gingen drei an diese Forscher. Doch nicht alle dieser Titanen handelten immer moralisch einwandfrei. Einer beging sogar grobe Verbrechen – angeblich im Dienste der Wissenschaft.

Am Abend des 24. März 1882 herrschte ungewöhnliches Gedränge im Physiologischen Institut des Berliner Universitätsklinikums Charité. Unter den neogotischen Kreuzrippen-Gewölben des Lesesaals wartete ein gemischtes Publikum auf den „Jungfernvortag" eines Arztes, der erst seit gut einem Jahr am Kaiserlichen Gesundheitsamt arbeitete. Sein Thema hatte er so simpel formuliert, dass es alles oder nichts bedeuten konnte: „Über Tuberkulose". Dennoch hatte sich Prominenz wie der universalgelehrte Hermann Helmholtz eingefunden, daneben etliche Medizinprofessoren, ambitionierte Assistenten und neugierige Naturwissenschaftler.

Denn der Vortragende Robert Koch war nicht irgendwer. Sechs Jahre zuvor hatte er nachgewiesen, dass der Milzbrand, eine vor allem unter Weidetieren wütende Seuche, die auch beim Menschen tödlich enden kann, durch ein Bakterium hervorgerufen wird. Dies kann in Form langlebiger „Sporen" im Boden überdauern und auch noch nach Jahren die lebensgefährliche Krankheit auslösen.

Daraus abgeleitet und erweitert um weitere Erreger hatte Koch dann ein Standardwerk publiziert: „Über die Ätiologie von Wundinfektionskrankheiten". Gut ein halbes Jahrhundert vor Einführung der Antibiotika waren diese eine der Haupt-Todesursachen und jährlich Anlass für weltweit Millionen von verstümmelnden Operationen. Mit seinen Erkenntnissen und Schlussfolgerungen hatte Koch nicht nur einen neuen Zweig der Naturwissenschaft etabliert, die Bakteriologie; er bot damit auch dem damaligen „Medizinpapst", dem Pathologieprofessor und Reichstagsabgeordneten Rudolf Virchow, auf dessen Berliner Heimatterrain die Stirn.

Virchow hatte ein knappes Vierteljahrhundert zuvor mit seiner fundamentalen Lehre von der „Cellularpathologie" die Heilkunde auf ein naturwissenschaftlich profundes Fundament gestellt. Im Alter von 61 Jahren stand er nun der neumodischen Bakterienforschung in seiner Berliner Nachbarschaft skeptisch gegenüber: Wie sollten winzige und primitive Einzeller, in der freien Natur oft nicht überlebensfähig, raffinierte Organismen wie den des Menschen oder hoch entwickelter Tiere überwältigen, gar töten können?

Doch Robert Koch war exzellent vorbereitet. Nach einigen hundert Gewebsschnitten von Tuberkulosekranken, die er in den vergangenen Monaten neben seinem Behördendienst im Gesundheitsamt untersucht hatte, war es ihm gelungen, einen äußerst schwer einfärbbaren Erreger in den Präparaten befallener Organe darzustellen. Unter den Mikroskopen, die Koch überall in seinem Vortragssaal aufgestellt hatte, konnte sich an jenem Abend jeder Zuhörer selbst ein Bild von dem spindelförmigen Mycobakterium tuberculosis machen. Darüber hinaus zeigte Koch Zeichnungen und Fotografien von weiteren mikroskopisch untersuchten Gewebsschnitten.

Außerdem hatte es Koch geschafft, den nur schwer kultivierbaren, langsam wachsenden Keim zu isolieren und mit diesen Züchtungen gesunde Meerschweinchen zu infizieren. Die Tiere zeigten die typischen Krankheitsherde („Milien"), entwickelten „käsige Pneumonien" (Lungenentzündungen) und die dazugehörigen „Kavernen", sowie ähnliche Befunde im Gehirn, in den Knochen, den Lymphnoten und Gelenken. Damit war bewiesen, dass der Befall der verschiedenen Organe auf ein und denselben Erreger zurückgeht. Dass die Tuberkulose somit eine „systemische" Erkrankung des gesamten Organismus ist, die darum oft tödlich endet.

„Mit steigender Spannung folgte das Auditorium" Kochs Darstellungen, „die auf jeder Etappe durch untrügliche Beweismittel, ausgezeichnete Präparate" gestützt waren. So beschrieb ein Assistent die Wirkung des Vortrags. Paul Ehrlich, der als junger Arzt an jenem Abend ebenfalls dabei war und im Jahr 1908 als Begründer der Immunologie den Medizin-Nobelpreis erhalten sollte, nannte die Vorführung sein „größtes wissenschaftliches Erlebnis". Der Eindruck war so stark, dass Ehrlich noch am selben Abend in seinem Labor Kochs neues Färbeverfahren für die entdeckten Tuberkulose-Erreger weiter verbesserte.

Mit seinem Vortrag „Über Tuberkulose" hat Robert Koch der Mikrobiologie und der medizinischen Lehre der Infektionskrankheiten eine neue Dimension eröffnet. Bisher dachte man, so etwa die Auffassung von Max Pettenkofer, Königlich Bayerischer Chefhygieniker und Staatsmediziner,

Ansteckungen würden von so genannten „Miasmen" verursacht. Also von einer Art Ausdünstung der Erde, kombiniert mit Verunreinigungen des Grundwassers, geheimnisvollen Kraftfeldern und Strahlen. Nach Robert Kochs naturwissenschaftlich belegten Erkenntnissen waren jedoch Mikroorganismen für die Infektionen verantwortlich. Diese sollten, so die logische Konsequenz, durch präventive Hygiene sowie eine gesunde Lebensführung in Schach gehalten und, wenn möglich, durch Arzneimittel bekämpft werden.

Ausgehend von dieser akademisch gesicherten Basis, das stellte sich bald heraus, konnte die gesamte Medizin sowie die Pharmazie neue Wege beschreiten, epochale Erfolge feiern und die Menschheit bis heute von zahllosen Leiden und Seuchen befreien.

Basis dieses Paradigmenwechsels dürfte die Gesundheitslehre und die daraus resultierende Gesundheitspolitik gewesen sein, die ausgerechnet der mächtigste Skeptiker gegenüber der medizinischen Mikrobiologie etabliert hatte: Rudolf Virchow, seit 1856 Ordinarius am damals neu etablierten Institut für Pathologie der Berliner Universität und Architekt einer systematischen Sozialhygiene und -medizin, hatte sowohl durch seine akademischen Initiativen wie durch praktische Maßnahmen erreicht, dass die Gesundheit auch von unterprivilegierten Bevölkerungsschichten zu einer wissenschaftlichen Herausforderung, zugleich zu einer humanitärgesellschaftlichen, zu einer politischen Aufgabe wurden. Er hatte die Medizin von einer empirischen Heilkunde, von „Versuch und Irrtum", zu einer akademisch anspruchsvollen Disziplin gewandelt, die systematische Naturforschung und Anthropologie, Humanismus und soziale Verbesserungen auf eine Stufe stellte. Die sie „zur höchsten und schönsten Naturwissenschaft" machte, wie er im Leitartikel der ersten Ausgabe seiner bis heute erscheinenden Fachzeitschrift (heutiger Titel: „Virchows Archiv") schrieb.

Rudolf Virchow, 1821 in der pommerschen Kleinstadt Schivelbein geboren, verfügte als Sohn des dortigen Kämmerers nicht über die finanziellen Mittel für ein reguläres Medizinstudium. Seine Ausbildung erhielt er daher an der preußischen Akademie für Militärärzte, der „Pépinière". Seine akademischen Fähigkeiten – mit 22 Jahren war er promoviert, mit 26 Jahren habilitiert – erlaubten ihm, den Militärdienst zu verlassen und an der Berliner Universitätsklinik Charité zu forschen. Nachdem er im Revolutionsjahr 1848 jedoch selbst auf einer Berliner Barrikade gestanden hatte, kürzte der preußische Staat sein Gehalt. Zum Glück wurde Rudolf Virchow wenig später auf eine Pathologie-Professur an der Universität Würzburg berufen.

Wie zuvor in Preußen beschränkte er sich auch in Unterfranken nicht auf makro- und mikroskopische Untersuchungen des klinischen Materials. Daneben verfasste er sozialmedizinische Studien, zum Beispiel „Die Noth im Spessart".

Zugleich publizierte er eine fachspezifische Arbeit nach der anderen. Auf dieser Basis konnte die Berliner Universitätsmedizin im Jahr 1856 Virchows Berufung auf den Lehrstuhl für Pathologie und Therapie durchsetzen. Für sein Institut wurde ein neues Gebäude errichtet, bis heute ein Schmuckstück des Charité-Campus in Berlin-Mitte.

Zwei Jahre später erschien Virchows Monumentalwerk „Die Cellularpathologie in ihrer Begründung auf physiologische und pathologische Gewebelehre". Im Jahr 1859 wurde er Mitglied der Berliner Stadtverordneten-Versammlung, als Abgeordneter der Deutschen Fortschrittspartei zog der

Professor 1861 in den Preußischen Landtag ein. Von 1880 bis 1893 war er Reichstagsabgeordneter.

Als Politiker konnte Rudolf Virchow maßgebliche Verbesserungen der „Sozialhygiene" durchsetzen, also etwa eine systematische Entsorgung und Klärung von Berlins Abwässern sowie eine zentrale Versorgung mit sauberem Trinkwasser. In der deutschen Hauptstadt lebten zu Virchows Lebzeiten über eine Million Menschen, sie war die größte Stadt der Welt. Die meisten ihrer Bewohner hausten drangvoll beengt in winzigen Hinterhof-Wohnungen, die wenigsten mit eigener Toilette, eigenem Wasseranschluss.

In diesem Fusionsreaktor von theoretischer mit klinischer Medizin, von naturwissenschaftlicher Forschung und fundamentaler Hygiene, von sozialen wie praktischen Verbesserungen der Gesundheitsversorgung richtete sich Robert Koch 1880 ein als ordentliches Mitglied im Kaiserlichen Gesundheitsamt. Der 37-jährige, Sohn eines Geheimen Bergrats im damals lebendigen Bergbaugebiet um Clausthal im Harz, hatte in Göttingen Medizin und Naturwissenschaften studiert, seine medizinische Dissertation war 1866 ausgezeichnet worden. In Berlin behinderte die Behördenarbeit noch ein wenig seinen bakteriologischen Forscherdrang, doch Koch war gewohnt, seine Studien im Labor und das Formulieren neuer wissenschaftlicher Erkenntnisse parallel zu einfacheren medizinischen Verrichtungen zu organisieren: Seine bahnbrechenden Erkenntnisse zum Milzbrand und anderen Infektionskrankheiten waren ihm in den 1870er-Jahren hinter einem Vorhang im Sprechzimmer seiner westpolnischen Landarztpraxis gelungen.

Nun, nach dem grandiosen Erfolg seines Vortrags „Über Tuberkulose" – im Nachhinein hatte sogar sein schärfster

Kritiker Rudolf Virchow die Beweisführung anhand der Präparate anerkannt – stand ihm eine steile Karriere bevor. Zunächst durfte er eine Expedition zur Erforschung der Cholera leiten. Koch hatte Erfahrung mit der oft tödlichen Darminfektion, die sich wie ein Lauffeuer ausbreitet: Als Assistenzarzt am Allgemeinen Krankenhaus in Hamburg hatte er 1866 dort eine Epidemie erlebt, den Erreger vergeblich in Dutzenden selbst angefertigten Präparaten gesucht.

Mit neuen Methoden gelang das nun. Dabei zahlten sich Kochs Fleiß und Ausdauer abermals aus. Denn das Einfärben der Cholera-„Vibrionen", wie die kommaförmigen Bakterien heißen, funktionierte erst, nachdem er mit seinem Team ins indische Kalkutta umgezogen war, wo ebenfalls eine Cholera-Epidemie wütete. In Indien konnte Koch die Vibrionen in Reinkultur züchten und den Nachweis erbringen, dass damit verseuchtes Trinkwasser die Krankheit auslöst.

Die Publikumspresse überschlug sich über diesen Erfolg der deutschen Expedition. Die populäre, national-liberale Wochenzeitschrift „Kladderadatsch" veröffentlichte zu deren Heimkehr im Mai 1884 sogar ein Gedicht:

Aus den sumpfig feuchten
Aus den Cholera-verseuchten
Ländern seid ihr heimgekehrt!
Zitternd sah'n wir einst euch scheiden.
Nach Gefahren, Müh'n und Leiden
Ruht nun aus am trauten Herd!
Mögt ihr jetzt Bacillen züchten
Und euch freuen an den Früchten
Eurer Fahrt recht lange noch!

Aber Dank und Ruhm von allen
Soll aus tiefster Brust erschallen
Dir, Bacillen-Vater Koch!

Auch Berlins schon damals rührige Souvenirindustrie reagierte sofort und legte Pfeifendeckel sowie Halstücher auf, die Kochs Porträt wahlweise im Lorbeerkranz oder umsäumt von Eichenlaub zeigten. Welcher andere Arzt wäre jemals so umschwärmt worden?

Kaiser Wilhelm I. honorierte Kochs Leistung mit 100.000 Mark, einer für die damalige Zeit in der Wissenschaft unerhörte Erfolgsprämie. Außerdem eröffnete der greise Monarch seinem Parademediziner einen neuen Karriereweg, denn der empfand seine Beamtentätigkeiten im Gesundheitsamt allmählich als unter seinem Niveau: Im Jahr zuvor war die Hygiene in Preußen zum Prüfungsfach für angehende Ärzte geworden. Also ordnete Wilhelm I. eine Berufung des „Bacillen-Vaters" Koch zum Ordinarius der Berliner Universität an.

Dieser massive Eingriff in die Hochschul-Autonomie verdross die honorige Professorenschaft. Doch alles Argumentieren, alles missmutige Grummeln selbst des einflussreichen Rudolf Virchow half nichts. Am 1. Juli 1885 erhielt Robert Koch den Titel eines Geheimen Medizinalrats und wurde zum Ordentlichen Professor ernannt.

Zwar hielt der neue Hochschullehrer nur ungern Vorlesungen, drückte sich oft vor Prüfungen. Doch seine praktischen Kurse im Labor, seine Exkursionen zu Wasserwerken und Kläranlagen, Schlachthöfen, Fleischfabriken und anderen „hygienisch bemerkenswerten Einrichtungen" waren bei Studierenden beliebt – nicht zuletzt wegen des „Ansehens und der Freundlichkeit" des Professors, wie ein Teilnehmer schrieb.

Das vom Kaiser geforderte Hygiene-Institut erhielt ein neues Gebäude und eine ultramoderne Ausstattung, unter anderem mit elektrischem Licht. Bald waren dessen Labors ähnlich renommiert, ein ähnlicher Magnet für ambitionierte Nachwuchsforscher wie die von Kochs berühmtem Konkurrenten Louis Pasteur in Paris. Der ehemalige Landarzt aus der niedersächsischen Provinz war jetzt ein Weltstar der Medizin.

Seinen nächsten Trumpf spielte Professor Koch Anfang August 1890 auf dem 10. Internationalen Medizinischen Kongress vor 5.000 Ärzten aus: Am Ende seines Vortrags berichtete der Forscher von seiner Entwicklung eines Heil- und Präventivmittels gegen Tuberkulose, das in Tier-Experimenten eine Ansteckung mit den Bakterien angeblich verhindert hatte. In einer anderen Versuchsreihe, so Koch weiter, seien infizierte Meerschweinchen durch den Einsatz der Substanz geheilt worden. Die Presse interpretierte die Neuigkeit als Sensation: Robert Koch hatte ein Medikament und zugleich einen Impfstoff gegen die tödliche Seuche gefunden!

Das Präparat, das an nur 50 Kranken getestet worden war, kam schon im November auf den Markt. Die Rezeptur hielt Koch gesetzeswidrig geheim. Denn er wollte ein Patent darauf haben, Lizenzgebühren einnehmen. Der Markenname war indes bald in aller Munde: Tuberkulin.

Doch schon nach wenigen Wochen im Einsatz zeigte sich: Das Tuberkulin taugt zwar als Diagnostikum zur Identifikation von Infizierten. Als Heilmittel versagte es jedoch auf ganzer Linie. Und schlimmer: In etlichen Fällen schien es den Krankheitsverlauf sogar zu beschleunigen, bis hin zum Tod.

Zwar mussten viele behandelnde Ärzte einräumen, dass sie in überhitzter Erwartung das Mittel nicht, wie von Koch empfohlen, nur bei Kranken im Frühstadium sondern auch bei Moribunden eingesetzt und in vielen Fällen erheblich höher dosiert hatten als angegeben. Doch die Bilanz des „Tuberkulinsturms" war verheerend: „Genau genommen ist kein einziger Fall bekannt geworden, in dem eine dauernde Heilung irgendeiner Form der Tuberkulose durch dieses Mittel herbeigeführt worden wäre," resümierte Rudolf Virchow die Kampagne des ehrgeizigen Bakteriologen aus seiner Nachbarschaft. Der Chefpathologe hatte die Sektion der Berliner Todesopfer geleitet.

Macht der Tuberkulin-Skandal Robert Koch zu einem gewissenlosen und geldgierigen Arzt, der sich an den Tantiemen aus millionenfacher Anwendung bereichern wollte und deshalb das wichtigste Gebot des hippokratischen Eides missachtete: den Kranken nicht zu schaden?

Zumindest nach den damaligen Kriterien und Regeln hat Koch nicht völlig unethisch gehandelt: In einem heroischen Selbstversuch hatte er sich das Tuberkulin selbst gespritzt – und tagelang unter hohem Fieber, Gliederschmerzen und Übelkeit gelitten. Dieselben Nebenwirkungen waren bei den nächsten Versuchspersonen aufgetaucht: bei vier Assistenten aus dem Hygiene-Institut sowie bei Kochs junger Geliebter Hedwig Freiberg, damals gerade 18 Jahre alt. Beeinträchtigungen in diesem Ausmaß durfte man Ende des 19. Jahrhunderts noch für vertretbar halten, wenn es darum ging, eine tödliche Seuche zu heilen. Allerdings bleibt die Frage, wie freiwillig die Teilnahme dieser abhängig Beschäftigten und der Minderjährigen an diesem Versuch war.

Immerhin wollte der Erfinder seinem finanziellen Nutzen selbst Grenzen setzen: Nach sechs Jahren, so hatte es Koch geplant, sollten die Lizenz-Erlöse aus der massenhaften Anwendung des Tuberkulins an den deutschen Staat übergehen. Einzige Bedingung: Das Reich sollte ihm, dem Entdecker, ein Institut zur Grundlagenforschung finanzieren. Als dessen Leiter könnte er sich von der akademischen Lehre und anderen Professorenpflichten befreien lassen.

Schließlich müssen auch die äußeren Umstände berücksichtigt werden: Koch hatte sich dem politischen Druck des neuen Kaisers Wilhelm II. gebeugt. Die ethischen Regeln seiner ärztlichen Kunst waren unter die Räder einer monarchischen Profilierungs- und Ruhmessucht gekommen, die Wissenschaft war Opfer des kaiserlichen Geltungsbedürfnisses geworden. Der stets auf Prestigegewinn bedachte Wilhelm II. wollte den internationalen Kongress im August 1890 nutzen, um Glanz und Gloria der deutschen Medizin in alle Welt zu tragen. Aber Koch hatte zu diesem Zeitpunkt keine neue Sensation vorzuweisen. Einzig die frühen, wenig repräsentativen Versuchsergebnisse mit dem Tuberkulin klangen aufregend. Doch hätte das Mittel, das wusste auch der erfahrene Mediziner, länger und sorgfältiger getestet werden müssen.

Auf den prompt einsetzenden öffentlichen Druck hatte Koch nun immerhin jenen Teil der Suppe auszulöffeln, den er sich durch sein präpotentes Vorpreschen und den ausgelösten Skandal eingebrockt hatte. Schon im Januar 1891 musste er die Rezeptur des Tuberkulins bekannt geben: Es war ein Glyzerin-Extrakt von Tuberkulose-Bakterien in Reinkultur. Die darin enthaltenen Wirkstoffe kannte Koch nicht. Seine Hoffnung auf ein Patent war damit perdu. Denn jetzt konnte jeder Tuberkulin herstellen.

Und als klar wurde, dass die in der Zwischenzeit fortgeführten Erprobungen das Debakel der Tuberkulin-Anwendungen nur vergrößert hatten, kniff der verantwortliche Erfinder und ließ sich beurlauben, floh nach Ägypten.

Doch Wilhelm II. zeigte sich gnädig und hielt sich an sein vor dem Kongress gegebenes Versprechen. Am 8. Juli 1891 berief er Robert Koch zum Direktor eines neu geschaffenen Instituts für Infektionskrankheiten, das neben der Charité errichtet werden sollte. Kochs dortiges Jahresgehalt von 20.000 Mark plus 1200 Mark Wohnungszuschuss betrug mehr als das Dreifache der normalen Professorenbezüge.

Die Katastrophe um das Tuberkulin war zweifelsfrei ein Rückschlag für die wissenschaftlich fundierte Medizin in Deutschland. Doch im Berliner Hygiene-Institut bahnte sich schon die nächste Sensation an: Emil Behring, 1854 als eines von 13 Kindern eines Lehrers in Westpreußen geboren und wegen seiner Mittellosigkeit ebenfalls an der Militärakademie Pépinière zum Arzt ausgebildet, hatte zusammen mit einem japanischen Gastwissenschaftler entdeckt, dass Nutztiere in ihrem Blutserum ein Gegengift entwickeln, wenn man sie mit den für Menschen oft tödlichen Diphtheriebakterien infiziert. Dieses Antitoxin schützt die Tiere dann vor künftigen Infektionen. Warum, so fragten die beiden Autoren in einer 1890 veröffentlichten Studie, sollte dieses Antitoxin nicht auch Menschen schützen, gar von der Krankheit heilen, die wegen der dramatischen Schwellungen im Rachenraum, die von der Infektion hervorgerufen wurden, oft qualvoll erstickten? Allein im Jahr 1880 hatte die Diphtherie in Deutschland 40.000 Menschen umgebracht, vor allem Kleinkinder im Alter unter fünf Jahren. Das war ein Drittel mehr als die Zahl der Todesfälle in Deutschland durch Corona-Viren im Jahr 2020, in dem hierzulande ein Drittel mehr Menschen lebten als 140 Jahre zuvor.

Doch leider versagten erste Anwendungsversuche mit dem Tier-Serum. Die Therapie wirkte erst, als die Flüssigkeit nach einem Verfahren konzentriert, „aufgereinigt" werden konnte, das der damals ebenfalls in Berlin tätige Paul Ehrlich entwickelt hatte. Es enthielt deutlich mehr wirksames Antitoxin als Behrings Präparat. Ehrlich, 1854 in Schlesien geboren, war mit dem elf Jahre älteren Robert Koch seit dessen Vortrag „Über Tuberkulose" befreundet.

Koch regte eine Kooperation zwischen Behring und Ehrlich an, was in den nächsten Versuchsreihen vom Winter 1893 durchschlagende Erfolge brachte. Die Farbwerke Hoechst entwickelten ein industrielles Produktionsverfahren und schon im August 1894 kam das injizierbare Mittel auf den Markt, hergestellt „nach Behring und Ehrlich", die sich zeitlebens per du aber mit Nachnamen ansprachen. Bis zum Jahresende waren schon 75.000 Ampullen verkauft, die Zahl der Diphtherietoten sank in den nächsten sechs Jahren auf ein Drittel.

Im Januar 1901 wurde Behring von Wilhelm II. in den erblichen Adelsstand versetzt. Und als die schwedische Alfred-Nobel-Stiftung in jenem Herbst zum ersten Mal den weltweit bis heute höchst renommierten Preis für Physiologie oder Medizin zu verleihen hatte, zeichnete sie damit Emil von Behring aus, den „Retter der Kinder", wie ihn die Publikumspresse nannte.

Einzig Robert Koch reagierte etwas verschnupft, dass die Ehrung nicht ihm, sondern seinem Schüler zuteilgeworden war. Wo doch Alfred Nobel vor vielen Jahren höchstselbst oft am Kochschen Familientisch in Clausthal gesessen, seine Sprengstoffversuche im dortigen Bergbau mit dem Vater, dem Oberbergrat, besprochen hatte! Aber offenbar war der

Tuberkulin-Skandal von 1890 auch beim schwedischen Nobel-Komitee noch nicht vergessen. Das zeigte sich erst anno 1905 nachsichtig, als Robert Koch als sechster Deutscher einen der wissenschaftlichen Nobelpreise entgegennehmen konnte.

Emil von Behring war auch nach seinem Triumph-Jahr erfolgreich. Berufen zum Ordinarius für Hygiene an der Universität Marburg gründete er dort von dem Nobelpreisgeld ein Unternehmen, mit dem er das wertvolle Diphtherie-Serum aus dem Blutplasma von Pferden selber herstellen und gewinnbringend vertreiben konnte. Zusammen mit einem japanischen Kollegen war es ihm obendrein gelungen, auf sehr ähnlichem Weg ein Antitoxin-Serum gegen Tetanus zu produzieren, eine Infektion, die vor allem in den Schützengräben der damaligen Kriege zum oft tödlichen Wundstarrkrampf führte. Mit Behrings Serum konnte das Ersticken durch Lähmung der Atemmuskulatur abgewendet werden, weshalb ihm im Ersten Weltkrieg auch noch der Titel „Retter der Soldaten" zuteilwurde. Beim Tod ihres Gründers im Jahr 1917 beschäftigten die Marburger Behringwerke über 3000 Mitarbeiterinnen und Mitarbeiter.

Doch auch bei diesem Titan der Medizin und Pharmazie gibt es Flecken auf der ordenbehangenen Weste. Mit Paul Ehrlich, der den entscheidenden Beitrag zur Wirksamkeit von Behrings Diphtherie-Serum in der Praxis geliefert hatte, war ursprünglich vereinbart worden, dass er nach Abzug des Anteils, den die Farbwerke Hoechst als Hersteller und Vertreiber für sich beanspruchen konnten, die Hälfte der Erträge erhalten sollte. Doch wurden die Verträge hierzu mehrfach geändert. Am Ende musste Ehrlich Tantiemen von nur acht Prozent akzeptieren und fühlte sich um seinen Anteil gebracht. Ab dem Jahr 1900 lehnte er jede Zusammenarbeit mit Behring ab.

Von 1892 an hatte Ehrlich in Robert Kochs neuem Institut für Infektionskrankheiten gearbeitet. Nach dem durchschlagenden Erfolg des Diphtherie-Serums wurde 1896 in Steglitz, damals ein Vorort Berlins, das Institut für Serumforschung gegründet, Ehrlich zum Direktor ernannt. Drei Jahre später zog das Institut mit erweiterten Aufgaben und unter neuem Namen nach Frankfurt um; die Stadt hatte moderne Labortechnik in einem neuen Gebäude spendiert. Ehrlich blieb auch am Main Spezialist für Sera und die damit möglichen „passiven Impfungen". Im Jahr 1908 erhielt auch er den Nobelpreis für Physiologie oder Medizin.

Paul Ehrlich war der Bescheidenste der ursprünglich in Berlin tätigen Medizin-Superstars. Vielleicht, weil er schon früh reich geheiratet hatte und sich durch das Vermögen seiner Ehefrau auch in Zeiten ohne entlohnte Arbeitsstelle seinen Forschungen widmen konnte. Einen Adelstitel im Stile seines Kollegen Behring hat er abgelehnt. Als gebürtiger, wenn auch kaum praktizierender Jude hätte er hierfür zum lutherisch-protestantischen Glauben übertreten müssen.

Im Jahr nach der Nobelpreisverleihung gelang Ehrlich ein weiterer Durchbruch. Auf der Suche nach einer chemischen Substanz, die als Medikament gegen andere Infektionskrankheiten ähnlich umfassend wirkt wie die Sera gegen Diphtherie und Tetanus, begann Ehrlich Versuchsreihen am Menschen mit der Arsenverbindung Arsphenamin. Die hatte in Tierversuchen die Erreger der Syphilis erfolgreich abgetötet.

Schon die erste vorsichtige Erwähnung erfolgreicher Erprobungen am Menschen im Mai 1910 löste einen ähnliche Nachfrageboom aus wie 20 Jahre zuvor Kochs Äußerungen zum Tuberkulin. In jener Zeit erkrankte weltweit jährlich eine zweistellige Millionenzahl von Menschen an dieser Geschlechtskrankheit; in den USA war sie die Hauptursache für Demenz. In Frankreich war die Zahl der jährlichen Syphilis-Toten dreieinhalbmal höher als die von Krebs-Sterbefällen.

Ehrlich selbst hatte das Verfahren zur Massenproduktion und die Erprobung des Medikaments an gut 20.000 Syphilitikern überwacht. Die Farbwerke Hoechst brachten es Mitte Dezember 1910 unter dem Markennamen Salvarsan auf den Markt. Es fand reißenden Absatz, wurde sogleich hunderttausendfach eingesetzt.

Doch die Anwendung dieses ersten Chemotherapeutikums war nicht einfach. Vor der Injektion musste der Arzt das gelieferte Arzneipulver in destilliertem Wasser auflösen. War dies verunreinigt oder zu alt, reagierte der Wirkstoff zu giftigen Substanzen, die heftige Nebenwirkungen hervorriefen: Erblindungen, Nervenschädigungen, gar Todesfälle. War der verabreichungsfertige Spritzeninhalt zu lange dem Luftsauerstoff ausgesetzt, verfiel er und wurde wirkungslos.

Zwar zeigte die überwiegende Zahl der Anwendungen Heilungserfolge bis zur vollständigen Restitution der Infizierten. Doch half Salvarsan, wie sich zeigte, nur gegen frühe Formen der Syphilis; gegen die „Rückenmarksschwindsucht" Tabes dorsalis, gegen den Befall des Gehirns und innerer Organe war das Mittel machtlos.

So brach in der Presse ein „Salvarsankrieg" gegen Paul Ehrlich los, der schon bald offen antisemitische Töne anschlug. Das „Deutsche Volksblatt" kritisierte die „jüdische Gelehrtenwelt", die sich „auf dem finanziell sehr einträglichen Gebiet" der Syphilis „betätigt". „Der Samstag" aus Basel sah hinter der „Weltsensation" der neuen Chemotherapie eine „gigantische

Judenmacht". Dem Erfinder wurde vorgeworfen, er mache „mit seinem Salvarsan ein Vermögen", da das Präparat im Einzelverkauf das Achtfache seiner Herstellungskosten einspielte. Abgesehen von der hanebüchenen Fehlerhaftigkeit der Rechnung wurde schon nicht mehr unterschieden zwischen dem Erfinder und dem Hersteller- und Vertriebsunternehmen.

Gleichwohl blieb Salvarsan über Jahrzehnte das Mittel der Wahl gegen die Syphilis.

Robert Koch hat den Durchbruch seines Schülers Ehrlich in die effiziente Behandlung einer bakteriellen Volksseuche nicht mehr miterlebt. Im Alter von 60 Jahren, zwei Jahre vor seinem Nobelpreis, hatte er die Leitung des Instituts für Infektionskrankheiten abgegeben und sich zur Ruhe gesetzt. Ab 1908 war er zusammen mit seiner viel jüngeren, zweiten Ehefrau Hedwig weltweit und mehr oder weniger pausenlos auf Reisen. Zurück in Deutschland ereilten ihn im April 1910 mehrere Herzanfälle, von denen er sich in Baden-Baden erholen wollte. Dort starb er jedoch 66-jährig im Mai 1910, wahrscheinlich an einem weiteren Herzinfarkt.

Erst lange nach seinem Tod wurden schwere Vorwürfe gegen seine Menschenversuche bei Expeditionen zur Erforschung der Schlafkrankheit zwischen 1906 und 1908 laut. Der Nobelpreisträger hatte infizierte Afrikaner in unwürdigen Lagern auf Inseln im Victoria-See interniert und ihnen ohne deren Einwilligung hohe Dosen des Arsenpräparats Atoxyl verbreicht. Es kam zu dauerhaften Vergiftungsschäden, zu zahlreichen Todesfällen und Erblindungen.

Als nächster aus dem nobelierten „medizinischen Dreigestirn" starb Paul Ehrlich Ende August 1915 in Bad Homburg ebenfalls an einem Herzinfarkt. Kaiser Wilhelm II., um Pathos nie verlegen, telegrafierte den Hinterbliebenen: „Ich beklage mit der gesamten gebildeten Welt den Tod dieses um die medizinische Wissenschaft und die leidende Menschheit so hochverdienten Forschers, dessen Lebenswerk ihm bei der Mit- und Nachwelt unvergänglichen Ruhm und Dank sichert."

Emil von Behring starb schließlich Ende März 1917 im Alter von 63 Jahren daheim in Marburg an einer Lungenentzündung. Von Winter 1907 bis zum Sommer 1910 hatte er seine schweren Depressionen in einem Münchener Sanatorium stationär behandeln lassen.

Rudolf Virchow, der geistige Vater der wissenschaftlich fundierten Medizin, war schon im September 1902 gestorben. Auf dem Weg zu einer Versammlung der Gesellschaft für Erdkunde war der 80-jährige im Januar von der Plattform einer fahrenden Straßenbahn abgesprungen und hatte sich wegen der herrschenden Winterglätte bei der Landung den Schenkelhals gebrochen. Nach Monaten vergeblicher Therapie erlag er den langwierigen Folgen.

Elektrotechnik:
Licht, Kraft und Wärme für alle

Die Elektrifizierung Europas war vor allem ein Wettlauf zwischen zwei deutschen Konzernen. Der eine wurde geführt von einem genialen Erfinder, der als erster das Prinzip der elektromagnetischen Stromerzeugung physikalisch analysiert, beschrieben und angewendet hatte. Der andere war von einem weitblickenden, durchsetzungsstarken Unternehmer gegründet worden, der auch die Entdeckungen des Amerikaners Thomas Edison nutzte. In einem Joint Venture entwickelten die beiden Firmen den Rundfunk und das Fernsehen in Deutschland. Der erste Konzern, wenngleich vielfach aufgespalten, ist nach wie vor einer der größten deutschen Arbeitgeber. Der zweite wurde in den 1980er-Jahren durch Missmanagement zugrunde gerichtet und aus dem Handelsregister gestrichen. Daneben sorgten auch kluge Erfinder und mutige Ingenieure für technische, wirtschaftliche und gesellschaftliche Fortschritte.

Kaum ein Brief dürfte die Folgen einer Entdeckung so präzise in ahnungsvoll-zuversichtliche Worte gefasst haben wie jene Zeilen, die Werner Siemens am 4. Dezember 1866 an seinen Bruder Wilhelm nach London schickte: „Ich habe eine neue Idee gehabt", schreibt Werner dort, „die aller Wahrscheinlichkeit nach reüssieren und bedeutende Resultate geben wird. (...) Die Effekte müssen bei richtiger Construktion kolossal werden."

Tatsächlich hat die „Dynamo-elektrische Maschine", die der Absender des Briefes der Berliner Akademie in ihrer Sitzung am 17. Januar 1867 vorstellte, die gesamte Elektrotechnik, wie wir sie heute weltweit, sekündlich und milliardenfach nutzen, erst möglich gemacht. Mit ihrer Hilfe ließ sich elektrischer Strom in beliebiger Spannung und Stärke „aus Arbeitskraft" produzieren, wie Siemens schrieb – ohne den Einsatz permanenter Magnete. Die waren vor Einführung dieser Erfindung eine knappe Ressource und daher recht teuer.

Aus Siemens' neuer Maschine strömte jedoch Elektrizität, sobald die engen Drahtwicklungen in ihrem Innern um ihre Achse rotierten, angetrieben von einer Kurbel oder von Pedalen, von einer Dampfmaschine, einem Verbrennungsmotor, der Turbine eines Wasser- oder eines Atomkraftwerks. Oder von der Achse hinter den Flügeln der Windkraftanlagen, wie sie sich heute millionenfach überall auf der Welt drehen.

Der Generator, wie Siemens' Erfindung heute generell genannt wird, hat elektrische Energie in nahezu unbegrenztem Umfang nutzbar gemacht. Sie bringt Licht in die Dunkelheit, lässt Güterzüge und ICEs, U-Bahnen, Autos und Schiffe fahren, treibt Maschinen an, heizt Radiatoren, Herdplatten und Backöfen auf, lässt Computer rechnen und Bildschirme aufleuchten, schmilzt und verschweißt Metalle, generiert Bilder aus dem Innern des Körpers, überträgt Nachrichten, Texte, Fotos und Filme, speichert Musik, Daten und Tondokumente, steuert Raumschiffe in der Tiefe des Weltalls, zeichnet die Arbeit des Gehirns auf und hält Herzen im richtigen Rhythmus.

Zuvor war die Erde nachts ein ziemlich düsterer Ort. Wer lesen oder einfache Arbeiten verrichten wollte, konnte dies nur an mehr oder weniger windstillen Plätzen im flackerigen Dämmerschein von Kerzenleuchtern oder Petroleumlampen erledigen. Erst im 19. Jahrhundert kam Gaslicht in Gebrauch, das jedoch aus aufwändig verlegten, druckstabilen Röhrennetzen gespeist werden musste, einen giftigen Brennstoff nutzte und überaus feuergefährlich war. Es roch stechend und hinterließ schlechte Luft.

Wärme oder gar Hitze ließ sich nur durch Feuer erzeugen, Fortbewegung im Freien war nachts ein Risiko, auch bei Verwendung trüber Windlichter. Maschinenleistung gab es nur dort, wo Wind- oder Wasserkraft direkt nutzbar war oder wo sich später tonnenschwere, schnaufende, wasserdurstige, qualmende Dampfmaschinen aufstellen ließen.

Das alles hat sich innerhalb weniger Jahre durch den massenhaften Einsatz der Elektrizität geändert, die sich durch Siemens' Erfindung produzieren ließ. Für die immer neue Anwendungen entdeckt und zur Marktreife gebracht, weltweit verkauft wurden.

Die Wirtschaftsgeschichte spricht über diese Epoche als „die zweite industrielle Revolution" (nachdem die erste den umfassenden Einsatz der Dampfmaschine gebracht hatte). Dieser Veränderungsschub war jedoch nur eine der Auswirkungen des elektrischen Stromes, der innerhalb weniger Jahre vielerorts genutzt werden konnte. Er hat seither das Leben der Menschen, ihre Gesellschaftsformen, ihre Kultur, ihre Fortbewegung und Transportmöglichkeiten, ihre Kommunikation radikal gewandelt.

Und wesentliche Impulse für diese Entwicklungen wurden von deutschen Erfindern, Ingenieuren und Unternehmern in die Welt gebracht.

Das Naturphänomen der Elektrizität, seit Menschengedenken bekannt etwa durch Blitze, wurde ab Mitte des 18. Jahrhunderts erforscht und ab dem frühen 19. Jahrhundert in technisch nutzbare Apparaturen umgesetzt, etwa zur Telegrafie oder zum Galvanisieren, also zum Veredeln metallischer

Oberflächen. Doch hatten diese Anwendungen eine entscheidende Beschränkung: Die verwendete elektrische Energie, in aller Regel gewonnen und gespeichert durch elektrochemische Prozesse, war recht gering. Bei ihrer Fortleitung durch Drähte oder Kabel müssen natürliche Widerstände überwunden werden, was nur mit einer entsprechenden Spannung gelingt. Und diese ließ sich nur schwer erstellen.

Dies änderte sich schlagartig mit Werner Siemens' Erfindung aus dem Jahr 1866. Von nun an war die verfügbare elektrische Energie kaum geringer als die zu ihrer Erzeugung eingesetzte „Arbeitskraft", also etwa die Leistung der Dampfmaschine, die den Generator antrieb. Und mit höherer Spannung, erst recht in Form der nun ebenfalls leicht erzeugbaren Wechsel- und Drehströme, ließ sich die Energie auch viel weiter übertragen, auch an entfernteren Stellen nutzen. Bald schon in aller Welt und bis über die Grenzen unseres Sonnensystems hinaus.

Werner Siemens wurde 1816 als viertes Kind eines Gutspächters in Lenthe bei Hannover geboren. Die Familie ließe sich zum gehobenen Bildungsbürgertum zählen – zu den Vorfahren gehörten Ärzte, Juristen, Metallurgen. Doch da Werners Eltern 14 Kinder geboren wurden, waren ihre finanziellen Mittel knapp. Der Junge musste das Gymnasium vorzeitig ohne Abschluss verlassen, sein naturwissenschaftlich-technisches Talent ließ sich nur über eine militärische Ausbildung weiter fördern. Dafür setzte er sich ein: Obwohl kein preußischer Staatsbürger wurde Werner Siemens ins Offizierscorps der Artillerie aufgenommen und konnte ab 1835 drei Jahre lang an der Berliner Militärakademie Physik, Chemie und Mathematik studieren.

Als er im Jahr 1841 zu fünf Jahren Festungshaft verurteilt wurde, weil er beim gesetzlich verbotenen Duell eines befreundeten Offizierskollegen sekundiert hatte, konnte er in seiner Zelle experimentieren und entwickelte ein elektrisches Verfahren zum Versilbern und Vergolden metallischer Gegenstände. Werners jüngerem Bruder Wilhelm gelang es, diese Galvanisierungs-Methode in England patentieren zu lassen. Die Lizenzen brachten den Brüdern in den folgenden Jahren Einnahmen in Höhe von 30.000 Mark, was ihre finanziellen Nöte beseitigte. Außerdem wurde Werner nach wenigen Monaten begnadigt und aus der Festungshaft entlassen.

Im Schleswig-Holsteinischen Krieg gegen Dänemark unterstützten 1848 unter anderem preußische Truppen die Kieler Bürgerwehr. Dabei half eine weitere Siemens-Technologie, den Kieler Hafen gegen die feindliche Kriegsmarine zu verteidigen: elektrisch fernzündbare Seeminen. Den Bau und die Vermarktung einer zivilen Erfindung, des Zeigertelegrafen, hatte er zunächst dem Berliner Mechanikermeister Johann Georg Halske überlassen.

Schon 1847 hatten die Brüder Siemens zusammen mit Halske in Berlin eine Telegraphenbau-Anstalt etabliert. Finanziert wurde diese Firmengründung unter anderem von Siemens wohlhabendem Vetter, Vater des späteren Mitbegründers der Deutschen Bank, Georg Siemens. Nach fast 15 Jahren im Militärdienst verließ Werner Siemens im Sommer 1849 die preußische Armee.

Die Kooperation des forschenden Technik-Entwicklers Siemens mit dem handwerklich und organisatorisch begabten Halske erwies sich als ideale Kombination. Schon im Revolutionswinter 1848/49 wurde das Unternehmen schlagartig bekannt, weil es die Telegrafenleitung von Frankfurt nach Berlin gelegt hatte. Darüber wurden unter anderem die Abstimmungs-Ergebnisse des Paulskirchen-Parlaments übermittelt. So wusste der preußische König Friedrich-Wilhelm IV. Ende März 1849 schon eine Woche vor Eintreffen der „Kaiserdeputation" in Berlin, dass ihm die in Frankfurt tagenden Abgeordneten den Titel eines deutschen Staatsoberhaupts als erbliche Kaiserwürde antragen wollten. Der Monarch hatte also gründlich Zeit, seine Haltung zu diesem Angebot zu überdenken. Er lehnte ab, obwohl die Regierungen von 28 kleineren deutschen Staaten den Beschluss der in Frankfurt versammelten Demokraten unterstützten.

Auch Werner Siemens war in jener Zeit schon republikanisch gesinnt. Später gehörte er zu den Mitgründern der liberalen Deutschen Fortschrittspartei, für die er von 1863 bis 1866 ein Mandat im Preußischen Abgeordnetenhaus hielt.

Die technischen Grundlagen der Telegrafie beruhten auf Schwachstrom, also auf Spannungen von wenigen Volt. Mit Siemens' Erfindung des Generators erweiterte sich auch das Geschäftsfeld von Siemens & Halske ab 1866 auf Anwendungen mit Starkstrom, also mit Spannungen von mehreren hundert, schon bald etlichen tausend Volt – und damit deutlich: Maschinen, die damit angetrieben wurden, konnten industrielle Leistungen erbringen, Leuchtmittel erhellten ganze Areale; Heizspiralen und -drähte erhitzten große Mengen von Flüssigkeit oder ganze Räume. Zwar waren schon im Frühjahr 1867 konkurrierende Erfindungen aufgetaucht, etwa von dem englischen Physikprofessor Charles Wheatstone, doch erwies sich Siemens' Technik als die tauglichste. Überdies hatte er mit seinem Vortrag in der Berliner Akademie und der folgenden Veröffentlichung die „erste vollständige theoretische Begründung des Prinzips und die derselben vorhergegangene praktische Ausführung" geliefert, wie er in seinen Lebenserinnerungen schrieb. Dies brachte seinem

Unternehmen zwar Vorteile, die Belegschaft wuchs von 1867 bis 1889 auf das Elffache, auf 2125 Beschäftigte. Da jedoch das Patentrecht im noch nicht vereinigten Deutschland nur lückenhaften und ineffizienten Schutz bot, traten bald Wettbewerber auf den Plan.

Siemens' größter Konkurrent war Thomas Alva Edison. Der 31 Jahre jüngere Amerikaner war ein ähnliches Technik-Genie wie der deutsche Pionier: Ab Ende der 1860er-Jahre hatte er entscheidende Verfahren in die Telegrafie eingeführt, in den 1870ern den Phonographen und die Mikrofontechnik fürs Telefonieren erfunden. Auch experimentierte Edison mit Generatoren, anfangs weniger erfolgreich als der deutsche Wettbewerb. Ende der 1870er-Jahre gelang ihm jedoch eine Erfindung, die einen ähnlichen zivilisatorischen Durchbruch brachte wie Siemens' Generator: die Glühlampe.

Zwar hatte es schon zuvor starke elektrische Beleuchtungskörper gegeben: die so genannte Kohle-Bogenlampe, bei der ein stehender Funke die Luft zwischen zwei Kohle-Elektroden zum Glühen und damit zum Leuchten bringt. Allerdings verbrennen während des Betriebs auch die Elektroden und müssen regelmäßig nachjustiert, nach einiger Zeit auch ersetzt werden. Bogenlampen wurden vor allem in Leuchttürmen eingesetzt, ab 1881 erhellten sie aber auch den Platz vor der Börse in London, ab 1882 den Potsdamer Platz in Berlin und die Münchener Frauenkirche, ab 1886 den Newski Prospekt und das Winterpalais in Sankt Petersburg.

Doch Edisons Glühlampe erwies sich als die weitaus praktischere, kostengünstigere, vielseitigere, robustere Technik. Das „Beleuchtungssystem war bis in die Einzelheiten so genial erdacht und sachkundig durchgearbeitet, dass man meinte, es sei in unzähligen Städten jahrzehntelang erprobt gewesen", schrieb Emil Rathenau, wichtigster deutscher Lizenznehmer für das Patent, das Edison im Januar 1880 erhalten hatte. Rathenau suchte zu jener Zeit nach erfolgversprechenden Geschäftsmodellen. Der Unternehmer hatte die Glühlampentechnik auf der Pariser Weltausstellung im Jahr 1881 kennengelernt und für Deutschland sogleich die Anwendungs- und Vertriebsrechte für das „mit staunenswertem Verständnis und unvergleichlichem Genie durchgebildete" Konzept erworben.

Die Deutsche Edison Gesellschaft (DEG), 1882 in Berlin von Emil Rathenau gegründet, agierte zunächst nur als „Studiengesellschaft" und somit sehr vorsichtig. Denn Rathenau, 1838 als Sohn eines wohlhabenden jüdischen Kaufmanns in Berlin geboren, hatte zwar ein abgeschlossenes Ingenieursstudium und in den 1860er-Jahren mit einer Firma für den Bau mobiler Dampfmaschinen Erfolg gehabt. In der Wirtschaftskrise nach Gründung des Deutschen Reiches musste das Unternehmen jedoch im Jahr 1875 liquidiert werden. Rathenau hatte nur mit Mühe sein eingesetztes Kapital retten können. Nun sollte die DEG sorgsam sondieren, welche Produktionsverfahren die besten Renditen versprachen, wie sich Märkte für Groß- und Einzelabnehmer erschließen ließen.

Als erste Großbesteller erwiesen sich Bühnenspielstätten. Im Wiener Ringtheater hatten Gaslampen im Jahr 1881 zu einer Explosion geführt, in deren Folge 384 Menschen gestorben waren. Im Jahr 1882 gab es aus gleichen Gründen weltweit 47 Theaterbrände. Sowohl das Hoftheater in Stuttgart wie auch das National- und das Residenztheater in München bestellten daraufhin elektrische Beleuchtungen. Für das letztgenannte wurde eine Anlage mit 800 Glühbirnen konzipiert, versorgt von eigenen, dampfgetriebenen Generatoren.

Aber auch hier schlief die Konkurrenz nicht. Beim lokalen Wettbewerber Siemens war der Mitgründer Halske Ende des Jahres 1867 ausgeschieden, hatte sein Kapital jedoch zum größten Teil in der Firma gelassen, sodass diese flüssig blieb. Die drei Brüder Werner, Wilhelm und Carl Siemens führten fortan das Unternehmen gemeinsam. Mit der DEG in der Nachbarschaft gab es jedoch sofort Revierkämpfe. Für ihre Aufträge in den Theatern benötigte die DEG Generatoren, Kabel, Schaltanlagen und Sicherungskästen. Umgekehrt brauchte Siemens für eigene Beleuchtungsprojekte Glühlampen nach dem Edison-Patent.

Umfassende Verträge über gegenseitige Lieferverpflichtungen und Vermarktungsrechte wurden geschlossen. Das war besonders heikel, da die DEG noch nicht über eigene Fertigungsanlagen verfügte und auf Zulieferungen von Siemens & Halske angewiesen war. Die erste eigene Glühlampenfabrik konnte die DEG erst 1884 in Betrieb nehmen. Siemens & Halske stellte das Massenprodukt jedoch schon seit 1882 in einem eigenen Werk her. So gab es in den boomenden Märkten schnell und immer wieder Streit.

Für die Ausrüstung des Berliner Café Bauer mit elektrischem Licht hatte sich die DEG zum Beispiel entschlossen, ein eigenes Blockkraftwerk zu bauen. Das sollte auch angrenzende Ladengeschäfte, Wohn- und Bürohäuser sowie weitere Lokale an der Kreuzung von Friedrichstraße und Unter den Linden, damals die mondänste Ecke Berlins, mit Elektrizität versorgen. Doch der technische Umfang überforderte die noch wenig erfahrene DEG, sie musste auf die Hilfe von Siemens & Halske zurückgreifen. Die etablierte Firma zog sich jedoch vollständig auf die Rolle des Zulieferers, des Auftragnehmers zurück.

Dies belastete die junge, wenig kapitalkräftige DEG, denn für den Standort des Blockheizkraftwerks im Keller der Friedrichstraße 65 hatte sie das dortige Geschäftshaus erwerben müssen – eine teure Adresse. Obendrein waren in der noblen Geschäftslage auch Rauch-, Ruß- und Geräuschbelästigung so gering wie möglich zu halten. Kein geringer Aufwand, so lange kohlefressende Dampfmaschinen die Generatoren antrieben.

Weil es auch im Maschinenraum technische Probleme gab, musste Firmenchef Rathenau bei Probeläufen immer wieder eigenhändig kühlende Tücher auf die Achslager der Generatoren legen, um ein Festfressen der heiß gelaufenen Antriebe zu verhindern. Schließlich hing vom Funktionieren der Anlage das Renommée der gesamten jungen Elektroindustrie ab. Ein Scheitern vor so einflussreichem Publikum hätte die Technik generell in Verruf bringen, die weltweite Nachfrage empfindlich stören können.

So ging das Blockkraftwerk erst am Abend des 13. September 1884 in Betrieb, zwei Wochen nach dem vereinbarten Termin. Die an sein Netz angeschlossenen Lokale waren voll besetzt. Eine Stunde lang ging alles gut, doch dann musste der Oberingenieur der DEG von Tür zu Tür eilen, um zu verkünden, dass das schon seit geraumer Zeit flackernde Licht demnächst möglicherweise ganz ausgehen könne. Das beherzte Eingreifen des technischen Direktors, der auf einen Reserve-Generator umschaltete, konnte jedoch das Schlimmste verhindern.

Nach ihrem Erfolg mit dem ersten Blockkraftwerk beschloss die DEG, größere Anlagen zu installieren, die ganze Stadtviertel versorgen konnten. Nach 1884 gründete Emil

Rathenau die Städtische Elektrizitätswerke AG zu Berlin als Beteiligungsgesellschaft. Die baute schon 1885 ein erstes öffentliches Elektrizitätswerk. Ein zweites öffentliches E-Werk ging wenig später in der Nachbarschaft in Betrieb.

Mit zwölf Beschäftigten hatte die DEG 1883 ihren regulären Geschäftsbetrieb aufgenommen – und stolze 274.000 Mark Bruttogewinn erzielt. Schon 1885 hatte sich der Ertrag mehr als verdoppelt – auf knapp 640.000 Mark.

Beim direkten Wettbewerber Siemens & Halske blieb diese Entwicklung nicht unbeobachtet, zumal dort der Überschuss in demselben Zeitraum geringfügig zurückgegangen war. Daher gab es immer weiter Rangeleien um Liefertermine, Beteiligungen an Einzelgeschäften, Lizenzen usw. Im Jahr 1887 schlossen die beiden Konkurrenten dann einen neuen, umfassenden Kooperationsvertrag: Bei Kraftwerken mit einer Gesamtleistung unter 100 PS sollten beide Partner eigenständig arbeiten können. Bei größeren Anlagen sollte die später so benannte AEG als Generalunternehmer auftreten, Siemens & Halske als bevorzugten Zulieferer für alle elektrischen Anlagen beauftragen oder aber am Projekterlös beteiligen.

Diese Aufteilung entsprach ganz dem Naturell des Werner Siemens, der sich seit jeher eher als Forscher und Technologieentwickler verstand, weniger als chancensuchender, risikobewusster Gesamtunternehmer. „Lieferungen bilden den soliden Boden des dauernden Geschäfts, während Unternehmungen nur bei besonders günstigen Chancen ersprießlich sind," hatte er schon 1867 seinem Bruder Wilhelm geschrieben. „Ein Fabrikations- und Lieferungsgeschäft kann Generationen überdauern und das ist mehr mein Geschmack."

Auf Basis des Berliner Burgfriedens mit dem ärgsten Wettbewerber Siemens & Halske zündete der unternehmerisch ambitioniertere Emil Rathenau 1887 sogleich die nächste Entwicklungsstufe für seine Firma: Er machte sie unabhängig vom amerikanischen Lizenzgeber Edison und benannte sie um in Allgemeine Elektrizitätsgesellschaft (AEG). Außerdem erhöhte er deren Stammkapital, beteiligte seine Hausbanken mit jeweils zwei Millionen und den Berliner Konkurrenten mit einer Million Mark, damals stolze Summen. Werner Siemens zog in den Aufsichtsrat ein. Zugleich kaufte die AEG neue Fabriken und erweiterte ihr Geschäftsfeld, produzierte künftig Dampfmaschinen und Elektromotoren, Lokomotiven, Generatoren, Hebevorrichtungen, Pumpen, Gebläse und Installationsmaterial.

Mit dieser Dynamik konnte der vergleichsweise behäbige Familienkonzern der Siemens-Brüder nicht mithalten. Daher wurde der Kooperationsvertrag von 1887 schon im Jahr 1894 wieder aufgelöst. Bereits vor der Jahrhundertwende hatte die AEG höhere Umsatzzahlen als der vormalige Technologieführer Siemens & Halske.

Grund dafür waren zunächst die Vorteile, die eine elektrische Beleuchtung für private Nutzer bot: Sie war verlässlich, vergleichsweise sicher und weitgehend wartungsfrei; sie heizte die damit beleuchteten Räume nicht auf und war geruchsneutral. Dafür zahlte das solvente Bürgertum dann bereitwillig stolze Nutzungsentgelte: Ein einzelner Stromanschluss kostete Ende der 1880er-Jahre 250 Mark Grundgebühr pro Jahr, die Zählermiete betrug bis zu 40 Mark. Für jede Kilowattstunde Strom musste der Privatkunde 80 Pfennig bezahlen. Durchschnittlich verdiente ein deutscher Arbeitnehmer in jener Zeit rund 700 Mark im Jahr, der Stundenlohn eines Arbeiters im Elektrizitätswerk betrug 25 Pfennig.

Die Entwicklung elektrischer Straßen- und Eisenbahnen lief nach dem gleichen Muster wie das Geschäft mit den

E-Werken und der allgemeinen Stromversorgung: Siemens & Halske war der technische Pionier, hatte schon 1879 bei der Berliner Gewerbeausstellung mit einer elektrisch angetriebenen Kleinbahn einen großen Publikumserfolg erzielt und 1881 die erste funktionale Straßenbahn vorgestellt. Den Reibach machte jedoch die AEG, indem sie städtische Straßenbahnnetze auf eigene Kosten elektrifizierte und den Betrieb zunächst selbst übernahm, bis die jeweilige Stadtverwaltung von der Funktionalität und der Rentabilität der Investition überzeugt war. Dies gelang 1891 zum ersten Mal in Halle/Saale, wo die Städtischen Trams bis 1911 unter Regie der AEG liefen. Bis 1896 hatten die Ausrüster-Unternehmen nach diesem Modell der Eigenfinanzierung schon 34 Straßenbahnbetriebe in Betrieb oder im Bau. Im Jahr 1900 waren es weltweit 70 Verkehrsnetze mit 1475 Schienenkilometern und 2700 Motorwagen.

Einen ähnlichen Boom erlebten die elektrischen Fernbahnen. Nach bekanntem Muster gründete die AEG 1899 gemeinsam mit Siemens & Halske und einem Bankenkonsortium zunächst eine Studiengesellschaft für die Entwicklung dieses Geschäftszweigs. Auf der Bahnstrecke zwischen Marienfelde und Zossen im Süden Berlins stellte eine experimentelle Lokomotive im Jahr 1903 mit 210 Stundenkilometern den Geschwindigkeits-Weltrekord auf. Mit keinem anderen technischen Hilfsmittel waren Menschen jemals schneller vorangekommen. Im Jahr 1911 wurde in Sachsen-Anhalt zwischen Bitterfeld und Dessau die erste elektrische Bahnlinie Deutschlands in Betrieb genommen. Wenig später erhielt die AEG einen Großauftrag für die Lieferung elektrischer Lokomotiven.

Neben Emil Rathenau und Werner Siemens kam noch ein dritter deutscher Wegbereiter der Elektrotechnik zu Weltrang: Oskar von Miller, 1855 in München geboren, war der Sohn des Ersten Inspektors der Königlichen Erzgießerei und 1875 gemeinsam mit seinem Vater in den erblichen Adelsstand versetzt worden.

Miller hatte einen Abschluss als Bauingenieur und war 1881 bei einem Besuch der Pariser Weltausstellung ähnlich fasziniert von den dort präsentierten elektrischen Geräten wie Emil Rathenau. Im Jahr darauf organisierte er daher in seiner Heimatstadt die erste elektrotechnische Ausstellung in Deutschland, bei der unter anderem die Fassade der Frauenkirche nachts angeleuchtet wurde. Miller ließ es sich nicht nehmen, die zweite Hauptattraktion der Ausstellung selbst zu installieren: Von einem Dampfkraftwerk im 57 Kilometer entfernten Miesbach sollten 1,5 Kilowatt elektrische Leistung über zwei gewöhnliche Telegrafendrähte nach München geleitet werden. Im dortigen Glaspalast würde dann ein Elektromotor eine Pumpe antreiben, die Wasser über einen gut zwei Meter hohen, künstlichen Wasserfall rauschen lassen sollte.

Das Experiment gelang. Der künstliche Wasserfall wurde zum Publikumsmagneten für die „Internationale Elektricitäts-Ausstellung" und machte Miller zum Fachmann für die elektrische Energieübertragung über große Strecken.

Dank dieser Expertise konnte der Bayer in die Reichshauptstadt wechseln, wurde 1883 mit nur 28 Jahren technischer Direktor der DEG, gleichberechtigt neben Gründer Emil Rathenau. In Berlin baute er vor allem das Kraftwerksgeschäft erfolgreich aus, sorgte mit einem Starkstromnetz von 20 Kilometern Kabellänge für eine flächendeckende Versorgung auf fünf Quadratkilometern in der Innenstadt und kümmerte sich europaweit um den Bau von Zentralstationen, etwa in Madrid und Sevilla. Durch Millers Erfolge beim Netzaufbau konnte sein Arbeitgeber auch den Absatz von Glühlampen enorm steigern: von 90.000 Stück im Geschäftsjahr 1886 auf 300.000 im 18 Monate währenden Geschäftsjahr 1887/88 – eine Dynamik wie gut hundert Jahre später in der IT-Branche des kalifornischen Silicon Valley.

Doch verschliss sich der geniale Ingenieur im nicht immer sauber geführten Wettbewerb mit Siemens & Halske. Daneben verkantete er sich bei Konflikten im eigenen Vorstand. Als der Aufsichtsrat den Firmengründer Rathenau im Frühjahr 1889 zum Generaldirektor der AEG und damit zum alleinig Zeichnungsberechtigten machte, ohne Miller über diese Veränderung der Führungsstrukturen zu informieren, kündigte der 34-Jährige und schied zum Jahresende aus.

Als selbstständiger Ingenieur übernahm Miller nun die Leitung der Internationalen Elektrotechnischen Ausstellung in Frankfurt/M. Mit der Drehstrom-Technik, von der Schweizer Firma Oerlikon weiterentwickelt, wagte Miller dort eine größere Langstrecken-Energieübertragung als je zuvor: In Lauffen am Neckar trieb die Wasserkraft des Flusses einen großen Generator an. Dessen auf 15.000 Volt hochgespannter Drehstrom wurde über neu verlegte Kupferkabel 176 Kilometer weit bis nach Frankfurt/M. verschickt. Dort trieb ein ebenfalls neuer Drehstrommotor wie neun Jahre zuvor in München die Pumpe eines künstlichen Wasserfalls, obendrein 1000 Glühbirnen an.

Damit war bewiesen: Elektrizität lässt sich beliebig weit transportieren, kann überall verfügbar gemacht werden. Die „Vossische Zeitung" sah eine „That von epochemachender Bedeutung", die Zeitschrift „Die Gegenwart" prophezeite: „Sozial und wirthschaftlich wird die Elektrizität am Ende des 19. und im Anfang des 20. Jahrhunderts revolutionirend wirken."

Miller verfolgte dabei ein Konzept des „sozialen Stroms". Darunter verstand er zunächst eine überall verfügbare, möglichst einheitliche Versorgung mit Elektrizität, somit „Strom für alle". So konnte zum Beispiel die Stadt Heilbronn gleich nach Ende der Frankfurter Ausstellung den neckaraufwärts in Lauffen produzierten Strom übernehmen.

Die elektrische Energie sollte nach Millers Vorstellung aber auch einen sozialen Ausgleich schaffen, Handwerk und Kleingewerbe wieder wettbewerbsfähig machen gegenüber den großen Industriekonzernen, die durch die Elektrifizierung immer mächtiger wurden. Den 1891 gegründeten Schweizer Konzern Brown, Boveri & Cie. überredete Miller zum Beispiel, kleine Elektromotoren mit 1 PS Leistung für 560 Mark günstig anzubieten. Eine vergleichbare Dampfmaschine hätte die Kundschaft aus Handwerk und Mittelstand 1400 Mark gekostet.

In Millers bergiger, wasserreichen Heimat bot sich der Bau weiterer Wasserkraftwerke an. Das erste entstand gleich 1892 in Schöngeising an der Amper. Seine Generatoren versorgen noch heute die Kreisstadt Fürstenfeldbruck mit Elektrizität. Im Jahr 1895 baute Miller die Wasserkraft-Anlage eines Hammerwerks im oberpfälzischen Schwandorf um für den Antrieb von Generatoren. Da das Städtchen noch kein Leitungsnetz für eine häusliche Gasversorgung hatte, konnte Miller dort dann auch gleich das elektrische Kochen einführen. Im Jahr 1896 wurde die Großstadt Nürnberg nach Millers Konzepten elektrifiziert.

In den folgenden Jahren entstand dann unter Beteiligung der AEG, von Siemens & Halske sowie von kleineren Unternehmen wie Schuckert & Co. ein System für die flächendeckende Stromversorgung in ganz Deutschland. Daraus ging unter anderem das Bayernwerk hervor, das 1994 zunächst in der Vereinigten Industrieunternehmungen AG (Viag), dann im Strom-Oligopolisten E.on aufging. Für sein Engagement bei der Energieversorgung des Freistaates erhielt Miller einen Sitz im bayerischen Reichsrat, eine dem britischen Oberhaus nachempfundene Parlaments-Kammer mit ausschließlich adeligen Mitgliedern.

Nach dem Ersten Weltkrieg leitete Oskar von Miller den Bau des damals weltgrößten Speicherkraftwerks am bayerischen Walchensee. Bei den Friedensverhandlungen in Versailles war er als technischer Berater Teil der deutschen Delegation. Seit 1903 verfolgte er den Aufbau des Deutschen Museums, bis heute eine der weltweit wichtigsten und populärsten Sammlungen zur Technologiegeschichte. Zu Millers 70 Geburtstag im Jahr 1925 konnte der prunkvolle Bau auf einer Isar-Insel in der Münchener Innenstadt endlich eröffnet werden. Von 1922 bis 1933 war Miller Mitglied im Senat der international höchst angesehenen Kaiser-Wilhelm-Gesellschaft für Grundlagenforschung in den Naturwissenschaften. Er starb 1934 an einem Herzanfall in seinem geliebten Deutschen Museum.

Auch Werner Siemens engagierte sich beim Aufbau wissenschaftlicher Institutionen und für verbesserte Rahmenbedingungen der technischen Entwicklung. In den 1870er-Jahren wirkte er mit an dem Reichsgesetz für einen national einheitlichen, strengeren und effizienteren Patentschutz für deutsche Erfindungen. Gemeinsam mit dem universalgelehrten Hermann von Helmholtz gründete er 1887 die Physikalisch-Technische Reichsanstalt und stellte ihr ein Gelände in Berlin-Charlottenburg zur Verfügung. Die PTR wurde schnell zu einer allseits anerkannten Zentralbehörde für technische Standardisierung, aber auch zu einem Zentrum der Grundlagenforschung. Max Planck erarbeitete dort zum Beispiel die Fundamente seiner Quantenphysik. Und zu den Nachfolgern des Gründungsdirektors Helmholtz gehörte unter anderem Chemie-Nobelpreisträger Walther Nernst. Der hatte das Patent seiner effizienten, robusten Glühlampe, eine Weiterentwicklung von Edisons Erfindung, Ende des 19. Jahrhunderts an die AEG verkauft – was ihn zum reichen Mann machte.

Für seine Verdienste geadelt wurde Werner Siemens erst im Jahr 1888 von dem nur kurz regierenden, liberalen Kaiser Friedrich III. Dessen Vorgänger, der alte Wilhelm I., hatte Siemens dessen republikanische Grundhaltung im Revolutionsjahr 1848 und danach übelgenommen.

Werner von Siemens starb 1892, zwei Jahre, nachdem er die Leitung der Firma an seine Söhne Arnold und Wilhelm sowie an Bruder Carl übergeben hatte. Siemens & Halske stellte in jenem Jahr unter vielem anderen 1000 Generatoren her, beschäftigte 6500 Mitarbeitende und setzte fast 20 Millionen Mark um – ein international bedeutender Industriekonzern. Die neuen Geschäftsführer wandelten das Unternehmen zunächst in eine Kommanditgesellschaft, in der Werner als Kommanditist noch den größten Anteil an Kapital hielt. Daraus entstand 1897 dann eine Aktiengesellschaft.

Emil Rathenau musste als Jude auf deutsche Adelstitel verzichten und starb 1915 an den Folgen seiner Zuckerkrankheit. Die AEG setzte in jenen Jahren schon knapp eine halbe Milliarde Mark um. Nachfolger wurde sein Sohn Walther, der nach Millers Ausscheiden zunächst das Kraftwerkgeschäft der AEG geleitet und sich als Schriftsteller kritisch mit der „Mechanisierung der Welt" auseinandergesetzt hatte.

In der Weimarer Republik gehörte Walther Rathenau zu den Mitgründern der liberalen Deutschen Demokratischen Partei. Im Jahr 1921 wurde er zunächst Wiederaufbauminister, 1922 dann Außenminister. Im italienischen Rapallo schloss er mit der Sowjetunion einen vielgelobten Sonderfriedensvertrag, der das Deutsche Reich außenpolitisch agiler machte. Dennoch ermordeten Rechtsradikale Walther Rathenau im Juni 1922 mit einem sorgfältig geplanten Attentat auf offener Straße.

Thomas Alva Edisons vereinigte sein Unternehmen im Jahr 1892 mit dessen größtem Wettbewerber, der Thomson-Houston Electric Company. Daraus entstand General Electric, einer der größten Mischkonzerne der Welt, der neben Elektrotechnik auch Flugzeugtriebwerke und Medizintechnik herstellte. Nach Gründung des Dow-Jones-Index im Jahr 1896 war die Aktiengesellschaft dort 111 Jahre notiert. Sie spaltete sich 2021 in drei große Bereiche – Luftfahrt, Energie und Gesundheit – auf.

Um die Jahrhundertwende hatte es abermals Streit zwischen Siemens & Halske und der AEG um die Nutzung neuer Technologien bei der drahtlosen Nachrichtenübermittlung per elektromagnetischer „Funk"-Wellen gegeben. Auf Vermittlung – oder je nach Sichtweise: auf Geheiß – von Kaiser Wilhelm II. gründeten die beiden Wettbewerber daraufhin gemeinsam die Telefunken. Diese Gesellschaft für drahtlose Telegraphie mbH, seit 1941 alleinige Tochter der AEG, war ab 1923 die privatwirtschaftliche Säule beim Aufbau und bei der Verbreitung des Rundfunks in Deutschland. Sie entwickelte die nötige Sendetechnik und baute die noch heute imponierende Großfunkanlage in Nauen bei Berlin, mit der Radioprogramme weltweit empfangbar wurden.

Auf der Funkausstellung in Berlin präsentierte die Telefunken 1928 den weltweit ersten Prototypen eines Fernsehgerätes. In den 1930er-Jahren entwickelte das Unternehmen die Tonaufzeichnung auf Magnetband, in den 1960ern das bis heute eingesetzte PAL-System für Farbfernsehtechnik. Telefunken gehörte bis in die 1960er-Jahre zu den Weltmarktführern für Funkverkehr, Radartechnik, Unterhaltungselektronik, Radio- und Fernsehgeräte.

Zur Abwehr der internationalen Konkurrenz bei der Herstellung von Glühlampen schlossen sich Siemens & Halske und AEG im Jahr 1920 ein weiteres Mal zusammen, um die Berliner Osram zu übernehmen, damals einer der weltweit führenden Anbieter von Leuchtmitteln. Erst im Jahr 1976 gab die AEG ihre Anteile an Osram wieder ab.

Siemens & Halske änderte 1966 den Firmennamen in Siemens AG und ging an die Börse. Seither hat die Gesellschaft zahlreiche Tochterunternehmen ausgegliedert und abgespalten, darunter die Medizintechniksparte Healthineers, den Halbleiter-Hersteller Infineon, den Kraftwerksbereich Energy und auch Osram. Im Jahr 2022 erwirtschaftete die Siemens AG einen Umsatz von 72 Milliarden Euro und beschäftigte weltweit 311.000 Menschen. Sie zählt nach wir vor zu den größten Industrieunternehmen der Welt.

Ganz anders verlief die Entwicklung der AEG. Die hatte ihren Sitz 1967 nach Frankfurt/Main verlegt und eine so undurchsichtige Konzernstruktur, eine so umständliche Buchführung etabliert, dass schon bald kein Unternehmensbereich mehr Gewinn erwirtschaftete. Hinzu kam gründliches Missmanagement in allen Gebieten. Die Sparte der Kraftwerkstechnik wollte zum Beispiel Atomkraftwerke bauen, doch die hierfür favorisierte Technik der Siedewasserreaktoren konnte sich auf den Weltmärkten nicht durchsetzen. Allein am ersten kleinen Reaktor in Würgassen an der Weser gingen so hunderte von Millionen Euro verloren.

Im Jahr 1972 zahlte die AEG ihren Aktionären zum letzten Mal eine Dividende aus, in 1982 musste die Konzernleitung Vergleich anmelden. Zwar konnte eine Bürgschaft der Bundesrepublik in dreistelliger Millionenhöhe die unmittelbare Pleite abwenden, doch gingen zahlreiche Zulieferer Konkurs.

Drei Jahre später wurde die AEG komplett übernommen von der Daimler-Benz AG. Ziel des Daimler-Chefs Edzard Reuter war ein „Integrierter Technologiekonzern" mit Automobil- und Schienenfahrzeugproduktion, Kraftwerkstechnik, Computerei, Luft- und Raumfahrt.

Aber auch diese Strategie scheiterte. Anfang der 1990er-Jahre begann Daimler-Benz einen Ausverkauf aller Unternehmensteile aus der AEG-Übernahme und im Oktober 1996 wurde die Allgemeine Elektrizitäts-Gesellschaft, für über hundert Jahre ein Pionier und Schrittmacher der Elektrotechnik, endgültig aus dem Handelsregister gelöscht.

Liedgut, aus vollem Herzen zu singen

„Wo man singt, da lass dich ruhig nieder. Böse Menschen haben keine Lieder." Das Sprichwort, abgeleitet von Versen des Dichters Johann Gotthold Seume, gibt es nur im Deutschen. Seine Aussage, die eine Verbindung zwischen Gesang und Vertrauen, Vertrautheit und Integrität herstellt, mag das Motiv gewesen sein, mit dem ein einzelner deutscher Tondichter des Biedermeier und der Romantik 320 so genannte Volkslieder komponierte und als Direktor einer Akademischen Liedertafel für ihre Verbreitung sorgte. Etliche davon kamen zu Weltruhm, etwa die Vertonung von Heinrich Heines Gedicht „Loreley" oder Joseph von Eichendorffs „In einem kühlen Grunde". Ihre mehr oder weniger melancholische Stimmung gilt vielerorts als so typisch deutsch wie die Sepplhose oder die Autobahn.

Am 9. März 1961 erreichte Elvis Presley mit seinem Song „Wooden Heart" den ersten Platz der britischen Hitparade. Der Titel hielt diese Spitzenposition sechs Wochen lang. Von der Aufnahme wurden in der Folge in Großbritannien 500.000 Schallplatten verkauft; in Deutschland, wo das Lied nur Platz zwei der nationalen Hitparade erreichte, betrug die Auflage 400.000 Stück. Weltweit gingen weit über eine Million dieser Tonträger über die Ladentische. Hätten der Komponist des Liedes oder seine Nachkommen dies noch erlebt, sie hätten dank der Tantiemen nie wieder arbeiten müssen.

„Wooden Heart" war eine makkaronische, also in humoristischer Absicht zweisprachig gesungene Version des Abschiedslieds „Muss i denn (zum Städtele hinaus)", 1827 von Friedrich Silcher im zweiten Heft seiner „Volkslieder, gesammelt und für vier Männerstimmen gesetzt" mit schwäbischem Text veröffentlicht.

Die Aufnahme stammte aus dem Musikfilm „GI-Blues", deutscher Titel: „Café Europa". Der „King of Rock'n'Roll" adressierte in der Szene mit seinem Gesang eine mit Dirndl-Kostüm bekleidete Kasperlepuppe in amerikanischem Englisch und Deutsch, begleitet von einem schnulzigen Akkordeon in langsamem Polkarhythmus.

Der Volksliedsammler und -bearbeiter Friedrich Silcher hätte sich derlei gewiss verbeten. Der Komponist, von 1818 bis 1860 Musikdirektor der Eberhard-Karls-Universität Tübingen, hat sich zeitlebens „gegen triviale Harmonisierung und Verstümmelung", gegen Deutschtümelei und gegen kitschige Bearbeitungen seiner Werke wie bei Elvis Presley gewehrt. Leider ohne postume Wirkung.

Friedrich Silcher, im französischen Revolutionsjahr 1789 als Sohn eines Schulmeisters im schwäbischen Remstal geboren, hat unter den deutschen Kulturschaffenden eine Alleinstellung. Mit seinen 320 „Volks"liedern, darunter international bekannte Werke wie „Wenn alle Brünnlein fließen", „Ich hatt' einen Kameraden", „Der Mai ist gekommen", „Schlaf, Kindlein, schlaf!", das kirchliche Trauerlied „So nimm' denn meine Hände" und das Weihnachtslied „Alle Jahre wieder", hat er das Bild von Deutschland in den vergangenen 200 Jahren weltweit geprägt – in seiner Ästhetik wie in der daraus abgeleiteten musikalischen Praxis. Die Lieder gelten als „typisch deutsch" wie Bier, Brezeln und Bratwurst.

Dazu beigetragen hat auch „Das große Liederbuch" von 1975, das alle beliebten Silcher-Songs enthält. Außerdem wird dort auf 240 Seiten und mit 156 Aquarellen das Gänseliesel-Idyll eines romantischen Deutschlands ausgemalt, wie es selbst im vorindustriellen 19. Jahrhundert kaum anzufinden gewesen sein dürfte.

Der aufwändig ausgestattete und entsprechend teure Band erreicht mit fast 30 Auflagen auch heute, knapp 50 Jahre nach seiner Veröffentlichung, im Versandhandel vorderste Verkaufslistenplätze. Dieser Erfolg beruht auch auf den harmlos-niedlichen Illustrationen des Elsässers Tomi Ungerer. Sein Schweizer Verlag bewirbt das „Hausbuch für Kinder und Erwachsene" als „Klassiker" und liefert damit ein schönfärberisches Märchenbild von Deutschland, wie es wahrscheinlich nur Ausländer mit ähnlich kommerziellen Interessen wie Elvis Presley und sein berüchtigtes Management zeichnen können.

Friedrich Silchers Lebenswerk hat jedoch auch solche Attacken gegen den guten Geschmack überstanden, es ist bis heute weltweit populär: Noch in den 1980er-Jahren, so berichtet Silcher-Forscher Hermann Josef Dahmen, gehörte Silchers Vertonung von Heinrich Heines „Loreley"-Gedicht zum festen Bestand der japanischen Schulliederbücher und wurde „von jedem Japaner in der Übersetzung von Sakuhukondo auswendig gesungen". Heute singen Mangafiguren das Lied in japanischen Animationsfilmen auf Deutsch.

Auch jenseits solcher Popularitätsbeweise darf der schwäbische Musikdirektor als der erfolgreichste Liedkomponist aus dem deutschsprachigen Raum gelten. Seine Chor-Bearbeitungen von Franz Schuberts „Lindenbaum" („Am Brunnen vor dem Tore") oder Friedrich Glücks „In einem kühlen Grunde" (Text: Joseph von Eichendorff) brachten diese Kunstlieder bis heute ins Repertoire international bedeutender Solisten und Ensembles und machten sie zugleich zu echten Volksliedern. Und zumindest in seiner südwestdeutschen Heimat ist Friedrich Silcher noch immer und nahezu allgegenwärtig: Mehr als die Hälfte aller baden-württembergischen Gemeinden hat mindestens eine Straße, einen Platz oder sonstige Verkehrswege nach dem Tondichter benannt.

Friedrich Silcher war kein Idylliker und noch weniger ein Kitschier. Als er 1825 seine Arbeit mit „Volksliedern" begann, orientierte er sich an großen Vorbildern wie Achim von Arnim und Clemens Brentano, den Herausgebern der Sammlung „Des Knaben Wunderhorn", oder an Goethes Lehrer Johann Gottfried Herder. Der hatte seine im Jahr 1807 gedruckte Sammlung „Stimmen der Völker in Liedern" so eröffnet:

„Euch weih' ich die Stimme des Volks, der zerstreuten
Menschheit,

Ihren verhohlenen Schmerz, ihren verspotteten Gram;
Und die Klagen, die niemand hört, das ermattende Ächzen
Des Verstoßenen, des niemand im Schmuck sich erbarmt.
Lasst in die Herzen sie dringen, wie wahr das Herz sie
hervordrang."

Tatsächlich verfolgte Friedrich Silcher mit seiner Arbeit an Volksliedern Ziele der so genannten Herzensbildung. Dabei orientierte er sich zum einen an den Methoden und Idealen des schweizer „Reformpädagogen" Johann Heinrich Pestalozzi (s. S. 180 f.), zum anderen an den demokratischen Reformbewegungen seiner Zeit. Als 1829 das Verbot studentischer Vereinigungen im Königreich Württemberg aufgehoben wurde, gründete er in Tübingen sofort eine „Akademische Liedertafel", die unter seiner Führung zunächst eine Institution an der Tübinger Universität, bald auch eine landesweit bekannte und hoch geschätzte Musikformation wurde. Rund

30 Sänger trafen sich regelmäßig und ungeachtet gesellschaftlicher Rangunterschiede, um unter Silchers Anleitung neue Lieder zu lernen und den Satzgesang zu proben; die Studenten wie die beruflich bereits etablierten „Ehrenmitglieder" waren demokratisch gesonnen.

In seiner musikpädagogischen Arbeit an der Universität hatte Friedrich Silcher erlebt und erfahren, dass das vielstimmige Singen eine besonderes Gemeinschaftserlebnis schafft – woraus dann nach seiner Auffassung eine neue Form der Humanität entstehen kann. Er schuf das Liedgut für eine neue, bürgerliche Gesellschaft, sammelte tradierte Lieder, um diese musikalisch neu zu frisieren und sie so einem neuen, demokratisch orientierten „Volk" zurückzugeben.

Dabei bearbeitete er nicht nur die Melodien, um sie für mehrstimmige Chöre besser singbar zu machen. Er komponierte auch komplett neue Tonfolgen für die Verse bekannter Dichter wie etwa bei Heinrich Heines „Loreley". Für das bereits erwähnte „Muss i denn" griff er umgekehrt auf eine altbekannte Melodie aus seinem heimischen Remstal zurück und ließ den Stuttgarter Gelegenheitsdichter Heinrich Wagner zusätzliche Textstrophen schreiben.

Silchers Position eines Musikdirektors an der Universität Tübingen war zu jener Zeit weniger eine akademische Verpflichtung als eine praktische. Zwar hat der Komponist nebenher auch musikwissenschaftlich gearbeitet, seine Hauptaufgabe war jedoch die Live-Musik – mit seiner Akademischen Liedertafel, aber auch durch Instrumentalunterricht und entsprechende Aufführungen, mit der Organisation von Gastspielen. Neben seiner Chorarbeit und den Lied-Bearbeitungen komponierte er Orchesterwerke, Kammermusiken und Motetten.

In Tübingen war Friedrich Silcher bei Studierenden beliebt und bei Kulturschaffenden hoch geachtet. In seinem Haus verkehrten Prominente wie die Dichter Ludwig Uhland und Heinrich Hoffmann von Fallersleben. Zu seinen Schülern gehörten Eduard Mörike und Wilhelm Hauff, der Autor beliebter Kunstmärchen wie „Kalif Storch", „Zwerg Nase" und „Das kalte Herz". Die Universität Tübingen verlieh Silcher 1852 die Ehrendoktorwürde und errichtete nach seinem Tod einen Obelisken als Denkmal für ihn an der Rückseite ihrer Neuen Aula. Bei seinem Ausscheiden aus dem Amt des Musikdirektors im Jahr 1860 erhielt er vom württembergischen König das Ritterkreuz des Friedrichsordens unter anderem „in Anerkennung (...) seiner allgemeinen Verdienste um die musikalische Seite der Volksbildung".

War Friedrich Silcher damals nicht schon durch sein Gesamtwerk weltberühmt, so wurde er es 1932 durch das Berliner Vokalensemble Comedian Harmonists, das seine ebenso kunst- wie gefühlvolle Bearbeitung von „In einem kühlen Grunde" für ein internationales Schallplattenlabel einspielte. Seither haben auch die King's Singers, der Tenor Richard Tauber, die Fischer-Chöre, die Schlagersänger Freddy Quinn und Max Raabe sowie der Volkssänger Hannes Wader eigene Versionen auf Tonträgern veröffentlicht – insgesamt in Millionenauflage.

Während der NS-Herrschaft wurde Friedrich Silcher als „ur-deutscher Tondichter" vergöttert. Der Tübinger Kreisleiter der NS-Partei, privat ein begeisterter Chorsänger und stellvertretender Vorsitzender des Schwäbischen Sängerbundes, ließ zu Silchers 150. Geburtstag im Juni 1939 eine zweitägige Feier veranstalten und auf der Tübinger Neckarinsel ein 5,7 Meter hohes, damit ziemlich monumentales Silcher-Denkmal aus Sandstein errichten – inklusive einer Brunnenschale, überlebensgroßen Soldaten- und Puttenfiguren sowie einer „Thingstätte zu Ehren des deutschen Sängertums".

Obwohl eine Verordnung der alliierten Siegermächte nach Ende des Zweiten Weltkriegs vorschrieb, derartige NS-Kunst aus dem öffentlichen Raum zu entfernen, blieb das Silcher-Denkmal bis heute erhalten. Im Januar 2020 widmeten Tübinger Bürger und Chöre unter Anleitung einer Züricher Künstlergruppe das Ensemble um in ein „antifaschistisches Mahnmal". Eine Texttafel erläutert seither die Zusammenhänge von dessen Entstehung und korrigiert die nationalsozialistisch-idealisierten Darstellungen.

Mobilität:
Die Menschen in Fahrt bringen

Zu kaum einem zivilisatorischen Element haben Deutsche so viel beigetragen wie zur Automobilität. Zwar weiß niemand, wo, wann und von wem das Rad erfunden worden ist, das für diesen Zweck zweifelsfrei wichtigste technische Accessoire. Doch war es nach gegenwärtiger Quellenlage ein Deutscher, der zum ersten Mal schnell und wendig auf zwei Rädern unterwegs war. Der Verbrennungsmotor wurde in verschiedenen Ausführungen hierzulande entwickelt und als Antrieb eingesetzt; bei der Erfindung und Einführung der Automobilität gab es in Südwestdeutschland einen eigentümlichen Wettstreit, bei dem sich die Kontrahenten nie begegnet sind. Und der entscheidende Einsatz für die Popularisierung dieser Fortbewegungsart kam von einer an dieser Stelle vollauf emanzipierten Frau.

Am 12. Juli 1817 gelang in der badischen Residenzstadt Mannheim ein Sprung in die Zukunft: Wollten sich Menschen in der Zeit davor zu Lande schneller, weiter und ausdauernder fortbewegen als es ihre Kondition und Konstitution erlaubten, so mussten sie dafür Nutztiere einsetzen. Das änderte sich schlagartig, als der vom Dienst freigestellte Forstmeister Karl Freiherr von Drais an jenem sommerlichen Samstag seine neueste Erfindung vorstellte: eine „Fahrmaschine", die ihn „ohne Pferd von Mannheim bis an das Schwetzinger Relaishaus und wieder zurück, also vier Stunden Wegs in einer Stunde Zeit" brachte, wie das Badische Wochenblatt wenig später staunend berichtete.

Drais wiederholte die spektakuläre Aktion gut zwei Wochen später, indem er mit dem selben Gerät „den steilen, zwei Stunden betragenden Gebirgsweg von Gernsbach" nach Baden-Baden „in ungefähr einer Stunde zurückgelegt und auch hier mehrere Kunstliebhaber von der großen Schnelligkeit dieser sehr interessanten Fahrmaschine überzeugt hat", so die Zeitung weiter.

Damit war ein neues Zeitalter angebrochen: das einer autonomen, bald schier grenzenlosen Beweglichkeit. Gut siebzig Jahre später kam mit der beginnenden Luftfahrt noch die dritte Dimension für gezielte Fortbewegung hinzu (s. S. 196 ff.). Heute können Menschen sogar ihren biologischen Lebensraum, die Erde, verlassen, zu anderen Himmelskörpern reisen.

Die Fahrmaschine des Freiherrn von Drais war sensationell in ihrer Wirkung. Ihr Konzept war indessen so einfach, dass man sich aus heutiger Sicht fragen muss, warum noch niemand zuvor die Idee umgesetzt hatte: Zwei hintereinander montierte Holzräder, verbunden durch einen hölzernen Rahmen, transportieren den rittlings zwischen den Rädern platzierten Passagier wie die heutigen Laufräder für Kinder. Seinen Vortrieb gewann das Gefährt auf die nämliche Weise: Der Fahrer stieß sich mit den Füßen am Boden ab und glitt auf seinem Zweirad bald schneller und beständiger dahin als dies ohne den Untersatz je möglich gewesen wäre. Seinen Kurs bestimmte er, indem er das vordere Rad mit Hilfe einer Deichsel in der vertikalen Ebene schwenkte.

Der Erfinder, 1785 als Kind eines der obersten Richter im Großherzogtum Baden geboren, war ein eifriger Tüftler, ein „bekannter Schnell- und Scharfdenker", wie ihn später ein lithografiertes Porträt titulierte. Eine Notenschreibmaschine hatte er bereits entwickelt und Vorschläge „zur Verbesserung

der Feuerlöschanstalten" gemacht. Für den staatlichen Forst-
dienst, bei dem er eine dreijährige Ausbildung durchlaufen
hatte, taugte er jedoch nicht, wie ein Gutachter feststellte,
der Drais' Bewerbung um eine Forstmeisterstelle zu bewerten
hatte: „Seine vielen Eigenheiten und der genialische Schwung
seiner Ideen werden es ihm immer schwer machen, den einfachen, schlichten Ton zu finden, ohne welchen der Forstbe-
amte sich mit dem Bauer und Landbewohner nicht verstehen
kann", so die schriftliche Beurteilung. Gleichwohl erhielt
Drais entsprechende Bezüge. Schließlich war er der Sohn
eines der obersten und verdienstvollsten Beamten im Staat.

Auch sonst lernte der junge Freiherr nicht so recht, auf
eigenen Füßen zu stehen. Seine „Schnelllaufmaschine" wurde
zwar zunächst in Baden, dann auch in Frankreich, in Großbritannien und sogar in den USA patentiert, doch der schrullige
Adelige, der ab 1818 den Titel eines Mechanik-Professors
tragen durfte, konnte daraus kein Geschäft aufbauen. Anfangs
hatte er das Gerät selber für 44 Gulden angeboten, doch die
„Velocipede", wie die Laufräder im Ausland hießen, wurden
bald überall von fremden Herstellern gebaut, die das Schutzrecht übergingen. Und natürlich fehlte es dem auf sich allein
gestellten Erfinder an Mitteln und Möglichkeiten, sich die
fälligen Lizenzzahlungen auf juristischem Weg zu beschaffen.
Karl von Drais wurde zum Sonderling und zum Gespött, starb
1851 verwahrlost und vereinsamt in Karlsruhe.

Seine Erfindung wurde jedoch weiterentwickelt zum Fahr-
rad, das bis heute einen bedeutenden Beitrag zur menschlichen
Fortbewegung auf dem gesamten Globus leistet.

Der nächste Entwicklungsschub der motorisierten Mobilität kam aus Großbritannien: Zwar wurde die Eisenbahn
auf der knapp 15 Kilometer langen Strecke zwischen den

Kohlezechen bei Shildon und der Hafenstadt Stockton im Nordosten Englands bei der Eröffnung 1825 noch meist von Pferden gezogen. Doch der Ingenieur George Stephenson hatte bereits eine dampfgetriebene Lokomotive beigesteuert. Mit Stephensons weit verbessertem Modell „Rocket", vier Jahre später in Betrieb genommen, war dann der Grundstein gelegt für eine erste maschinelle Antriebstechnik dieses bis heute zentralen Güter- und Personenverkehrsmittel in aller Welt.

Sechzig Jahre später wurde die motorisierte Mobilität zu einer individuellen Angelegenheit. Geschafft haben das zwei südwestdeutsche Maschinenbau-Unternehmer – sowie eine mutige, technisch engagierte und geschäftstüchtige Frau.

Carl Benz, 1844 als Kind einer Magd unehelich in Karlsruhe geboren, hatte vier Jahre am dortigen Polytechnikum studiert. Für die Diplomprüfung zum Ingenieur fehlten dem 20-jährigen jedoch die Mittel. Immerhin konnte er 1872 vorteilhaft heiraten: Bertha Ringer war die Tochter eines wohlhabenden Zimmerers und Immobilienentwicklers im nordbadischen Pforzheim. Bereits im Jahr zuvor hatte seine Braut ihre beträchtliche Mitgift in die Maschinenfabrik eingebracht, die Benz mit einem Partner in Mannheim gründete.

Dort pfriemelte und frickelte Carl Benz an technischen Details, im Geschäftlichen versagte er jedoch völlig. Das Unternehmen ging schon 1877 pleite. Das gesamte technische Inventar wurde versteigert, das Mobiliar der Familie verpfändet. Dennoch hielt Bertha zu ihrem Ehemann, auch als er 1883 die nächste Firma verließ, die seine Erfindungen weiterentwickelt und vermarktet hatte, darunter ein benzingetriebener Zweitaktmotor. Das Herzensanliegen von Carl Benz, die Maschine als Antrieb für ein Fahrzeug einzusetzen, war den übrigen Miteignern zu aufwändig. Und suspekt.

Erst die dritte Firmengründung reüssierte. Die Benz & Cie. produzierte und verkaufte genug stationäre Verbrennungsmotoren, sodass sich Carl Benz seinem wichtigsten Projekt widmen konnte. Und tatsächlich knatterte im Jahr 1885 ein dreirädiger „Motorwagen" über das Mannheimer Kopfsteinpflaster, angetrieben von einem Viertakt-Benzinmotor mit 0,75 PS. Am 29. Januar 1886 meldete Benz die Konstruktion eines lenkbaren Fahrzeugs zum Patent an, bei dem eine Verbrennungsmaschine als Antrieb diente und fest mit dem Chassis verbundenen war.

Aber niemand wollte die „Kutsche ohne Pferde" kaufen. So entschloss sich Bertha Benz zu einer heroischen Werbemaßnahme: Zusammen mit ihren Söhnen Eugen, 15 Jahre alt, und dem 13-jährigen Richard brach sie an einem frühen Morgen Anfang August 1888 mit dem dritten, immer weiter verbesserten Prototypen des „Motorwagens" auf zu einer Fernfahrt von Mannheim in ihre Heimatstadt Pforzheim. Dort sollte sie als Patentante eine neugeborene Nichte taufen.

Vor den Dreien lag eine Strecke von über 100 Kilometern, ein unvergleichliches Abenteuer. Noch niemand war jemals zuvor in einer Etappe so weit über Land gereist ohne Zug- oder Reittiere, ohne die leitenden und schützenden Schienen einer Eisenbahn. Obendrein war das Ganze verboten: Die Mannheimer Polizei hatte die Maximalgeschwindigkeit des Motorwagens auf sechs Stundenkilometer und die gesamte Betriebserlaubnis auf einen Radius von zwanzig Kilometern beschränkt. Bei Probefahrten hatten explosive Fehlzündungen der Maschine die Pferde anderer Verkehrsteilnehmer verschreckt und Fuhrwerke umkippen lassen. Doch Mutter Benz und ihre Söhne mussten vor Einbruch der Dunkelheit am Ziel sein, das Fahrzeug hatte keine Lichtanlage. So ließen sie das erlaubte Einsatzgebiet bereits nach einer Stunde hinter sich, obwohl das mittige Vorderrad des Motorwagens im unbenutzten Grünstreifen zwischen den Fahrspuren der Landstraßen bei diesem Tempo gehörig holperte.

Da es noch keine Tankstellen gab, füllte die Fahrerin den Treibstoffvorrat bei der Stadt-Apotheke im kurpfälzischen Wiesloch mit Ligroin auf, das damals als Fleckentferner unter dem volkstümlichen Namen „Waschbenzin" verkauft wurde. Und es kam zu Pannen: Die hölzernen Bremsblöcke verschlissen auf den Gefällstrecken. Also ließ Bertha Benz unterwegs einen Schuster grobes Sohlenleder als Belag auf das Holz nageln. Das hielt. Dann schmorte das Zündkabel durch. Madame Benz wickelte ihr Strumpfband als Isolator um den Kupferdraht. Als die Kraftstoffleitung verstopfte, reinigte sie Bertha Benz mit ihrer langen Hutnadel.

Den steilen Anstieg in die Schwarzwaldstadt Pforzheim schaffte der Motorwagen nicht allein. Die Söhne und ein paar angeheuerte Bauernbuben mussten schieben. Dennoch erreichten die Benzens kurz vor völliger Dunkelheit ihr Ziel. „Glücklich angekommen" telegrafierte Bertha Benz ihrem Mann noch am Abend. Der entwickelte sofort nach Berthas Rückkehr eine „Berg-Übersetzung" für den Antrieb, mit dem das Gefährt künftig auch stärkere Steigungen bewältigen konnte.

In den nächsten Tagen konzentrierte sich Bertha Benz auf das, was man heute Öffentlichkeitsarbeit nennen würde: Sie ließ alle Verwandten ihrer weit verzweigten Familie mit dem Motorwagen in Pforzheim und Umgebung umherfahren, sodass möglichst viele Menschen das neue Gerät, die neue Technik sahen, von der neuen Fortbewegungsart erfuhren. Tatsächlich erschien ein enthusiastischer Beitrag in der „Badischen Landeszeitung". Und am Sonntag, 5. August 1888, taufte Bertha Benz ihre Nichte Thekla als Patin. Auf der Rückfahrt nach Mannheim, diesmal auf einer kürzeren und weniger strapaziösen Route, mischte der geräuschvolle „Motorwagen" im Örtchen Bretten nochmal einen ganzen Viehmarkt auf.

Im September 1888 präsentierte Carl Benz seine weiter verbesserte Erfindung auf der „Kraft- und Arbeitsmaschinenausstellung" in München. Bei bestem Wetter kurvte der Maschinenbauer durch die belebte Innenstadt. Die Presse berichtete begeistert: „Die Bewunderung sämtlicher Passanten, welche sich momentan über das ihnen gebotene Bild kaum zu fassen vermochten, war ebenso allgemein als groß." Am Ende der Messe erhielt Carl Benz sogar eine Goldmedaille für den Motorwagen, die höchste Auszeichnung. Dennoch ging in Mannheim keine einzige Bestellung ein.

Ähnlich triumphal in der öffentlichen Wirkung, aber wirtschaftlich genauso erfolglos blieb die Teilnahme von Benz & Cie. an der Weltausstellung in Paris im Mai 1889. Hier stellte auch ein Konkurrent aus dem schwäbischen Cannstatt, der erfahrene Maschinenbauer Gottlieb Daimler, sein „Motor-Quadricycle" aus, vereinfacht „Stahlradwagen" genannt. Der Württemberger hatte unabhängig von Benz ebenfalls ein Automobil entwickelt, das von einem Benzinmotor angetrieben wurde. Daimlers Modell hatte sogar vier Räder: Seine Einzylinder-Maschine, als stationäres Aggregat und als Bootsantrieb dutzendfach bewährt, übertrug ihre Leistung auf die Hinterachse einer umgebauten Kutsche.

Gottlieb Daimler, 1834 im schwäbischen Schorndorf geboren und dort zum Büchsenmacher ausgebildet, arbeitete mit dem zwölf Jahre jüngeren, genialen Konstrukteur Wilhelm

Maybach zusammen, der als Waisenkind in Stuttgart und Reutlingen aufgewachsen war. Gemeinsam hatten sie bei der Gasmotorenfabrik Deutz eine Erfindung des Ingenieurs Nikolaus Otto zur Serienreife entwickelt, den Viertaktmotor. Durch technische Verbesserungen, etwa an der Zündung und beim Einsatz von Benzin als Treibstoff, konnten sie hierfür eigene Patente anmelden, nach ihrem Fortgang aus Deutz eigene Maschinen entwerfen und bauen.

Daimler und Maybach hatten die Latte hoch gelegt: Sie wollten ihre Maschinen einsetzen für eine Mobilität zu Wasser, zu Lande und sogar in der Luft. Der dreizackige Stern, eines der bekanntesten Markenzeichen der Welt, symbolisiert bis heute diese Ambition. Im Jahr 1885 bauten die beiden ihren leichten, dennoch leistungsstarken Einzylinder-Motor zunächst in ein zweirädriges Holzgestell ein, ähnlich konstruiert wie das Laufrad des Freiherrn von Drais, und nannten das Gefährt „Reitwagen". Doch weder dieses erste Motorrad noch ihr „Stahlradwagen" fanden Käufer.

Seinen kommerziellen Durchbruch erlebte das Automobil erst 1893 durch einen weiteren geschickten Einsatz der Bertha Benz. Ihr Mann hatte inzwischen die so genannte Achsschenkel-Lenkung erfunden, eine bis heute verwendete Technik zum synchronen und platzsparenden Einschlagen der Vorderräder. Damit konnte auch Benz vierrädrige Automodelle konstruieren: Das kleinere „Velociped" für 2000 Mark, die größere, üppig ausgestattete „Victoria" für 4.500 Mark.

Für die „Victoria" interessierte sich ein böhmischer Textilfabrikant, Theodor Baron von Liebig. Der junge Kunde kam unangemeldet nach Mannheim, ungelegen für Carl Benz, der den exzentrisch gekleideten Lebemann gleich wieder fortschicken wollte. Doch Bertha kümmerte sich um den seltenen

Kaufinteressenten, der von Berichten über ihre Fernfahrt nach Pforzheim angezogen und überzeugt worden war – und nahm wenig später eine vierstellige Baranzahlung entgegen.

Mit seiner 1894 ausgelieferten „Victoria" unternahm der Baron eine tollkühne „Dreiländerfahrt vom Böhmerland zum Moselstrand", wie er formulierte. Das rund 2000 Kilometer lange Abenteuer brachte auch die Produktionsfirma des Autos in die Schlagzeilen – und den geschäftlichen Durchbruch für Benz & Cie. Die Aristokratie und die neureichen Industriellen des Kaiserreiches begeisterten sich für motorisiertes Fortkommen und bestellten im großen Stil. Schon im Jahr 1903 nahm Kaiser Wilhelm II. in Berlin eine Parade von dreihundert Kraftfahrzeugen im Privatbesitz ab; für den persönlichen Bedarf der Majestät stand damals ein Sortiment von 20 verschiedenen Wagen bereit. Der Kaisersohn Prinz Heinrich machte als Rennfahrer Furore.

In Cannstatt kam der geschäftliche Erfolg etwas später, aber auch hier über eine besonders solvente, extravagante Klientel: Der österreichische Geschäftsmann, Spekulant, Diplomat und Autonarr Emil Jellinek machte im März 1899 auf der Automobilwoche in Nizza mächtig Eindruck mit einem vierzylindrigen „Phoenix"-Modell der Daimler-Motorengesellschaft (DMG). Zwei Jahre später gelang mit drei nach Jellineks Vorstellungen konstruierten Daimler-Rennwagen ein Triple-Sieg bei mehreren Wettbewerben an der Cote d'Azur. Jellinek hatte die Autos, inzwischen 35 PS stark, unter dem Namen seiner Tochter Mercedes angemeldet.

Nach diesen Triumphen bestellte Frankreichs Hautevolee über Jellinek großzügig Daimler-Automobile. Der Tausendsassa hatte die Firma nicht nur in den gerade aufblühenden Motorsport eingeführt, er hatte sich auch einen Sitz in ihrem Aufsichtsrat gesichert sowie den Alleinvertrieb in seinem Heimatland Österreich-Ungarn, in Belgien, Frankreich und den USA übernommen. Für sich selbst erstand er in den zehn Jahren seiner Tätigkeit für das Unternehmen 36 Autos.

Im Jahr 1903 erhielt die DMG ein Schutzrecht auf den Markennamen Mercedes. Den tragen noch heute die Pkw aus dem heute in Stuttgart angesiedelten Automobilkonzern, der im Jahr 1926 aus der Fusion der bis dahin unabhängigen Firmen Daimler und Benz entstanden ist. Deren Gründer, die beiden Namensgeber, sind sich nie begegnet.

Zeitgleich mit der ersten Blüte der Kraftfahrzeugproduktion gelangen deutschen Technikern auch abseits der Markenhersteller entscheidende Fortschritte zur Automobilität. Rudolf Diesel, 1875 als Sohn eines Lederwaren-Herstellers geboren und in allen Stufen seiner Ingenieurs-Ausbildung mindestens Jahrgangsbester, entwickelte zwischen 1893 und 1897 bei der Maschinenfabrik Augsburg den nach ihm benannten Verbrennungsmotor, der seinen Treibstoff mit Hilfe von stark komprimierter und deshalb glühend heißer Luft selbst zündet. Dieselmotoren wurden zu Beginn mit Rohöl betrieben; heute laufen sie mit einem eigens hierfür hergestellten, leichter flüchtigen Raffinat, in langsam drehenden Schiffsaggregaten auch mit Schweröl.

Dieselmotore haben bis heute den höchsten Wirkungsgrad aller Verbrennungsmaschinen. Das heißt: Sie erzeugen aus der gleichen Treibstoffmenge die größte Leistung. Das machte sie über Jahrzehnte zum idealen Antrieb für schwere Fahrzeuge, die über lange Strecken gleichmäßig fahren, etwa Lokomotiven, Schiffe oder Lastkraftwagen. Auch in Pkw waren die Selbstzünder sehr beliebt, bis ihr Ausstoß an Stickoxiden und Feinstaub einen massenhaften Einsatz in Städten problematisch werden ließ.

In den späten 1930er-Jahren begann der auf Hitlers Wunsch eingedeutschte Ferdinand Porsche mit dem Aufbau des größten europäischen Automobilwerks nahe dem niedersächsischen Fallersleben, heute Wolfsburg. Dort sollte der „Volkswagen" produziert werden, für einen Verkaufspreis von 990 Reichsmark als Massenmobilmacher der Deutschen gedacht.

Porsche, 1875 im damals österreichisch-ungarischen Böhmen geboren, war einer der talentiertesten und ambitioniertesten Automobilkonstrukteure. Noch vor der Jahrhundertwende hatte er elektrische Radnaben-Motoren erfunden, bis heute ein Konstruktionselement besonders sportlicher E-Mobile. Im Jahr 1908 hatte er damit einen allradgetriebenen Rennwagen gebaut. In den 1920er-Jahren gehörte er zum Vorstand der Daimler-Motorengesellschaft und hatte bei Henry Ford in den USA die Fließbandproduktion und andere Rationalisierungsmaßnahmen zur effizienten Massenherstellung studiert.

Im Zweiten Weltkrieg kam es indes nie zur Massenproduktion von Volkswagen, für die Millionen deutscher Käufer allmonatlich brav zehn Mark als Kaufpreisrate anzahlten. Stattdessen wurde das technische Konzept für eine militärische Nutzung umgewandelt zu besser geländegängigen „Kübelwagen", die dann in Wolfsburg vom Band liefen. Später wurden dort auch Tellerminen und Panzerfäuste sowie die „Vergeltungswaffe" V1 montiert, eine Drohne mit Strahltriebwerk (s. S. 206) zum Transport einzelner Bomben in entfernte Ziele. Teilweise waren bis zu 20.000 Kriegsgefangene, Zwangsarbeiter und vor allem weibliche KZ-Häftlinge in Ferdinand Porsches Werk beschäftigt.

Die Produktion des Volkswagens begann in Wolfsburg kurz nach Kriegsende und blieb dort bis 1972. Insgesamt wurde das Modell, wegen seiner schrulligen Karosserieform umgangssprachlich als „Käfer" tituliert und in der Zwischenzeit vielfach verbessert, bis zum Jahr 2004 produziert. Mit über 20 Millionen Stück nimmt es auf der Weltrangliste der meistverkauften Pkw Platz drei ein (nach dem VW Golf und dem Toyota Corolla). Die Volkswagen AG war jahrelang der weltgrößte Automobilproduzent, gehört mit 675.000 Beschäftigten auch heute noch zu den drei größten Herstellern.

Ferdinand Porsche hatte sich schon vor Kriegsende nach Österreich abgesetzt. Die französischen Besatzer nahmen ihn für 22 Monate in Kriegsgefangenschaft, ein französisches Gericht sprach ihn jedoch von den ihm vorgeworfenen Kriegsverbrechen frei. Von den Lizenzzahlungen, die das Volkswagenwerk in Wolfsburg für Porsches Patente leistete, baute er in Stuttgart die nach ihm benannte Sportwagenfirma auf. Er starb im Januar 1951. Sein Sohn Ferry hatte sich zudem die Alleinvertretungsrechte für Volkswagen in Österreich gesichert. Heute ist neben Volkswagen sowohl der Stuttgarter Autokonzern wie die österreichische Holding im Dax gelistet.

Von den drei südwestdeutschen Automobil-Pionieren konnte sich nur die Frau im Glanz von Ruhm und Ehre sonnen: Gottlieb Daimler starb im März 1900 kurz vor seinem 66. Geburtstag noch bevor sein Unternehmen und dessen Produkte durch sportliche Erfolge und den Einsatz des geschäftstüchtigen Emil Jellinek international bekannt wurden.

Der unternehmerisch unbegabte Carl Benz zog sich 1903 aus seiner Benz & Cie. zurück. Eine nächste Firmengründung mit seinen Söhnen im kurpfälzischen Ladenburg hatte nur zwischenzeitlich Erfolg und ging im Inflationsjahr 1924 pleite. Ihr Privatvermögen hatte die Familie in den Finanzwirren jener Zeit verspekuliert. Erst ein „Ehrendsold", den die Mannheimer Benz-Werke ihrem 80-jährigen Gründer daraufhin einräumten, sicherte wenigstens den Lebensunterhalt. Carl Benz starb 1929 in Ladenburg.

Bertha Benz hat ihren Ehemann um 15 Jahre überlebt. Sie fand Gefallen an den autoverrückten Nationalsozialisten, deren Führungsclique sich am liebsten in repräsentativen Mercedes-Modellen präsentierte und die Erfinder-Witwe ähnlich verehrte wie die Komponisten-Witwe Cosima Wagner. Zu Berthas 90. Geburtstag im Jahr 1939 gratulierte Hitler mit einem handgeschriebenen Brief. Fünf Kriegsjahre und zwei Tage später, am 5. Mai 1944, starb die hochbetagte Automobilistin in Ladenburg. Die Urkunde, mit der ihr die Technische Hochschule Karlsruhe, seinerzeit als Polytechnikum die Alma mater ihres Gatten, zum ersten Mal in ihrer Geschichte einer Frau den Titel einer Ehrensenatorin verliehen hatte, hat sie auf dem Postweg nicht mehr rechtzeitig erreicht.

Stil, Architektur, Design:
Die Erfinder der Moderne

Das Bauhaus in Weimar, später in Dessau, gilt weltweit als Keimzelle und Treibhaus der Moderne, obwohl es nur wenige hundert Architekten und Bildhauerinnen, Kostüm- und Bühnenbildner, Foto- und Typografen, Möbel- und Industriedesignerinnen ausgebildet hat. Doch hatte die staatliche Kunsthochschule einen Vorläufer: Der Deutsche Werkbund war schon kurz nach der Jahrhundertwende das Sammelbecken für alle Künstler und Industriellen, die eine neue, schnörkellose Formensprache „vom Sofakissen bis zum Städtebau" entwickeln und durchsetzen wollten. Später gehörten fast alle maßgeblichen Persönlichkeiten des Bauhauses auch zum Deutschen Werkbund. Selbst die größten Stars, die als Architekten die Skylines von Manhattan, Chicago, Detroit, Montreal und Toronto mitgestaltet, im Nachkriegs-Berlin ganze Stadtviertel und neue Wahrzeichen der deutschen Hauptstadt errichtet haben, waren sowohl Bauhäusler wie auch Werkbündler, die das Formempfinden in der ganzen Welt geprägt haben.

Die Aufforderung, am 19. April 1919 auf einem Flugblatt verbreitet, war so unmissverständlich wie ihre Begründung unerhört: „Architekten, Bildhauer, Maler – wir alle müssen zum Handwerk zurück! Denn es gibt keine ‚Kunst von Beruf'!"

Aufgestellt hatte diese Behauptung ausgerechnet der erst wenige Tage zuvor berufene Direktor einer Kunsthochschule in Thüringen. Und er setzte seine Tirade gegen professionelles Künstlertum, gegen schöpferisches Genie und kreative Einzigartigkeit im gleichen Ton fort: „Es gibt keinen Wesensunterschied zwischen dem Künstler und dem Handwerker", schrieb er. „Der Künstler ist eine Steigerung des Handwerkers." Und er forderte: „Bilden wir also eine neue Zunft der Handwerker ohne die klassentrennende Anmaßung, die eine hochmütige Mauer zwischen Handwerkern und Künstlern errichten wollte! Wollen, erdenken, erschaffen wir gemeinsam den neuen Bau der Zukunft, der alles in einer Gestalt sein wird: Architektur und Plastik und Malerei, der aus Millionen Händen der Handwerker einst gen Himmel steigen wird als kristallenes Sinnbild eines neuen kommenden Glaubens."

Das Handwerk als Epiphanie der Kunst – eine pure Blasphemie gegen alle schöngeistigen Ideale, eine Kampfansage gegen das Establishment an den honorigen Akademien in Berlin und Paris, in Wien und London. Dennoch wurde der Autor dieses Manifests zum Neuerer des Bauens, des Wohnens und des künstlerisch durchgestylten Lebens. Er war der Fackelträger, der Motor, der Spiritus Rector der Moderne.

Sein Name: Walter Gropius.

Und die Hochschule, die er mit seinem Text von ihrer großherzoglich-sächsischen Vorgängerin ablöste, war das Staatliche Bauhaus in Weimar.

Der neu ernannte Direktor, 1883 in eine Berliner Architektenfamilie geboren, hatte sein Architekturstudium abgebrochen: Er war zeichnerisch offenbar völlig unbegabt, konnte, wie er in einem Brief gestand, keine gerade Linie ziehen. Dennoch hatte ihm Peter Behrens, ein Wegbereiter der modernen Architektur, im Jahr 1911 die künstlerische Baugestaltung einer Schuhleistenfabrik im niedersächsischen Alfeld übertragen. Das Gebäude begründete Gropius' Ruf als kühner, professioneller Modernist und zählt heute zum Weltkulturerbe der Unesco.

Schon im Jahr zuvor war Gropius zum Deutschen Werkbund gestoßen, einer 1907 gegründeten Vereinigung von „Architekten, Künstlern, Unternehmern und Sachverständigen", die aus dem Spannungsfeld zwischen stilbewusster Tradition und radikalem Reduktionismus eine klare, direkte und schnörkellose Formensprache schufen. Der Werkbund bot Gropius den Rückhalt fürs Entwickeln seiner eigenen ambitionierten Ansätze. Und er gab dem jungen, engagierten Neuerer eine große Bühne, weltweite Resonanz.

Der Deutsche Werkbund trug die nationale Orientierung absichtsvoll im Namen. Seine Zentralfiguren wollten in der Anfangszeit vor allem den „guten Geschmack" zu einem „deutschen Stil" machen. Allerdings griff der Werkbund auch die Impulse ausländischer Zeitgenossen auf: Henry van de Velde, als Architekt, Möbel- und Industrie-Designer einer der wichtigsten Vertreter des Jugendstils und Gropius' Vorgänger im Amt des Kunsthochschuldirektors in Weimar, war Belgier. Und Hermann Muthesius, als Architekt und Professor an der Berliner Handelshochschule das Bindeglied zwischen Baukunst und ihrer gewerblichen Umsetzung, hatte sich 1904 für den akademischen Posten durch sein dreibändiges Standardwerk „Das Englische Haus" qualifiziert. Als Attaché für Architektur an der deutschen Gesandtschaft in London, ein von Kaiser Wilhelm II. eigens für Muthesius geschaffener Posten, hatte er sieben Jahre lang die Modernisierung des englischen Einzelhausbaus studiert, die aus den Ideen der so genannten Reformbewegung hervorgegangen war. Außerdem hatte der Gesandte Verbindungen zur britischen Arts and Crafts-Bewegung geknüpft, deren „Qualitätswaren für den

Hausgebrauch" seit Mitte des 19. Jahrhunderts dem europäischen Kunstgewerbe wichtige Impulse gegeben hatten.

In Muthesius' Antrittsvorlesung als Professor aus dem
Frühjahr 1907 finden sich die wichtigsten Elemente für
den wenig später gegründeten Deutschen Werkbund: „Das
Kunstgewerbe", so Muthesius, habe „das Ziel, die heutigen
Gesellschaftsklassen zu den alten Idealen der Gediegenheit,
Wahrhaftigkeit und Einfachheit zurück zu erziehen". Hierzu
gelte es, die Eigenschaften der verwendeten Materialien besonders zu berücksichtigen und dabei die praktischen Erfordernisse von Funktion und Konstruktion in den Vordergrund
zu stellen – ein erster, richtungsweisender Blick auf das, was
später als „Funktionalismus" bezeichnet werden sollte.

Der damals schon 46-jährige und gesellschaftlich etablierte Muthesius forderte eine „Sinnesänderung von prinzipieller
Bedeutung": eine deutlich verbesserte Produktqualität. In
seinen Augen hatte es „der kunstindustrielle Produzent bisher
grundsätzlich abgelehnt, ethische oder moralische Ziele mit
seinem Geschäft zu verquicken (...). Das Resultat waren Dinge,
die nach viel aussahen und nichts kosteten."

Muthesius wollte also einerseits zurück zu „alten Idealen".
Zugleich forderte er aber ein Ende der Nostalgie und kritisierte
deshalb etwa den Zuckerbäckerstil und andere Auswüchse des
Historismus, der zu jener Zeit in der europäischen Architektur
und Inneneinrichtung weit verbreitet war. Damit brachte er
den Großteil der Gebrauchsgüterproduzenten gegen sich auf.
Denn die verkauften massenhaft billige Stuck-Applikationen,
Ornamente, verkitschtes Mobiliar sowie kopierte Textil- und
Tapetenmuster als Luxusgüter an vermeintlich stilbewusste
Konsumenten. Stattdessen, so mahnte der frisch berufene
Professor, solle die „Kunstindustrie" nun besser „deutsche

Heimstätten" schaffen, „deren ehrliche Einfachheit dem Charakter ihrer Bewohner wohl bekommen" werde.

Mit diesen Schlagworten, Thesen und Konzepten fand Muthesius politische Unterstützung bei Friedrich Naumann, damals ein einflussreicher Reichstagsabgeordneter der Liberalen, und bei dem westfälischen Kunstmäzen Karl Ernst Osthaus. Die riefen am 6. Oktober 1907 zusammen mit Henri van de Velde und wichtigen Unternehmern, Architekten und Kunstprofessoren den Deutschen Werkbund ins Leben. Ziel war „die Veredelung der gewerblichen Arbeit im Zusammenwirken von Kunst, Industrie und Handwerk, durch Erziehung, Propaganda und geschlossener Stellungnahme zu einschlägigen Fragen", wie es im Programm der Vereinigung hieß. Wegen seiner industriekritischen Haltung blieb Muthesius zunächst im Hintergrund, war aber bis zu seinem Lebensende im Jahr 1927 eine mal mehr, mal weniger graue Eminenz im Deutschen Werkbund.

Im folgenden Vierteljahrhundert wurde die Organisation zum Sammelbecken für die tonangebenden Talente und Größen der angewandten Kunst, der Architektur und des Designs. Aus ihr gingen die stilistischen Konzepte der „Klassischen Moderne" und des „Neuen Bauens" hervor, die später als „Neue Sachlichkeit" berühmt wurden.

Die gestalterischen Aufgaben, die sich der Werkbund bis heute setzt, umfassen alles „vom Sofakissen bis zum Städtebau", wie schon Gründer Muthesius formulierte. Zu den namhaftesten Mitgliedern gehörten neben den bereits Genannten Otl Aicher und Peter Behrens, Lionel Feyninger und Theodor Fischer, Hans Leistikow und El Lisitzky, Ludwig Mies van der Rohe, Joseph Maria Olbrich, Bruno Paul, Max Pechstein, Albert Renger-Patzsch, Richard Riemerschmid,

Hans Scharoun, Bruno Taut, Heinrich Vogeler und Wilhelm Wagenfeld. Dazu Unternehmen wie die Deutschen Werkstätten für Handwerkskunst in Dresden, die Silberwarenfabrik Peter Bruckmann & Söhne in Heilbronn oder die Schriftgießerei der Gebrüder Klingspor in Offenbach/Main. In der Weimarer Republik brachten Kanzler Gustav Stresemann, Außenminister Walther Rathenau und der Kölner Oberbürgermeister Konrad Adenauer ihre politische Prominenz in den Werkbund; Theodor Heuss, später der erste Präsident der Bundesrepublik, führte von 1918-33 die Geschäfte.

Erstes Großprojekt war ab 1908 die Errichtung einer „Gartenstadt" im Dresdener Vorort Hellerau für die Arbeiter- und Angestelltenfamilien der Deutschen Werkstätten. Seinen größten Erfolg hatte der Werkbund dann mit einer Ausstellung von Mai bis August 1914 auf dem 20 Hektar großen Rheinpark-Gelände in Köln-Deutz. Unter Federführung von Konrad Adenauer hatte die Stadt eine für die damalige Zeit astronomische Summe von fünf Millionen Goldmark bereitgestellt. Daraus entstanden 50 zum Teil sensationelle Gebäude. Etwa ein knospenförmiger Glaspavillon von Bruno Taut, in dem Wasserkaskaden rauschten. Henry van de Velde präsentierte einen exotischen Theaterbau „wie von Weihrauch und der Patina von Jahrhunderten gedämpft" (van de Velde), Theodor Fischer die Haupthalle mit 242 Ausstellungsräumen, Hermann Muthesius ein „Haus der Farben". Peter Behrens baute eine kolossale Festhalle, Walter Gropius eine nüchtern-funktionale „Werkbund-Fabrik" mit rundverglasten Treppenhaus-Türmen. Die Arbeiter, die all diese Bauten errichteten, waren in einer Mustersiedlung untergebracht, dem „neuen niederrheinischen Dorf". Dessen Wohn- und Bürohäuser waren ausgestattet mit eigens von Künstlern entworfenen Möbeln.

Mit rund einer Million Besuchern aus dem In- und Ausland war die Kölner Ausstellung des Deutschen Werkbunds in den drei Monaten ihrer Öffnungszeit ein gigantischer Publikumserfolg. Dennoch schlossen die Veranstalter nach Ausbruch des Ersten Weltkriegs Anfang August 1914 überhastet die Tore. Aus unerfindlichen Gründen wurden sämtliche Gebäude eilends abgerissen, nichts erinnert heute mehr an diesen glorreichen Höhepunkt der frühen Moderne.

Während des Kriegs gerieten Fragen zur Dualität von Form und Funktion sowie andere Themen des „Neuen Bauens", des Kunstgewerbes und der Kultur generell in den Hintergrund. In der Weimarer Republik konnte der Werkbund erst 1927 durch die kühne Konstruktion seiner Weißenhof-Siedlung in Stuttgart wieder öffentliche Aufmerksamkeit genießen und einen maßgeblichen Beitrag zur Weiterentwicklung der Moderne leisten.

Der Neubau von 33 Wohnhäusern im Ortsteil Weißenhof, finanziert von der württembergischen Hauptstadt, war Teil der Ausstellung „Die Wohnung", die alle wiedererwachten Aktivitäten des Werkbunds dokumentierte. Unter der künstlerischen Leitung von Ludwig Mies van der Rohe präsentierten 18 Architekten und Innenarchitekten, darunter Größen wie Le Corbusier, Gropius, Mies selbst und Hans Scharoun, ihre in die Praxis umgesetzten Vorschläge für modernes, gesundes und funktionales Wohnen sowie die jüngsten technischen, ästhetischen und hygienischen Errungenschaften.

In den vier Monaten ihrer Öffnung zog die Ausstellung über 500.000 Besucher aus aller Welt an. In den folgenden fünf Jahren entstanden in Brünn, Breslau, Zürich, Wien und Prag ähnliche Siedlungen von Werkbund-Architekten. In den 1930er-Jahren verspotteten die Nationalsozialisten die

Stuttgarter Häuser wegen der weiß angestrichenen, kubischen Formen und wegen ihrer Dachterrassen als „Arabersiedlung" und wollten sie abreißen. Der Beginn des Zweiten Weltkriegs verhinderte das glücklicherweise. Durch Luftangriffe wurden jedoch zehn Bauten zerstört. Die beiden von Le Corbusier entworfenen Häuser in Stuttgart-Weißenhof gehören heute zum Weltkulturerbe der Unesco.

Von den Gründern des Deutschen Werkbunds hat nur Hermann Muthesius den Triumph des von ihm mitinitiierten „Neuen Bauens" in Stuttgart erlebt. Kurz vor seinem Unfalltod im Oktober 1927 äußerte der 66-Jährige jedoch auch Kritik an dem Siedlungsprojekt: Die dort präsentierten Lösungen seien keine Ergebnisse funktionalen Denkens, sondern ein „neuer Formalismus", somit keine echte „Neue Sachlichkeit".

Doch war Muthesius nach dem Ersten Weltkrieg etwas ins Abseits geraten. Seinem Kollegen Walter Gropius und dessen Staatlichem Bauhaus war es unterdessen gelungen, die bisweilen uneindeutigen Positionen der frühen Modernisten zu präzisieren und neue Maßstäbe zu setzen, die nun auch weltweit Beachtung fanden.

Mit Gropius' Amtsantritt im Jahr 1919 hatte an der Weimarer Kunsthochschule eine neue Epoche begonnen. „Die Grundlage des Werkmäßigen ist unerlässlich für jeden Künstler. Dort ist der Urquell des schöpferischen Gestaltens", hatte der neue Direktor im Gründungsmanifest des Bauhauses postuliert. Die Studierenden mussten folglich in einem „Vorkurs" zunächst ein Handwerk erlernen: das Schreinern für Möbel und Bühnenbilder oder das Drucken, die Metallverarbeitung, das Töpfern, das Weben und Schneidern, auch für Bühnenkostüme, usw. Mit ihrem Abschlussdiplom erhielten

Absolventinnen und Absolventen des Bauhauses gleichzeitig einen Gesellenbrief.

Doch ging es Gropius nicht nur um berufspraktische Fragen. Ihm schwebte eine künstlerische Gestaltung aller Lebensbereiche vor, die generelle Verfügbarkeit von ebenso nützlichen wie originell designten Gebrauchsgegenständen, eine allgemeine Ästhetisierung aller materiellen und ideellen Belange und Bedürfnisse des modernen Menschen in seinem Biotop.

Als staatliche Hochschule hatte es das Bauhaus leichter als der Verein Deutscher Werkbund, anerkannte Künstler-Größen an sich zu binden. Außerdem zog es keine nationalen Grenzen. Schon 1919 gehörten Lyonel Feininger, ein gebürtiger Amerikaner, und Johannes Itten, ein Schweizer, zum fest angestellten Kollegium. Zwei Jahre später kamen Paul Klee und Oskar Schlemmer hinzu, 1922 der Russe Wassily Kandinsky, 1923 der Ungar Laszlo Moholy-Nagy, 1925 der ebenfalls ungarische Marcel Breuer und so weiter. Und obwohl das Bauhaus nur 13 Jahre lang geordnet lehrte, obwohl dort nur wenige hundert junge Menschen ihre Ausbildung abschlossen, lässt sich dessen Einfluss auf die Kunst und das Design kaum ermessen. Zu den international bedeutsamen Bauhäuslern gehören neben den bereits Genannten der Typograf und Maler Herbert Bayer, der Industriedesigner und spätere Hochschulpräsident Max Bill, die Bildhauerin und Designerin Marianne Brandt, der Fotograf, Maler und Publizist Werner Graeff, der Architekt und Möbeldesigner Ludwig Mies van der Rohe, die Designerin und Architektin Lilly Reich, die Textilgestalterin Gunta Stölzl und der Produktdesigner Wilhelm Wagenfeld.

Dank seines prominenten Lehrkörpers, seiner innovativen Lehrpläne und außergewöhnlichen Zielsetzungen wurde das

Bauhaus in Weimar schnell zu einem Magneten für die talentiertesten und engagiertesten jungen Leute aus aller Welt, die an der ambitionierten Gestaltung des modernen Lebensraums mitwirken wollten.

Doch war diese Gesellschaft der thüringischen Provinzstadt Weimar nicht immer willkommen. Das Bauhaus unterrichtete die jungen Männer und Frauen zum Teil in gemeinsamen Klassen, was bei den Bürgern Verdachtsmomente gegen die Sittsamkeit des Projekts weckte. Ausgiebige Feiern und illustre Maskenfeste von Lehrenden und Lernenden taten ein Übriges. Und obwohl die Hochschule neben den Künstlern auch qualifizierte Handwerksmeister als Ausbilder einsetzte, missbilligte die thüringische Handwerkskammer die ausgestellten Gesellenbriefe. Hochschuldirektor Gropius hatte, wie er beklagte, bald mehr mit der Abwehr von behördlichen Schikanen und kritischen Attacken auf das Bauhaus zu tun als mit dessen künstlerischer Leitung.

Nach der Landtagswahl im April 1924 beschloss eine konservative Regierungsmehrheit im Parlament die Kürzung des Bauhaus-Budgets um die Hälfte. Damit, das war allen Verantwortlichen klar, ließ sich kein geordneter Betrieb aufrechterhalten. Das Entscheidergremium der Lehrmeister beschloss daher eine Auflösung der staatlichen Anstalt.

Doch Walter Gropius gab nicht klein bei, suchte nach neuen Finanzierungsmöglichkeiten für „seine" Hochschule, wohl wissend, dass damit ein Standortwechsel verbunden sein würde. Konrad Adenauers Angebot eines Umzugs nach Köln lehnte er ab. Stattdessen siedelte das Bauhaus nach Dessau um, damals eine aufstrebende Industriestadt in Sachsen-Anhalt. Deren linksliberaler Oberbürgermeister hatte großzügig Grundstücke sowie gut eine Million Reichsmark zur Verfügung gestellt für die Bebauung des Hochschulcampus und für neu zu errichtende Unterkünfte des Lehrkörpers. Außerdem hatte Hugo Junkers, Gründer und Geschäftsführer der prosperierenden Flugzeugwerke am Ort (s. S. 173 f.), praktische Unterstützung in seinen Werkstätten sowie Großaufträge für Arbeiterunterkünfte in Aussicht gestellt.

Gropius selbst entwarf das neue Schulgebäude für das Bauhaus in Dessau, das aus fünf verbundenen Einzelbauten besteht, sowie die villenartigen „Meisterhäuser". In knapp einem Jahr waren die 2.600 Quadratmeter des Hochschulbaus fertiggestellt, der Lehrbetrieb konnte fortgesetzt werden.

Mit dem Wechsel nach Dessau waren fünf weitere Lehrmeister berufen worden; der Schweizer Hannes Meyer etablierte eine Bauabteilung, die endlich auch die Architektur förmlich lehrte und sogleich größere Aufträge erhielt. Für eine Neubausiedlung von 314 kleinen Einfamilienhäusern im Dessauer Vorort Törten lieferte Gropius die Pläne. Dort sollten vor allem Beschäftige der fünf Junkers-Werke wohnen. Daneben erarbeitete er zusammen mit dem Berliner Intendanten Erwin Piscator das Konzept eines „Totalen Theaters", das die Trennung zwischen Bühne und Publikum aufheben sollte.

Doch die Querelen nahmen kein Ende. Intern musste der Hochschuldirektor die Konkurrenz zwischen den Lehrmeistern um Mittel und Projekte moderieren, von außen die politische Kritik an „seinem" Bauhaus abwehren. Zudem stellte sich das von Gropius seit langem propagierte „serielle Bauen" als teurer, technisch obendrein als unzuverlässiger als die konventionellen Methoden heraus: Ein Einfamilienhaus in seinem Siedlungsprojekt Törten kostete mehr als eines in einer herkömmlich gemauerten Nachbarsiedlung, obwohl dies deutlich größer war. Nach dieser ernüchternden Erkenntnis und unter dem Druck der äußeren Probleme warf der geniale Architekt das Handtuch und gab Anfang April 1928 seinen Direktorenposten am Bauhaus Dessau auf.

Hannes Meyer wurde sein Nachfolger.

Gropius' Bilanz nach neun Jahren als Bauhaus-Direktor kann sich trotz der Krittelei von außen sehen lassen: Mit seiner neuartigen Hochschule für Gestaltung hat er einen beispiellosen Beitrag zur Ära der Moderne geleistet. Zahllose Möbel und Gebrauchsgegenstände, die unter seiner Leitung am Bauhaus entstanden sind – vom Freischwinger-Stuhl bis zur Tischleuchte, von der Teekanne bis zum Schreibtisch-Ensemble – werden noch heute als Klassiker der Moderne jährlich tausendfach verkauft. Etliche Gropius-Bauten, darunter das Bauhaus-Gebäude sowie die sieben „Meisterhäuser" in Dessau und seine Einfamilienhäuser in Stuttgart-Weißenhof gehören zum Unesco-Weltkulturerbe.

Darüber hinaus stand sein Bauhaus-Konzept einer theoretischen wie praktischen, integriert-multidisziplinären Ausbildung von Designern, Künstlern, Fotografen und Architekten Modell für andere Institute: Die Kölner Werkschulen, nach Gropius' Absage auf Weisung von Oberbürgermeister Adenauer in den 1920er-Jahren zusammengelegt und reformiert, lehrten und arbeiteten fortan ähnlich wie die Dessauer. Die Ulmer Hochschule für Gestaltung, 1953 vom Bauhaus-Absolventen Max Bill gegründet, hat ähnlich viele Klassiker der Moderne geschaffen wie ihr Vorbild Bauhaus, darunter das Corporate Design der Lufthansa, die bunten Taschenbuch-Einbände des Suhrkamp-Verlags, Armband- und Küchenuhren der Firma Junghans sowie die Sport-Piktogramme für die Olympischen Spiele 1972 in München, die seither weltweit verwendet werden.

Mit Gropius' Fortgang geriet das Bauhaus in noch schwierigere Fahrwasser. Nachfolger Meyer, 1889 in Basel als Sohn einer Bauunternehmerfamilie geboren, führte zwar wichtige Reformen ein und ließ Frauen für alle Kurse zu, auch fürs Architekturstudium. Außerdem intensivierte er die Zusammenarbeit mit der Industrie, verbesserte dadurch die Finanzlage der notorisch klammen Hochschule und brachte große Projekte ein, die das Renommée der Bauabteilung weiter erhöhten – etwa die so genannten „Laubenganghäuser" in der Siedlung Törten und die Bildungsstätte des Gewerkschaftsbunds in Bernau bei Berlin, beides heute Teile des Unesco-Weltkulturerbes.

Meyers Kurswechsel bedeutete aber auch eine Abkehr von Gropius' Prinzipien. „Was hatte ich bei meiner Berufung vorgefunden?", fragte der neue Direktor rhetorisch und gab gleich die Antwort: „Eine Hochschule für Gestaltung, in welcher aus jedem Teebecher ein problematisch-konstruktivistelndes Gebilde gemacht wurde. (...) Überall erdrosselte die Kunst das Leben."

Künftig, so Meyers Credo, sollte das Bauhaus daher „Volksbedarf statt Luxusbedarf" decken. Die Bauprojekte sollten tatsächlich preiswerten Wohnraum liefern, Marcel Breuers teure Stahlrohr-Konstruktionen wurden aufgegeben und durch erschwingliche Holzmodelle ersetzt. Dahinter steckte eine marxistische Überzeugung, die Meyer immer öfter in Konflikt mit seinen Lehrmeister-Kollegen wie Wassily Kandinsky und Oskar Schlemmer brachte. Auch hetzte bald der „Kampfbund für deutsche Kultur" des NS-Chefideologen Alfred Rosenberg gegen das Bauhaus als „Hort des Kunstbolschewismus".

Außerdem hatte sich im Jahr 1928 eine Kommunistische Studenten Fraktion am Bauhaus gegründet – was die Hochschule umgehend polarisierte: Hüben die „Progressiven" von der KoStuFra, die eine Volkskunst für die arbeitenden Massen schaffen wollten. Drüben die Traditionalisten, die weiterhin eine moderne Ästhetik aus handwerklichen Fertigkeiten entwickeln, elegant-funktionale Gebrauchsgegenstände entwerfen wollten. Als Meyer sich im Sommer 1930 offen solidarisch erklärte mit streikenden Arbeitern und Positionen der KPD einnahm, wurde er von Dessaus Oberbürgermeister fristlos entlassen. Zusammen mit einigen Bauhaus-Studentinnen und -Assistenten emigrierte der Architekt in die damals strikt stalinistische Sowjetunion. Im Jahr 1939 wurde er Direktor eines Städtebaulichen Instituts in Mexico City und starb 1954 in der Schweiz.

Auf Vorschlag von Walter Gropius wurde Ludwig Mies van der Rohe als Meyers Nachfolger berufen. Für den 1886 als Sohn eines Steinmetzes in Aachen geborenen Architekten war der Dessauer Direktorenposten die erste akademische Lehrtätigkeit, doch war er zu dem Zeitpunkt schon ein internationaler Star, gefeierter Leiter der Stuttgarter Weißenhof-Siedlung und Vizepräsident des Deutschen Werkbundes. Den kosmetischen Zusatz „van der Rohe" hatte er aus dem Mädchennamen seiner Mutter konstruiert.

Wie Walter Gropius hatte auch Ludwig Mies van der Rohe kein Architekturstudium abgeschlossen. Seine visionäre Stilistik, seine gestalterische Kraft und sein konstruktives Talent hatten jedoch dazu geführt, dass er als Assistent des renommierten Bruno Paul schon im Alter von 20 Jahren in Babelsberg bei Potsdam ein Einfamilienhaus eigenständig entwerfen durfte. Seite an Seite mit Gropius arbeitete er 1908 als Assistent im Architekturbüro von Peter Behrens. Dort betreute er zum Beispiel den Neubau der Deutschen Botschaft in Sankt Petersburg. Mit 27 Jahren machte er sich in Berlin selbständig und baute vor allem Villen im sogenannten Reformstil, der auch von Hermann Muthesius und anderen Architekten des Deutschen Werkbunds praktiziert wurde.

Seinen eigenen Stil aus „Haut und Knochen" – eine Glasfassade als Haut, ein tragendes Stahlgerüst als Knochen – entwickelte er nach dem Ersten Weltkrieg zunächst theoretisch in Entwürfen, die er auf Kunstausstellungen im In- und Ausland präsentierte. In Fachzeitschriften setzte er sich intensiv mit Fragen des Funktionalismus und mit der Ästhetik der Neuen Sachlichkeit auseinander. Zur Praxis des „Neuen Bauens" kam er dann als Künstlerischer Direktor der Stuttgarter Weißenhof-Siedlung und wenig später in derselben Rolle beim Bau des Deutschen Pavillons für die Weltausstellung in Barcelona 1929. Hierfür entwarf Mies auch ein bis heute weltberühmtes Sesselmodell aus Stahlrohr mit genoppten Lederpolstern.

Am Bauhaus in Dessau schaffte er den Vorkurs ab, stellte die Produktion in den Werkstätten ein und baute den Lehrplan komplett um, sodass die Hochschule nur noch Architekten ausbildete. Außerdem rief er mehrmals die Polizei, um politische Versammlungen in der Hochschule aufzulösen. Dennoch kam das ins Schlingern geratene Flaggschiff der Moderne nicht wieder richtig auf Kurs. Von der Stadt sollte Mies van der Rohe einen Großauftrag für Siedlungsbau erhalten, für die Junkerswerke hatte er bereits Häuser für 20.000 Bewohner entworfen. Beide Projekte wurden jedoch nicht umgesetzt.

Ab Sommer 1932 stellten die Nationalsozialisten die größte Fraktion im Dessauer Gemeinderat. Prompt beschloss das Gremium die Schließung des Staatlichen Bauhauses. Mies van der Rohe versuchte, den Lehrbetrieb als privates Institut in einer ehemaligen Telefonfabrik in Berlin-Lankwitz fortzusetzen. Doch nach ihrem Sieg bei den Reichstagswahlen 1933 vereitelten die Nazis auch dort jedes strukturierte Arbeiten durch Razzien, Hausdurchsuchungen, Inhaftierungen und andere Formen des nicht immer zivilen Terrors. Im Sommer 1933 zog der Meisterrat daher die bittere Konsequenz und beschloss die Selbstauflösung des Bauhauses.

Für Gropius und Mies bedeutete ihr Ende am Bauhaus keineswegs das Ende ihrer Karriere. Gropius hatte schon 1928 wieder ein eigenes Architekturbüro in Berlin eröffnet, das bis zur Machtübernahme der Nazis florierte: Er beteiligte sich am großen Städtebauprojekt „Neues Frankfurt", errichtete einen Wohnblock in Berlin-Siemensstadt, zwei Häuser auf der Deutschen Bauausstellung 1932 und Villen in Berliner Vororten.

Ludwig Mies van der Rohe erhielt noch 1935 von der NS-Regierung den Auftrag, den Deutschen Pavillon auf der Weltausstellung in Brüssel zu gestalten. Auch sonst versuchte der renommierte Architekt, sich mit den Nationalsozialisten zu arrangieren: Schon 1934 war er in die Reichskulturkammer eingetreten, im August des selben Jahres unterschrieb er einen von Propagandaminister Goebbels verfassten „Aufruf der Kulturschaffenden" zur Unterstützung Hitlers bei der Reichspräsidentenwahl. Zusammen mit seinem Bruder Ewald pachtete Ludwig Mies van der Rohe einen Steinbruch in der Eifel, der edlen Travertin für den Ausbau des Reichsparteitagsgeländes in Nürnberg liefern sollte.

Doch im Jahr 1937 drängten ihn die NS-Kulturfunktionäre, die das Schaffen des Bauhauses inzwischen offen als „jüdisch" und „kulturbolschewistisch" diffamierten, zum

Verlassen der Preußischen Akademie der Künste. Damit war klar, dass seine Arbeit in Deutschland keine Zukunft mehr hatte – und Mies van der Rohe emigrierte 1938 in die USA. Das renommierte Armour Institute in Chicago, heute ein Teil der Technischen Universität des Staates Illinois, hatte ihn auf eine Architektur-Professur berufen.

Walter Gropius war 1934 zunächst nach Großbritannien, 1937 dann nach Massachusetts emigriert, wo ihm die Harvard Graduate School of Design ebenfalls einen Lehrstuhl angeboten hatte und er bald zum Dekan für Architektur aufstieg.

In den USA baute Gropius zunächst großbürgerliche Wohnhäuser, etwa für die eigene Familie und für seinen Kollegen Marcel Breuer, aber auch ein Erholungszentrum auf Key West in Florida und eine Siedlung der Federal Works Agency in Pennsylvanien. Im Jahr 1944 wurde er amerikanischer Staatsbürger, ab 1947 beriet er den amerikanischen Militärgouverneur für den Wiederaufbau Deutschlands.

Mies van der Rohe brillierte in den Vereinigten Staaten sogleich mit einem Gesamtkonzept für den Ausbau der Technischen Universität von Illinois. Für seine neue Alma Mater konstruierte er auch mehrere Neubauten, darunter die „Crown Hall" für das Architekten-Institut, das Haus für die Alumni und das hochschuleigene Kraftwerk. Am Lakeshore Drive von Chicago entstanden zwei von Mies van der Rohe entworfene Wohn-Hochhäuser, in New York City der Seagram-Wolkenkratzer.

Nach dem Zweiten Weltkrieg kamen beide Architekten wieder zurück an ihre frühere Wirkungsstätte Berlin und errichteten dort spektakuläre Baudenkmäler: Gropius entwarf 1957 ein neungeschossiges Wohngebäude für die Internationale Bauausstellung im Hansaviertel, Mies van der Rohe ließ

1967 die Neue Nationalgalerie am Kulturforum errichten, eine Ikone seines geradlinigen „Haut und Knochen"-Stils aus großflächigen Glasfassaden vor einem Gerüst aus Stahlträgern.

Für das Scheitern der nach ihm benannten Gropiusstadt in Berlin-Neukölln war der ursprüngliche Architekt jedoch nicht verantwortlich: Walter Gropius hatte eine vergleichsweise offene Siedlung mit nur maximal fünfstöckigen Wohnblocks, Einfamilienhäusern und großen Grünflächen geplant. Nach dem Bau der Berliner Mauer durch die DDR-Regierung im August 1961 musste das nun eingeschlossene West-Berlin dieses Konzept jedoch maximal verdichten, um seinen Bedarf an neuem Wohnraum auf seinen begrenzten Flächen zu decken. So entstanden auf 264 Hektar Fläche 19.000 Wohneinheiten für über 50.000 Menschen; das 30-geschossige Haus „Ideal" ist bis heute eines der höchsten Wohngebäude Deutschlands. Seit den 1980er-Jahren gilt die Gropiusstadt als sozialer Brennpunkt.

Ihren Weltruhm als strahlendste Sterne der Moderne haben die beiden Pioniere durch den Bau von Wolkenkratzern in amerikanischen Metropolen gefestigt: Walter Gropius etwa durch das PanAm-Hochhaus an der New Yorker Grand Central Station, heute Geschäftssitz der Metlife-Versicherung. Ludwig Mies van der Rohe baute den Westmount Square in Montreal, die Lafayette Towers in Detroit und das Dominion Center in Toronto.

Beide Architekten starben 1969 im Abstand von wenigen Wochen: Gropius im Juli in Boston, Mies van der Rohe im August in Chicago.

Der Deutsche Werkbund war durch die Auswirkungen der Weltwirtschaftskrise Anfang der 1930er-Jahre wirtschaftlich schwer geschädigt. Den Nationalsozialisten fiel es folglich 1933 leicht, den Verein „gleichzuschalten", den Vorstand gegen willfährige Parteimitglieder auszutauschen und die Organisation im Jahr darauf der Reichskammer der Bildenden Künste einzugliedern. Die war dem Propagandaminister Joseph Goebbels unterstellt. Mit einer neuen Satzung waren schon 1933 alle jüdischen Mitglieder ausgeschlossen worden.

Nach Ende der NS-Herrschaft gründeten sich zunächst neue Landesverbände des Werkbundes, ab 1947 entstand dann unter dem Architekten Hans Schwippert erneut ein Deutscher Werkbund. Dieser ist heute aktiver denn je, veranstaltet jährlich viel beachtete Ausstellungen und Kongresse.

Das voluminöseste Erbe des „Neuen Bauens" ist wahrscheinlich die „Weiße Stadt" in Tel Aviv, wo ab 1930 rund 4.000 hell verputzte, kubische Wohn- und Geschäftsgebäude im puristischen Bauhaus-Stil errichtet wurden. Tatsächlich hatten vier der vielen Dutzend Architekten, die das Stadtviertel gestaltet haben, Abschlüsse des Staatlichen Bauhauses. Sie hatten Deutschland nach der Machtübernahme der Nazis verlassen müssen. Inzwischen ist die Bausubstanz der „Weißen Stadt" durch das mediterrane Klima teilweise stark verwittert, etliche Häuser wurden aufgestockt oder anderweitig verändert. Dennoch gehört auch die „Weiße Stadt" in Tel Aviv zum Unesco-Weltkulturerbe.

Die Gebäude des Bauhauses in Weimar und Dessau wurden mehrfach restauriert und zuletzt weitgehend in den ursprünglichen Zustand zurückversetzt. Im Krieg zerstörte Substanz wie etwa das Gropius-Meisterhaus und die davor gelegene Trinkhalle, 1932 als letztes Objekt von Mies vollendet, wurden in den 2010er-Jahren rekonstruiert.

Pädagogik:
Betreute Kinder wachsen, gedeihen und erblühen zu Persönlichkeiten.

Lange bevor Neurowissenschaftler die komplexen Zusammenhänge im menschlichen Gehirn zu entschlüsseln begannen, lange bevor Psychologen nach Regeln und Mustern der geistigen und seelischen Entwicklung suchten, fragten sich Pädagogen, wie sie aus vollkommen hilflosen Neugeborenen und Kleinkindern souveräne Persönlichkeiten, mündige Bürger, kreative Gemeinschaftswesen möglichst systematisch herausbilden können. In der ersten Hälfte des 19. Jahrhunderts schuf ein thüringischer Idealist und Jobnomade erstmals eine Institution, in der Kinder liebe- und verständnisvoll betreut, umfassend angeleitet und unterrichtet wurden. Er publizierte die theoretischen Grundlagen seiner Lehre und setzte diese selbst in die Praxis um, bildete Frauen für diese verantwortliche Tätigkeit aus – und erfand so den Kindergarten, ein heute weltweit anerkanntes und millionenfach angewandtes Modell der frühkindlichen Erziehung. Seine Nachfolger entwickelten diese Modelle weiter und gründeten weltweit sichtbare Leuchttürme der Reformpädagogik.

Nur wenige deutsche Begriffe haben es ins internationale Vokabular geschafft. Die meisten dieser Germanismen sind negativ besetzt, etwa Blitzkrieg, Waldsterben oder Angst. Eine der wenigen Ausnahmen bildet hier der Kindergarten. Der Fachterminus wurde in den 1840er-Jahren von Friedrich Fröbel eingeführt und ist heute als Konzept der frühkindlichen Erziehung, als Ortsbezeichnung und Institution für diese Maßnahme weltweit verbreitet.

Mit seiner Wortschöpfung, die ihm, wie Fröbel selbst angab, als „Offenbarung" auf einer mehrtägigen Wanderung zwischen seinen thüringischen Wirkungsstätten Blankenburg und Keilhau zugefallen war, hat der Pädagoge nicht nur sein bis heute international beliebtes und bewährtes System für den Umgang mit Kindern im Vorschulalter und für ihre Ausbildung bezeichnet. Er hat mit diesem romantischen Begriff Berufsbilder wie Erzieher und Kindergärtnerin geprägt sowie die gesamte Vorstellung über die Entwicklung von Kleinkindern. Und er hat dafür gesorgt, dass sich Eltern seit Generationen um eine optimale Betreuung ihrer Söhne und Töchter bemühen, um deren systematische Anleitung, Motivation und Stimulierung in den Jahren, bevor sie die Schule besuchen.

Friedrich Fröbel kam 1782 als sechstes Kind eines orthodox-lutherischen Pfarrers im Thüringer Wald zur Welt. Seine Mutter verstarb zehn Monate nach seiner Geburt und die bald hinzugekommene Stiefmutter bevorzugte ihre eigenen Sprösslinge; so blieb der kleine Friedrich oft und lange allein. Sein später entwickeltes pädagogisches Konzept liefert somit vieles von dem, was der Junge offenbar schmerzlich vermisst hat: Zuwendung, Anregung, Gemeinschaftsgefühl. Es stimmt Bildung, Erziehung und Betreuung auf die körperlichen, emotionalen und intellektuellen Fähigkeiten in den verschiedenen Entwicklungsphasen des Kindes ab und soll – daher das Bild des „Gartens" – das Pflänzchen der Persönlichkeit wachsen und gedeihen, früh und dauerhaft erblühen lassen.

Dieses idealisierte, gleichwohl in sich geschlossene und plausible Bild ist um so erstaunlicher, als die Pädagogik im frühen 19. Jahrhundert noch ganz am Anfang stand. Die im

Rahmen der Schulpflicht vermittelte Allgemeinbildung beschränkte sich auf die bestenfalls halbherzig verfolgten Ziele, Texte von wenigen Zeilen lesen und schreiben zu können, die vier Grundrechenarten in einfachen Zusammenhängen anzuwenden. Weiterführende Schulen für die gebildeten (und materiell bessergestellten) Stände vermittelten das damals verfügbare Wissen über Geschichte, Geografie, Mathematik, Literatur, Religion und Naturwissenschaften in Frontalunterricht, dem oft stumpfes Pauken oder Auswendiglernen folgte. Kritisches Hinterfragen, empirisches Begreifen und das Erarbeiten eigener Lernsystematiken waren in der kleinen und oftmals auch engen Welt des Biedermeier verpönt. Eine planvolle Entwicklung von Persönlichkeit fand allenfalls im familiären Rahmen statt; der Wunsch nach musischem Ausdruck und die Kultivierung anderer kreativer Energien galten als suspekt, standen sie doch im Verdacht, Kinder als gescheiterte Existenz enden zu lassen. Soziale und kommunikative Kapazitäten wurden stark reglementiert, wenn nicht sogar unterdrückt.

Außer in Haushalten, die Kinderfrauen oder andere Betreuungsformen bezahlen konnten, blieb das Umsorgen kleiner Kinder eine Nebenaufgabe, die weniger geforderten Familienmitgliedern wie den Großeltern oder nicht leistungsfähigen Onkeln und Tanten zufiel. Für Arbeiterkinder gab es hie und da „Bewahranstalten", in denen die Schützlinge materiell grob versorgt wurden und sich ansonsten selbst überlassen blieben. Private „Kinderschulen" wurden alsbald verboten, da sie sich nicht in das staatliche Schulwesen eingliedern, ihre Arbeit nicht kontrollieren und reglementieren ließen.

Dies änderte sich erst durch das Wirken von Johann Heinrich Pestalozzi, der ab 1770 in Armen- und Waisenhäusern ein Konzept zur Elementarbildung von Vorschulkindern entwickelte. Der Schweizer verfolgte einen ganzheitlichen Ansatz, um „natürlich angelegte" Kräfte zu entfalten, intellektuelle, sittlich-religiöse und handwerkliche Fähigkeiten der Schützlinge zu kombinieren. Orientiert an Jean-Jacques Rousseaus aufklärerischer Erziehungslehre wollte Pestalozzi „Kopf, Herz und Hand" gezielt und simultan fördern.

Auch ohne neuro-physiologische Kenntnisse hatte Pestalozzi bereits eine Vorstellung von den verschiedenen kindlichen Entwicklungsphasen – dem Laufenlernen folgt der Spracherwerb, dann die Feinmotorik usw. Seine Pädagogik wollte soziale, kreative, normative und kommunikative Inhalte auf diese Abfolge abstimmen und so für ein „kindgerechtes" Lernen sorgen, für ein solides Fundament von Elementarbildung, das später zu souveräner Lebensführung qualifizieren sollte.

Pestalozzis Bücher fanden eine internationale Leserschaft, seine Lehren passten in die Zeit eines gesellschaftlichen Aufbruchs. Die französische Republik ernannte ihn 1792 als einzigen Schweizer zum Ehrenbürger. Seine Schulen und „Erziehungsinstitute" in Burgdorf, Kanton Bern, und später in Yverdon-les-Bains im Hinterland von Lausanne zogen Dutzende von Zöglingen und Schülern aus ganz Europa an. Einer davon war Friedrich Fröbel.

Der Pastorensohn hatte bis dahin verschiedene Berufsfelder ausprobiert. Bei der thüringischen Forstverwaltung hatte er eine Lehre als Landvermesser absolviert und an der Universität Jena naturwissenschaftliche Vorlesungen gehört. Nach verschiedenen Posten in der Land- und Forstwirtschaft wurde er Hauslehrer bei einer vermögenden Familie in Frankfurt/M. und konnte die Eltern überreden, ihre drei Söhne bei

Pestalozzi unterrichten zu lassen. Er begleitete die Buben und konnte so selber gut zwei Jahre lang das Erziehungskonzept des Schweizers studieren, als Teil des Lehrerkollegiums erproben. Seine wichtigste Erkenntnis: „Der Mensch (...) entfaltet, lehrt sich durch das Finden in sich".

Auch nach der Rückkehr aus der Schweiz blieb Friedrich Fröbel ein schweifendes Gestirn. Er studierte alte Sprachen, Naturwissenschaften und Mineralogie zunächst in Göttingen, später in Berlin, blieb aber ohne Abschluss. In den so genannten Befreiungskriegen gegen Napoleon nahm er 1813 im Freicorps der Lützow'schen Jäger an der Schlacht von Großgörschen teil, was ihn viele Jahre später schreiben ließ: „Nur durch die Lebensgefahr hindurchgehend, hindurchgegangen konnte ich Erzieher werden."

Nach ein paar Monaten als Kriegsfreiwilliger wurde er in Berlin zunächst Universitätsassistent bei einem Mineralogie-Professor. Gemeinsam mit seinen Kriegskameraden Wilhelm Middendorf und Heinrich Langethal gründete er dann 1816 in Thüringen die Allgemeine Deutsche Erziehungsanstalt. Die ersten sechs Zöglinge kamen alle aus den Familien der Gründer. Doch mit dieser Internatsschule in Keilhau, einem Ortsteil des Städtchens Rudolstadt, hatte der 34-jährigeFröbel endlich seine Berufung gefunden. Er entwickelte ein Konzept für eine ganzheitliche Ausbildung und Persönlichkeitserziehung.

Dies wirkt auf der Oberfläche recht rustikal: Lehrer und Schüler duzten sich, alle trugen eine einfache, alltagstaugliche Kleidung und lange Haare. Alle arbeiteten auf den Feldern und im Gemüsegarten der Anstalt und sorgten so gemeinsam für die Ernährungsgrundlage. Auf dem Lehrplan stand regelmäßig Sport: Laufen und Schwimmen im Sommer, im Winter Schlittschuhlaufen und Rodeln. In jedem Jahr wurde gemeinsam eine große Wanderung unternommen. Zur Vertiefung des Geschichtsunterrichts übers Mittelalter wurden Ritterrüstungen gebaut, Astronomielektionen fanden nachts auf dunklem Feld statt, wo die Planeten und Sternbilder gesucht und gefunden werden konnten.

Während dieser Keilhauer Jahre verfasste Friedrich Fröbel sein Opus magnum: „Die Menschenerziehung". Im Eigenverlag erschien 1826 ein „Erster Band", dem jedoch keine weiteren folgten. Das Buch präsentiert ein ganzheitliches pädagogisches Konzept „bis zum begonnenen Knabenalter", das umgerechnet in heutige Entwicklungsphasen die Kleinkind- bis in die Grundschulzeit behandelt. Den gesellschaftlichen Vorstellungen und Konventionen des Biedermeier entsprechend erwähnt Fröbel nur das männliche Geschlecht. Bis zum Ende des 19. Jahrhunderts waren alle Konzepte und Programme für Bildung und Erziehung nur auf Jungen und junge Männer ausgerichtet, Mädchen wurden nur wenige Jahre in allgemeinbildenden Schulen unterrichtet. Weiterführende Institute und die Studiengänge der Universitäten standen grundsätzlich nur männlichen Eleven offen (s.a. Kapitel über Frauenrechte, S. 55 f.).

Fröbels Pädagogik wurde schnell ein Erfolg. Im Jahr 1822 unterwies sein Kollegium 22 Schüler, fünf Jahre später waren es schon 57. Eine staatliche Überprüfung der Unterbringung und des Lehrbetriebs erbrachte höchstes Lob: „Könnten alle Schulen in solche Erziehungshäuser verwandelt werden, so müsste nach einigen Generationen ein geistig kräftigeres und (...) reineres, edleres Volk daraus hervorgehen", schrieb ein Inspektor 1825 an das Consistorium zu Schwarzburg-Rudolstadt, die Schulaufsichtsbehörde des gleichnamigen Fürstentümchens.

Doch zugleich waren Fröbels Erziehungsziele zu autonomen Persönlichkeiten, zu einer souveränen Lebensführung der biedermeierlich-restriktiven Obrigkeit suspekt. Die Keilhauer Anstalt galt als „Demagogennest", man vermutete „burschenschaftliche Bestrebungen" im inzwischen ausgebauten Kollegium. Die Drohung stand im Raum, Schülern mit einem Keilhauer Abschluss den Zugang zu Universitäten zu verwehren. So ging die Zahl der Zöglinge bald wieder zurück und Friedrich Fröbel musste sich nach neuer Kundschaft umsehen.

Die fand er 1831 in der Schweiz. In den folgenden sechs Jahren versuchte sich Fröbel dort wie in jüngeren Jahren in verschiedenen Projekten – ohne nennenswerten Erfolg. Immerhin blieb er jetzt bei seinem Lebensthema, der Pädagogik. Und als er sich 1837 wieder in seiner thüringischen Heimat niederließ, fand er dort einen Fabrikanten für die Herstellung der Spielzeuge („Gaben"), die Fröbel zum materiellen Kern seines Lernprogramms für Kleinkinder gemacht hatte: Ein Stoffbällchen für Babies, für größere Schützlinge eine aus Holz geformte Kugel, einen Würfel und einen Zylinder. Die geometrischen Figuren sollten das räumliche Verständnis der Kleinkinder anregen, die taktilen Empfindungen von Rundungen, Ecken, Kanten und Wölbungen in Verbindung bringen mit den physikalischen Eigenschaften der Objekte wie etwa ihr Rollvermögen, ihre stabile oder instabile Lage. In einer nächsten Entwicklungsstufe sollten unterschiedlich zerleg- und wieder zusammenfügbare Holzwürfel die analytischen Fähigkeiten, das räumliche Abstraktionsvermögen und das konstruktive Geschick der Kinder trainieren.

Die Holzspielzeuge waren nicht nur eine höchst willkommene Einkommensquelle für ihren Erfinder. Sie sind bis heute die formelhaften Manifestationen der „Fröbel-Pädagogik", ein zentrales Element der integrativen Elementarerziehung und ein Symbol für spielerisches Lernen. Sie fanden auch sofort Förderer: In Rudolstadt präsentierte Fröbel sein Konzept der Mutter der Landesfürstin, in Dresden direkt der Königin. Dort entstand eine weitere Produktionsstätte, ebenso in Frankfurt/M. und in Eisenach.

Im stolzen Alter von 58 Jahren stiftete Friedrich Fröbel im Städtchen Blankenburg den Allgemeinen Deutschen Kindergarten. An dessen Sitz im „Haus über dem Keller", heute Sitz des Fröbel-Museums, wurden fortan Kleinkinder nach seinen Theorien und Lehren betreut und ausgebildet, dort startete der weltweite Siegeszug der frühkindlichen Erziehung. Im Jahr 1842 begann Fröbel in Blankenburg auch mit der systematischen Schulung von Kindergärtnerinnen. Damit bot er den jungen Frauen seiner Zeit eine sonst seltene Möglichkeit zu qualifizierter Erwerbsarbeit.

Im Jahr 1844 erschien Fröbels Sammlung von „Mutter- und Koseliedern", meist selbst verfasste, einfachste Weisen, die einen musikalischen Rahmen für liebevolle Zuwendung, für direkte Kommunikation und rhythmische Koordination („Wink' dem Hühnchen, wink' dem Täubchen!") bilden sollen. Einige, etwa „Patsche, patsche Kuchen", werden bis heute in Kindergärten gesungen oder sind zumindest bekannt.

Nun stand Fröbels Pädagogik-Konzept auf fünf soliden Säulen: Theoretische Schriften als Überbau und das ebenso robuste wie vielseitige Spielzeug als Handelsware. Dazu konkrete Anleitungen und Materialien für das Betreuungs- und Erziehungsprogramm plus eine Berufsbildungsanstalt in einem schnell wachsenden Netz von Kindergarten-„Filialen": Bis zum Jahr 1852 waren allein im deutschsprachigen Raum

35 Kindergärten gegründet worden. Der geistige Vater und Motor dieses Projekts, seit 1839 verwitwet, propagierte seine Ideen in den Folgejahren auf umfassenden Vortragsreisen. Die ersten Aktivistinnen der Frauenbewegung (s. S. 54) griffen Fröbels Programm für eine Kindererziehung zu souveränen, selbstbestimmen Menschen begeistert auf und sorgten für weitere Verbreitung.

Doch im Zuge der eisigen Restauration nach der gescheiterten Revolution von 1848 wurden Kindergärten im gesamten Königreich Preußen wegen „destruktiver Tendenzen auf dem Gebiet der Religion und Politik" verboten. Kultusminister Karl Otto von Raumer sah darin Teile eines „sozialistischen Systems". Die Aufhebung des Verbots im Jahr 1860, betrieben von den Feministinnen Lina Morgenstern und Bertha von Marenholtz-Bülow, erlebte Friedrich Fröbel nicht mehr. Er starb 1852.

Die Letztgenannte, Sproß eines Uradelsgeschlechts und eingeheiratet in eine vermögende Familie, trug Fröbels Ideen jedoch auf Vortragsreisen nach Frankreich, Großbritannien, Italien, Belgien und die Schweiz. Auch nahmen ausgebildete Kindergärtnerinnen Fröbels Konzept beim Auswandern mit in die USA, wo schon 1856 in Watertown, Wisconsin, der erste Kindergarten entstand, gefolgt von Gründungen in Boston und New York City.

Heute gibt es zigtausend Kindergärten in aller Welt, Millionen von Kindern werden dort alljährlich systematisch betreut und ausgebildet.

Friedrich Fröbel war kein einfacher Mensch. Er hatte außereheliche Affären, verirrte sich in nationalistischen Konstrukten und sein Versuch einer Wissensvermittlung an Jugendliche im heutigen Sekundarstufenalter, etwa in der Keilhauer „Allgemeinen deutschen Erziehungsanstalt", wurde schon damals von den Betroffenen heftig kritisiert. Seine Texte, bestehend aus vielfach verschachtelten Sätzen mit mehreren Prädikaten in verschiedenen Tempi galten selbst der bundesdeutschen Pädagogik-Professorin Erika Hoffmann als „verschnörkeltes Gestrüpp von schlechten Reimen und schwärmerischen Ergüssen". Mit anderen Worten: Sie sind nach heutigen Ansprüchen kaum lesbar.

Dennoch hat Friedrich Fröbel mit seiner „Erfindung" des Kindergartens und der Elementarpädagogik einen enormen Einfluss auf unsere heutige Vorstellung von frühkindlicher Erziehung und eines umfassend ausgebildeten Menschen entfaltet. Seine Theorien und Lehren, seine Methoden und Anstalts-Gründungen haben im späten 19. und dem frühen 20. Jahrhundert eine neue Vorstellung von Persönlichkeitsentwicklung geprägt und im In- wie im Ausland zu einer grundlegenden und vielfältigen Reform der Pädagogik geführt. Bildung, so das neue Ziel, sollte nicht von außen auf die Zöglinge einwirken, sondern ihre inneren Anlagen, Talente, Fähigkeiten entdecken und fördern. Erziehung, so der gemeinsame Nenner aller „reformpädagogischen" Ansätze, sollte keine fremdbestimmten Themen, kein abstraktes Wissen, weniger gesellschaftliche Normen, Erwartungen und Grenzen vermitteln, sondern von den Bedürfnissen und Fähigkeiten der Kinder und Jugendlichen ausgehen. Die Reformpädagogik will ihre Objekte nicht mehr oder weniger dirigistisch formen, sie sollen in ihrem eigenen Tempo und mit eigenen Zielen ihre eigene Form finden und vervollkommnen.

In Deutschland gründete sich 1908 ein Bund für Schulreform, nach dem Ersten Weltkrieg dann auch ein radikalerer Bund Entschiedener Schulreformer, in dem sich die verschiedenen Ansätze der angewandten Reformpädagogik organisierten. Im Jahr 1920 berief das Innenministerium eine Reichsschulkonferenz ein, auf der neben Formalia wie der Dauer der obligatorischen Grundschule und dem Umfang eines konfessionellen Religionsunterrichts auch neue Ansätze wie die Landerziehungsheime, die Einheitsschulen und die Arbeits- und Lebensschulen verhandelt wurden.

In Italien entstanden ab 1907 die nach der Ärztin und Reformpädagogin Maria Montessori benannten Schulen, die Kinder und Jugendliche als „Baumeister ihres Selbst" begreifen und auf offenen Unterricht und „Freiarbeit" setzen, wie sie schon Friedrich Fröbel propagiert und in seinen Lernanstalten praktiziert hatte. Die Lehrerinnen und Lehrer vermitteln hier keine Inhalte, sondern begleiten die Schülerinnen und Schüler durch die Zeit ihres Lernens, geben Rückmeldung über ihre Fortschritte und stimulieren sie zu weiteren Aktivitäten. Ziel der Montessori-Pädagogik ist die Selbstermächtigung der Zöglinge, fokussiert in der Aufforderung „Hilf den Kindern und Jugendlichen, es selbst zu tun!"

In Berlin wurde 1919 das erste Montessori-Kinderhaus eröffnet, in Jena startete 1923 die erste Montessori-Schule ihren Betrieb. Ernst Bulova, ab 1928 Leiter der Montessori-Versuchsschule in Berlin-Dahlem, trug das Konzept nach dessen Verbot durch die Nationalsozialisten zunächst nach Großbritannien, ab 1940 dann auch in die USA.

Im britischen Derbyshire hatte schon 1889 die Abbotsholme School den Betrieb aufgenommen. Sie orientierte sich am Modell der deutschen Landerziehungsheime. In den USA griffen der Philospohie- und Pädagogik-Professor John Dewey und sein Schüler William Heard Kilpatrick Fröbels Grundgedanken auf. Sie führten ab 1880 die Methode des

„Projektlernens" ein : „von Lehrer geleitete, von Schülern durchgeführte Aktivitäten" zielen auf praktisches, konstruktives Handeln mit konkreten Problemlösungen ab.

Die amerikanische Lehrerin Helen Parkhurst, ausgebildet unter anderem in Rom von Maria Montessori, entwickelte deren Konzept weiter zum so genannten Dalton-Plan, benannt nach der Kleinstadt in Massachusetts, in der diese Form des reformpädagogischen Schulunterrichts ab 1920 zum ersten Mal praktiziert wurde. Die Methode verzichtet grundsätzlich auf Frontalunterricht und überlässt es den Schülern, sich den Lehrplan nach ihren individuellen Fähigkeiten und im individuellen Tempo anzueignen. Der Dalton-Plan wird vor allem in den USA und den Niederlanden angewendet, wo Helen Parkhurst schon 1957 für ihre Verdienste um das Schulwesen von Königin mit einem Orden ausgezeichnet wurde.

Nach einer erfolgreichen Konferenz des Weltbundes für die Erneuerung der Erziehung in Heidelberg gründete die Reformpädagogin Elisabeth Rotten 1931 auch eine deutsche Sektion dieser Organisation. Unter dem NS-Regime kam deren Arbeit zum Erliegen, seit 1951 koordiniert die Vereinigung jedoch auch hierzulande wieder die verschiedenen Ansätze und Initiativen moderner Erziehung.

Friedrich Fröbels Impulse wirken auch im Bereich von Kunst und Kultur bis heute nach. Zum Beispiel veröffentlichte Walter Gropius, Gründer und Zentralfigur des Bauhauses (s. S. 160), im Jahr 1924 seinen Entwurf für ein Friedrich-Fröbel-Haus im thüringischen Bad Liebenstein, einem von Fröbels letzten Wohnorten. Das Projekt wurde jedoch nicht umgesetzt. Die Ulmer Hochschule für Gestaltung, ihrerseits eine Nachfolgerin des Staatlichen Bauhauses (s. S. 170), entwickelte einen kompletten Satz von Fröbels „Spielgaben", kompakt untergebracht in einem hölzernen Kasten und in dieser Form heute noch vielfach in Benutzung.

Erst in jüngerer Zeit, so kritisieren die strengen Fröbel-Jünger, kommt der metaphorische Begriff des Kindergartens im deutschsprachigen Raum ein wenig aus der Mode. Ersetzt wird er gern und durch den Begriff der Kindertagesstätte, kurz Kita – eine Wortschöpfung aus der NS-Zeit. Dafür bleibt im Ausland der Germanismus des Kindergartens unverwüstlich.

Mit einem moderneren, daher auch radikaleren Ansatz als Fröbel wirkte das Ehepaar Geheeb, das 1910 die Odenwaldschule gründete. Das Internat nahe dem hessischen Dorf Ober-Hambach war hundert Jahre lang ein international angesehenes Leuchtturm-Projekt der so genannten Reformpädagogik.

Paul und Edith Geheeb entwickelten die Konzepte der Landerziehungsheime weiter, die der Pädagoge Hermann Lietz um die Wende zum 20. Jahrhundert aufgebaut hatte. Ihren Zöglingen gaben sie den Leitsatz des antiken Lyrikers Pindar auf den Lebensweg: „Werde, der du bist!" Denn die Odenwaldschule wollte souveräne, autonome Persönlichkeiten aus deren eigenen Anlagen heraus entwickeln, aus der Quelle ihrer individuellen Qualitäten und Talente.

Paul Geheeb war 1870 in der Rhön geboren, hatte in Gießen, Berlin und Jena evangelische Theologie studiert und nach zwölf Semestern mit dem Oberlehrerexamen abgeschlossen. Als angestellter Lehrer, später auch als Schulleiter, entwickelte er in den „Landerziehungsheim" genannten Internaten seines Freundes Hermann Lietz Ideen, um „das gesamte Leben der Menschen auf eine völlig neue, gesündere Basis zu stellen, und zwar vermittelst einer von Grund auf neuen Erziehung." Hierzu war wichtig, genug Abstand zu Großstädten zu halten,

„die das Volksleben ankränkeln", wie der Schulstifter Max von Baden 1920 in seiner Eröffnungsrede für das abgelegene Elite-Internat Schloss Salem formulierte. Für die „neue, gesündere Basis" sollte auch der Verzicht auf Genussmittel sorgen: Paul Geheeb war schon als Student dem Guttemplerorden beigetreten und seither militanter Anti-Alkoholiker.

Nach dem erfolgreichen Aufbau mehrerer Landerziehungsheime überwarf sich Paul Geheeb mit Hermann Lietz, gründete 1906 zunächst in Thüringen die Freie Schulgemeinde Wickersdorf und vier Jahre später in Hessen die Odenwaldschule. Finanziert wurde dieses Vorhaben von dem Berliner Industriellen Max Cassirer. Geheeb hatte dessen Tochter Edith kennengelernt, als sie in Wickersdorf ein Praktikum absolvierte. Die beiden heirateten 1909.

Großzügig unterstützt vom vermögenden Schwiegervater konnte das Ehepaar ein halbes Dutzend geräumige Schul- und Wohngebäude an den Hängen des Odenwalds errichten lassen, die nach Paul Geheebs Idolen benannt wurden: Herder, Goethe, Schiller, Fichte, Humboldt. Architekt war Heinrich Metzendorf aus dem benachbarten Bensberg, der die zum Teil schieferverkleideten Satteldach-Häuser mit markanten Kreuzgiebeln, Dachgauben und Runderkern entworfen hatte. Metzendorf war zu jener Zeit Mitglied im Deutschen Werkbund (s. S. 160).

Die Zöglinge der Odenwaldschule, zum Teil noch im Grundschulalter, lebten in gemischtgeschlechtlichen Wohngemeinschaften, betreut und beaufsichtigt von ihren Lehrerinnen und Lehrern. Die wurden, wie alle Bewohner des abgelegenen Berg-Internats, geduzt. Der Unterricht fand nicht jahrgangsweise statt, sondern in Gruppen aus freiwilligen Teilnehmerinnen und Teilnehmern. Die sollten ihr Lernprogramm nach ihren individuellen Neigungen zusammenstellen. Alle Kurse wurden selbstverständlich gleichermaßen für Jungen wie für Mädchen angeboten, Schülerinnen und Schüler hatten umfassende Mitbestimmungsrechte für alle Regelungen und Abläufe der Anstalt. „Die Odenwaldschule ist eine freie Gemeinschaft, in der die verschiedenen Generationen unbefangen miteinander umgehen und voneinander lernen können", hieß es dazu in der Schulordnung.

Edith Geheeb war die Finanzchefin des Unternehmens und die Organisationszentrale. Ehemann Paul kümmerte sich um die reformpädagogische Praxis und lieferte den Überbau. Nach seinem Konzept ließ sich Bildung nicht durch Unterricht vermitteln. Sie war das Ergebnis eigener Erlebnisse und des individuellen Engagements, oder, wie sein Idol, der Philosoph Johann Gottlieb Fichte formuliert hatte: „Bildung geschieht durch Selbsttätigkeit und zweckt auf Selbsttätigkeit ab." Der Schulgründer wollte daher nicht von Erziehung sprechen, sondern von menschlicher Entwicklung. Hierfür wollte er Rahmen und Anleitung geben.

Neben dem Unterricht in herkömmlichen Schulfächern wurden die Zöglinge auch handwerklich angeleitet, etwa in Holz- und Metallbearbeitung. Beim Sport, den Jungen und Mädchen ebenfalls gemeinsam absolvierten, war man generell nackt. Jeden Morgen traf man sich nackt zum gemeinschaftlichen „Luftbaden" auf einer Wiese am Waldrand.

Den Nationalsozialisten waren die anti-autoritären, libertären Führungsprinzipien und Alltagsgestaltungen ein Dorn im Auge. Gleich nach der Machtübernahme überfiel deshalb die SA im März 1933 zweimal die Odenwaldschule, misshandelte einen jüdischen Lehrer und terrorisierte die Schüler. In den folgenden Monaten setzten sich Schikanen und Drangsalierung durch Behörden und NS-Organisationen fort. Das Ehepaar Geheeb, Edith war Jüdin, entschloss sich daher 1934 gemeinsam mit 25 Schülern und Beschäftigten zur Auswanderung in die Schweiz. Zunächst am Genfer See, dann im Jura, schließlich in der Gemeinde Hasliberg, Kanton Bern, betrieben sie ihre neu gegründete Ecole d'Humanité (deutsch: „Schule der Menschlichkeit") nach einem ähnlichen Konzept wie die Odenwaldschule.

Die Nationalsozialisten übernahmen die Gebäude und krempelten den Betrieb komplett in ihrem Sinn um: Jungen und Mädchen wohnten fortan getrennt, die Klassen wurden nach Jahrgängen gegliedert, es gab Wehrsportunterricht. Der neue Schulleiter Werner Meyer verfasste ein Konzept zur Umgestaltung „der Odenwaldschule als Landerziehungsheim im nationalsozialistischen Staat."

Nach dem Ende des Zweiten Weltkriegs und dem Zusammenbruch des NS-Staats sollten die Geheebs erneut die Leitung der Odenwaldschule übernehmen. Sie blieben jedoch bis zu ihrem Tod in der Schweiz. Anlässlich seines 90. Geburtstags erhielt Paul Geheeb die Ehrendoktorwürde der Universität Tübingen. Er starb ein Jahr später in seiner Ecole d'Humanité. Seine Ehefrau verschied 21 Jahre später im Alter von 97 Jahren.

Die Odenwaldschule wurde 1946 wieder eröffnet und knüpfte schnell an ihr Renommee aus der Ära Geheeb an. In Großbritannien hatte zum Beispiel der in Deutschland ausgebildete Reformpädagoge Alexander Sutherland Neill schon in den 1920ern das Konzept des jahrgangsübergreifenden Unterrichts für sein „Summerhill"-Internat übernommen. Auch wurden die Summerhill-Zöglinge handwerklich ausgebildet in Holz- und Metallbearbeitung; eine Schulgemeindeversammlung hatte in Summerhill ähnlich umfassende Mitbestimmungsrechte wie das entsprechende Gremium im Berg-Internat von Ober-Hambach.

Die Odenwaldschule hatte nie mehr als 250 Schüler und blieb auch in der Nachkriegszeit eine Anstalt für die Kinder liberaler, weltoffener Bürger- und Künstlerfamilien – was ihr im In- und Ausland die Aufmerksamkeit und die Anerkennung entscheidender Kreise garantierte. Zu ihren prominenten Zöglingen gehören Klaus Mann, der älteste Sohn von Literaturnobelpreisträger Thomas Mann, die Schriftsteller Wolfgang Hildesheimer, Tilman Jens und Jakob Arjouni. Außerdem Rosalinde Ossietzky, die Tochter des Friedensnobelpreisträgers von 1935 (s. S. 24 ff.), der deutsch-französische Revolutionär Daniel Cohn-Bendit (s. S. 81), der Industrielle Wolfgang Porsche und Beate Uhse, Gründerin und langjährige Leiterin eines Versandhandels für Sexbedarf.

Ein problematisches Feld für die reformpädagogischen Anstalten war und blieb die Sexualität. Gustav Wyneken, Mitgründer und langjähriger Leiter der Freien Schulgemeinde im thüringischen Wickersdorf, war schon 1922 wegen seines sexuellen Missbrauchs von zwei männlichen Schülern zu zwei Jahren Gefängnis verurteilt worden. Seine kriminellen Übergriffe ordnete er später ohne jede Reue als Taten eines Mannes ein, den „die allmächtige Zeit und das ewige Schicksal" dazu „berufen" habe und „die nur so geschehen können und immer wieder geschehen müssen, wenn die Welt nicht ersticken soll."

Gegen Ende des 20. Jahrhunderts wurde dann zudem bekannt, dass der Lehrer und spätere Schulleiter Gerold Becker in den 1970er- und 1980er-Jahren Dutzende von Schülern der Odenwald-Schule sexuell missbraucht hatte. Die Vorwürfe waren jedoch verjährt, konnten juristisch nicht mehr geahndet werden. In den Folgejahren wurde die sexualisierte Atmosphäre an der Odenwaldschule dann staatsanwaltlich und publizistisch durchpflügt. Ergebnis: Neben Becker waren über Jahrzehnte noch weitere Lehrer sexuell übergriffig und gewalttätig geworden – an geschätzt bis zu 900 Opfern. Andere hatten von den Vorgängen gewusst, aber nichts dagegen unternommen.

Nach jahrelangen Untersuchungen, Publikationen, Debatten und Prozessen über die Verbrechen unter dem Deckmantel der Reformpädagogik im Odenwald ging die Schülerzahl drastisch zurück. Im Sommer 2015 musste die Schule Insolvenz anmelden. Wenige Wochen später ordnete das hessische Kultusministerium die Einstellung des Betriebs an. Das Inventar wurde versteigert, die Gebäude von der Eigentümerfamilie einer Mannheimer Werbeagentur gekauft. Die wandelte das Gelände der ehemaligen Odenwaldschule um in einen „Wohnpark" für 300 Mieter und mit einigen Ferienapartments.

Luft- und Raumfahrt:
Abheben in den Äther – und darüber hinaus

Bevor die motorisierte Aeronautik und damit auch die freie Bewegung des Menschen in der dritten Dimension begann, hatte ein deutscher Luftfahrt-Pionier die physikalischen Gesetzmäßigkeiten des Fliegens erforscht und in heroischen Selbstversuchen erprobt. Zur gleichen Zeit baute ein adeliger Teufelskerl und Tausendsassa am Bodensee gigantische Luftschiffe, die am Ende ihrer technischen Entwicklung die Erde umrundeten und die Kontinente verlässlicher miteinander verbanden als die damaligen Flugzeuge. Die Flugverrücktheit der NS-Führer und die Herausforderungen des Zweiten Weltkriegs brachten entscheidende Neuerungen für den Flugzeugbau. Und die deutsche Kriegs-Raketentechnik bildete das Fundament für die Raumfahrtprogramme des Kalten Kriegs, brachte schließlich Menschen ins Weltall und bis zum Mond.

Kein Zweifel: Die entscheidende Pionierleistung beim freien Aufsteigen in die dritte Dimension ist den amerikanischen Brüdern Orville und Wilbur Wright gelungen. Ihre Flüge mit einem selbst entworfenen, motorisierten Doppeldecker in den Dünen von North Carolina brachten im Dezember 1903 den Durchbruch in die moderne Fliegerei. Von dort aus trugen die beiden Fahrradhändler die Technik in alle Welt, wo sie begeistert aufgenommen und in kürzester Zeit weiter entwickelt und perfektioniert, zu einem heute unverzichtbaren, global verfügbaren und genutzten Verkehrsmittel wurde.

Doch der Erfolg der Wrights ruht auf den Schultern eines deutschen Tüftlers und Forschers. Wilbur Wright hat diesen Vorkämpfer, der bei der praktischen Umsetzung seines Traums vom Fliegen ums Leben kam, in einem Aufsatz gewürdigt: „Wo immer seine Grenzen lagen: Er war der Größte unserer Vorläufer und die Welt steht tief in seiner Schuld."

Otto Lilienthal, 1848 im vorpommerschen Anklam geboren und an der Königlichen Gewerbe-Akademie in Berlin technisch ausgebildet, wollte das archimedische Auftriebs-Gesetz mit technischen Mitteln durchbrechen, wonach nur in den Äther abheben kann, was leichter ist als Luft. Gas- und Heißluftballone wie etwa die der Brüder Montgolfier, die diese Regel erfüllen, waren zwar seit rund einhundert Jahren in Benutzung. Sie ließen sich aber nicht steuern, wurden vom Wind unwillkürlich fortgetrieben. Fesseldrachen, die mit einem bestimmten Anstellungswinkel gegen den Wind aufsteigen können, sind zwar schwerer als Luft; ihre Beweglichkeit ist jedoch durch ihre Halteleine beschränkt, ihre Tragfähigkeit und ihr Flugvermögen sind generell abhängig von der Stärke der Luftbewegung.

Otto Lilienthal setzte dem entgegen, dass Vögel exzellent und in allen Richtungen frei fliegen können, obwohl sie schwerer sind als die von ihrem Körper verdrängte Luft. Mit anatomischen Studien an jungen Störchen fand er gemeinsam mit seinem Bruder Gustav in den 1870er-Jahren heraus, dass die Oberseite von Vogelflügeln konvex gebogen ist. Dies, so ermittelten die Brüder in ausführlichen Versuchsreihen, sorgt bei hinreichend schneller Vorwärtsbewegung für Auftrieb und trägt den Vogel durch die Luft. Für diese maßgebliche theoretische Grundlage zollte der erfolgreichere Flugpionier Wilbur Wright höchste Anerkennung: Lilienthal, so schrieb er in dem erwähnten Aufsatz, „entschlüsselte die Vorteile der gewölbten Tragflügel-Oberseite so überzeugend, dass er als ihr eigentlicher Entdecker gelten kann."

Es dauerte rund 15 Jahre, bis Otto Lilienthal die Mittel für die Publikation seiner Messtabellen und den daraus abgeleiteten Regeln für die Geometrie und die Ausmaße von Tragflächen aufbringen konnte, mit denen sich potenzielle Auftriebskräfte in Proportion zur Vorwärtsbewegung berechnen ließen. Abgeleitet aus diesen Erkenntnissen baute er wenig später eine erste Apparatur aus Weidenholz und gewachstem Baumwolltuch mit 14 Quadratmetern Tragfläche. Damit sollte ein Mensch durch die Luft gleiten können. Der Pilot, eingehängt in der Mitte der Flügel, würde das Gerät durch Verlagerung seines Körpergewichts steuern.

Im Jahr 1891 begann Lilienthal seine Flugversuche, zunächst von einem Sprungbrett im Garten seines Hauses, dann vom „Spitzen Berg" in der Mark Brandenburg. Hier glitt er schon 25 Meter weit. Schnell wurde klar, dass das Fluggerät einen „Schwanz" mit vertikalen und horizontalen Flächen, „Leitwerken", zu Stabilisierung brauchte. In den Rhinower Hügeln im Havelland gelangen im Jahr 1893 Gleitflüge über 250 Meter Entfernung. Das Gleitverhältnis betrug dann 1:4, in etwa vergleichbar mit einem Space Shuttle der Nasa im Landeanflug. Das heißt: Bei jedem Meter Höhenverlust kam das Gerät vier Meter voran. Die internationale Fachwelt verfolgte Lilienthals fotografisch oft exzellent dokumentierte Publikationen zu seinen rund 2000 Flügen teils begeistert, teils offen feindselig.

Im selben Jahr wurde der immer weiter verbesserte Gleitflieger als „Normsegelapparat" patentiert und von Lilienthals Berliner Maschinenfabrik zu einem Verkaufspreis von 500

Mark angeboten – das erste seriell hergestellte Fluggerät der Geschichte. Zu den Käufern gehörten der schwerreiche amerikanische Medien-Tycoon William Randolph Hearst und der russische Luftfahrt-Pionier Nikolai Schukowski.

Lilienthal entwickelte und erprobte immer neue Modelle, darunter verschiedene Doppeldecker, zusammenklappbare Eindecker und Geräte mit beweglichen Tragflächen, so genannte „Flügelschlagapparate". Doch am 9. August 1896 ereignete sich ein fataler Unfall: Bei einem Flugversuch im Havelland geriet der an jenem Tag besonders ambitioniert pilotierende Lilienthal in eine thermische Störung, der Gleiter kam ins Trudeln und stürzte aus rund 15 Metern Höhe ab. Der 48-jährige Lilienthal war nach dem Aufprall noch bei Bewusstsein, fiel aber beim Transport zurück nach Berlin ins Koma und starb tags darauf.

Einen anderen Weg zur autonomen Luftfahrt nahm in jenen Tagen Ferdinand Graf von Zeppelin. Der Kavallerieoffizier, 1838 in Konstanz geboren, war zu Beginn des deutsch-französischen Kriegs 1870/71 durch einen kühnen Erkundungsritt hinter die feindlichen Linien aufgefallen, von dem er als einziger des entsandten Trupps zurückkehrte. Theodor Fontane hat das zweitägige Husarenstück (de facto diente der Graf bei den Dragonern) literarisiert, seither galt Zeppelin als Kriegsheld und konnte sich unter der Obhut seines württembergischen Landesherrn in den 1890er-Jahren seiner Idee von motorisierten, steuerbaren Ballonen widmen, so genannte „Luftschiffe" entwickeln.

Diese voluminösen, gasgefüllten Gefährte sind leichter als Luft. Sie fliegen folglich nicht, sondern „fahren" durch den Äther. Seit Mitte des 19. Jahrhunderts war es gelungen, Ballongondeln mit Propellern auszustatten und durch mitgeführte Dampfmaschinchen oder kleine Elektromotoren in eine Richtung zu schieben. Doch konnten diese Mollusken nur bei absoluter Windstille den gewünschten Kurs einschlagen und halten. Zeppelins Konzept sah deshalb vor, den Vortrieb der motorisierten Propeller auf ein starres Gerüst wirken zu lassen, in dem die Traggasbehälter aufgehängt waren. Das Gerüst musste zwar stabil, doch logischerweise zugleich leicht sein und der Luftwiderstand bei Vorwärtsfahrt möglichst gering. Dies führte zu einem Aluminium-Skelett und einer Art Spindel- oder Zigarrenform für Zeppelins Luftschiffe.

Als eingefleischter Militär dachte der Graf vor allem an einen Einsatz als Luftwaffe. Eine vom Universalgelehrten Hermann von Helmholtz geleitete Kommission des Kriegsministeriums, bei dem der Mittfünfziger eine Finanzierung seiner Bauvorhaben beantragt hatte, fand diese jedoch unrealistisch. Statt der beantragten Million erhielt Zeppelin nur einen Zuschuss von 6000 Mark.

Obwohl der Graf keinerlei akademische Qualifikationen, keine einschlägige Ausbildung hatte, nahm der Verein Deutscher Ingenieure (VDI) den populären Kriegshelden im Jahr 1896 als Mitglied auf und unterstützte sein Projekt. Finanziert von Mitgliedsunternehmen des VDI, vom württembergischen Königshaus und zur Hälfte auch aus eigener Kasse konnte Zeppelin 1898 dann sein starres Luftschiff zum Patent anmelden und projektieren. Kaiser Wilhelm II. nannte ihn noch immer „den Dümmsten aller Süddeutschen".

Zeppelin konstruierte Monster: Schon das erste Luftschiff war 128 Meter lang und 11,5 Meter dick. Als Traggas dienten 11.300 Kubikmeter explosiver Wasserstoff. Ein Bleigewicht von 130 Kilogramm, fürs Trimmen des Giganten benötigt, beschränkte die effektive Nutzlast auf 300 Kilogramm. Am

Abend des 2. Juli 1900, also dreieinhalb Jahre vor dem ersten kontrollierten Motorflug der Brüder Wright, startete LZ 1 („Luftschiff Zeppelin") unter dem Jubel von 12.000 Zuschauern zu seiner Jungfernfahrt über den Bodensee. Doch schon nach 18 Minuten musste es wegen eines technischen Defekts notwassern. Die nächste Fahrt endete verfrüht wegen eines Motorschadens, ein Benzintank war irrtümlich mit Wasser gefüllt worden. Zwei weitere Versuchsfahrten verliefen erfolgreich, dennoch urteilte ein Gutachter: „ (...) militärisch zurzeit nicht verwendbar." Das Luftschiff wurde abgewrackt, das teure Aluminiumgerüst verkauft. Der Traum schien ausgeträumt.

Doch der Graf gab nicht auf. Mit Hilfe einer Lotterie sammelte er abermals Gelder und steuerte eine große Summe aus seinem Privatvermögen bei. Eine neue Montagehalle wurde errichtet und im Januar 1906 startete der Neubau LZ2 zu seiner Jungfernfahrt. Die endete wegen der widrigen winterlichen Witterung in einer Havarie. Abermals mussten alle verwertbaren Teile eingeschmolzen und zum Schrottwert verkauft werden. Dem nächsten Projekt mit verbesserter Aerodynamik und Architektur, LZ3, erging es kaum besser: Ein schwerer Sturm zerstörte die Montagehalle und beschädigte das darin geparkte Luftschiff. Es wurde repariert.

Nach 45 Probefahrten, auf denen es rund 4.400 Kilometer zurückgelegt hatte, übernahm das Kriegsministerium in Berlin schließlich LZ3 im Jahr 1908 als erstes motorisiertes Fluggerät zu einem Kaufpreis von zwei Millionen Mark. Es war die Geburtsstunde der Luftwaffe, einer neuen, bis heute elementaren Teilstreitkraft.

Damit war der Bann gebrochen. Im November 1909 wurde die Deutsche Luftschifffahrts-Aktiengesellschaft gegründet, das erste Luftverkehrsunternehmen der Welt. Es organisierte und vermarktete die Passier- und Postflüge der nun in schneller Folge gebauten weiteren Produkte der Zeppelin GmbH. Zwar gab es auch hier zunächst einige schwere Havarien zu überstehen. Doch schon vor dem Ersten Weltkrieg war ein Liniennetz zwischen Berlin, Gotha, Hamburg, Dresden, Leipzig, Frankfurt/M. und Baden-Oos entstanden; auf über 1500 Fahrten waren knapp 35.000 Passagiere transportiert worden.

Nach dem Ersten Weltkrieg brach die große Zeit der Luftschifffahrt an. Das LZ 127 „Graf Zeppelin" begann 1928 regelmäßige Atlantik-Querungen, lange bevor dies mit Verkehrsflugzeugzeugen möglich war. Ein Jahr später umrundete es die Welt. Ab 1930 brachte es regelmäßig Passagiere nach Südamerika. Im Juli 1931 lieferte es 300 Kilogramm Post nach Spitzbergen, erprobte seine Tüchtigkeit unter polaren Bedingungen und legte 8.600 Kilometer ohne Zwischenstopp zurück – so viel wie bei heutigen Interkontinentalflügen.

Zum Beenden dieses Siegeszuges brauchte es eine Katastrophe: Beim Landemanöver unter gewittrigen Bedingungen geriet das luxuriöse LZ 129 „Hindenburg" am 6 Mai 1937 in Lakehurst, New Jersey, in Brand. Die Ursache ist bis heute ungeklärt. Der ultraleichtentzündliche Wasserstoff entfachte ein Inferno von 150 Meter hohen Flammen, in dem 13 Passagiere, 22 Besatzungsmitglieder und ein Mitglied der Bodenmannschaft starben; sehr viel mehr wurden zum Teil schwer verletzt. Nach diesem bis dahin größten Unglück der Luftfahrt wurden alle verbliebenen Zeppeline aus dem Verkehr gezogen. Eine Ära ging zu Ende.

Die „Hindenburg" war bereits für einen Betrieb mit dem nicht brennbaren Traggas Helium ausgerüstet. Da Deutschland im Ersten Weltkrieg jedoch Luftschiffe nicht nur zur

Erkundung, sondern auch zum Bombardement, etwa des belgischen Antwerpen eingesetzt hatte, verweigerten die Siegermächte auch noch Jahrzehnte später hinreichende Lieferungen des Edelgases. Das konnte damals in Deutschland nicht zu vertretbaren Konditionen hergestellt werden. Mit einer Heliumfüllung wäre 1937 in Lakehurst nichts in Brand geraten, niemand verletzt oder gar getötet worden.

Ferdinand Graf Zeppelin war bereits im März 1917 hochbetagt gestorben. Gegen Lebensende hatte er sich neben seiner Leidenschaft für Luftschiffe auch dem Bau konventioneller Flugzeuge gewidmet: Nachdem sich Wilhelm Maybach im Jahr 1909 von der Daimler-Motorengesellschaft getrennt hatte, unterstützte der Graf dessen Motorenwerk sowie das Unternehmen Flugzeugbau Friedrichshafen. Er selbst gründete zwei Flugzeughersteller, die im Ersten Weltkrieg mit so genannten Riesenflugzeugen experimentierten.

Zeppelins dortiger Chefkonstrukteur Claude Dornier, geboren 1884, entwickelte zunächst große Flugboote und fand dann entscheidende Techniken für den Flugzeugbau aus Metall. In der Zwischenkriegsära baute Dornier mit dem zwölfmotorigen Verkehrsflugschiff DoX den damals größten Tragflügler. In der NS-Zeit setzten die Fabriken des Parteimitglieds Dornier dann massiv Zwangsarbeiter und Häftlinge aus dem KZ Dachau ein.

Claude Dornier blieb in der Luftfahrttechnik aktiv bis zu seinem Tod im Jahr 1969. Nach einem langen Erbschaftsstreit gingen die im Flugzeugbau aktiven Teile des von ihm gegründeten Konzerns an Daimler-Benz über. Heute gehören sie zur internationalen Airbus-AG.

Ein ähnlich enthusiastischer Konstrukteur war Hugo Junkers. Der Ingenieur, 1859 in einem heutigen Ortsteil

Mönchen-Gladbachs als Fabrikantensohn geboren, gilt in der Fachwelt als „der Mann, der das Wellblech zum Fliegen brachte": Im Jahr 1915 setzte er dieses vergleichsweise leichte und dennoch stabile Material für das erste Flugzeug ein, das ganz aus Metall gebaut war. Sein einmotoriges Wellblech-Modell F.13, im Jahr 1919 in Dienst gestellt, hatte eine luftdichte Passagierkabine, konnte deshalb in große Höhen aufsteigen und dort sparsam fliegen. Mit 420 gebauten, in alle Kontinente exportierten Exemplaren wurde es zum ersten erfolgreichen Verkehrsflugzeug. In den 1920er-Jahren bewältigte die F.13 mehr als zwei Drittel des europäischen Passagierluftverkehrs.

Im Jahr 1926 fusionierte Junkers' Fluggesellschaft, die Luftverkehrs-AG, mit der Deutschen Aero Lloyd zur Deutschen Luft Hansa (damalige Schreibweise). Heute gehört das Unternehmen zu den Firmen, die seit dessen Gründung im Jahr 1988 im Index der größten deutschen Aktiengesellschaften notiert sind.

Nachdem Charles Lindbergh 1927 mit seiner „Spirit of St. Louis" zum ersten Mal den Atlantik non-stop von West nach Ost überquert hatte, gelang dies 1928 mit dem Junkers-Modell W33 in der Gegenrichtung. Lindbergh hatte die vorherrschenden Winde nutzen und so Sprit sparen können, die Junkers-Maschine musste gegen diese Luftströmung ankämpfen. Die dreimotorige Ju52, 1932 erstmals in Dienst gestellt, wurde mit knapp 5.000 gebauten Exemplaren einer der erfolgreichsten Propeller-Flugzeugtypen der Geschichte und ging als „Tante Ju" in die Landser-Romantik des Zweiten Weltkriegs ein.

Entwickler und Firmenchef Hugo Junkers war jedoch strikter Nazi-Gegner. Er hatte dazu beigetragen, dass das Bauhaus nach politischen Konflikten im konservativen Weimar im Jahr 1925 nach Dessau umziehen konnte (s. S. 168 f.), seinen Werksitz. Durch Junkers' Aufträge etwa für den Bau moderner Werkssiedlungen und durch seine großzügige Unterstützung entstanden die noch heute berühmten Atelier- und Wohngebäude in Dessau. In Junkers' eigenen Werkstätten baute etwa Möbeldesigner Marcel Breuer die ersten Exemplare seines bis heute legendären Stahlrohrsessels.

In der Weltwirtschaftskrise 1932 war es Hugo Junkers zwar gelungen, seine Flugzeugwerke aus der Insolvenz seines restlichen Maschinenbau-Konzerns herauszulösen und so zu retten. Nachdem jedoch die Nationalsozialisten im Frühjahr 1933 an die Macht gekommen waren, nahmen sie ihm die Aktienmehrheit ab. Junkers musste Dessau verlassen und starb 1935 in München.

Dieser dramatische, politisch gesteuerte Absturz eines engagierten Hightech-Unternehmers hat eine Vorgeschichte persönlicher Rache: Im Jahr 1923 hatte Junkers eine Bewerbung des ehemaligen Jagdfliegers Hermann Göring um eine Stelle bei den Junkers-Flugzeugwerken abgelehnt. Als einer von Hitlers engsten Vertrauten war Göring 1933 zum Reichs-Luftfahrtminister ernannt worden, 1935 zum Oberkommandeur der Deutschen Luftwaffe. Mit Junkers' Enteignung zahlte der NS-Grande dem erfolgreichen Unternehmer die zehn Jahre zurückliegende Ablehnung heim.

Ganz anders verlief die Karriere des Willy Messerschmitt. Von Göring zum Wehrwirtschaftsführer ernannt, erhielt der unermüdliche Erfinder und Technologie-Entwickler 1938 den Deutschen Nationalpreis für Kunst und Wissenschaft. Hitler hatte diese höchste Ehrung eingeführt, nachdem er 1936 seinen Untertaninnen und Untertanen „für alle Zukunft" untersagt hatte, einen Nobelpreis anzunehmen. Eine Schockwelle, wie sie in jenem Jahr mit der Auszeichnung des Pazifisten Carl von Ossietzky (s. S. 24 ff) durch die Welt gelaufen war, sollte sich keinesfalls wiederholen.

Auch Messerschmitt setzte in seinen Fabriken massiv Häftlinge aus dem KZ-Dachau ein, ließ sie unter unmenschlichen Bedingungen in unterirdischen Produktionsanlagen arbeiten. Doch hat er auch maßgebliche Neuerungen eingeführt in den Flugzeugbau: Die von ihm konstruierten und zwischen 1943 und 1945 fast 1500 mal gebauten Jagdbomber Me262 setzen zum ersten Mal Strahltriebwerke ein – heute in raffinierterer Form die Standard-Antriebstechnik für mittlere bis große Flugzeugtypen, die auf mittleren bis langen Strecken unterwegs sind.

Generell konnte die Luft- und Raumfahrt durch ihre nachdrückliche Förderung in Deutschland vor und während des Zweiten Weltkriegs enorme Fortschritte machen. Deren Umsetzung in die Praxis gelang jedoch oft nur durch massive Einsätze von Kriegsgefangenen, Zwangsarbeitern und KZ-Häftlingen unter fürchterlichen Konditionen. Am schlimmsten ging es wohl zu unter dem Kommando des SS-Sturmbannführers Wernher von Braun. Der 1913 geborene Ingenieur, Sohn einer preußischen Junkerfamilie, entwickelte in der Heeresversuchsanstalt Peenemünde die so genannte V2-Rakete („Vergeltungswaffe") für die Wehrmacht. Diese erste Großrakete wurde von Flüssigtreibstoff angetrieben und konnte ihren Kurs automatisch korrigieren. Sie wurde ab 1944 vor allem gegen Ziele in Großbritannien eingesetzt, später auch auf Städte in dem von den Alliierten befreiten Belgien und Frankreich abgeschossen.

Schon im vorpommerschen Peenemünde waren Kriegsgefangene, Zwangsarbeiter und KZ-Häftlinge eingesetzt worden. Nach einem schweren Luftangriff der Alliierten auf die Heeresversuchsanstalt im Jahr 1943 wurde die Montage der V2 in das Bergwerk Dora im Harz verlegt. In dessen Stollen schufteten täglich 3000 Insassen des KZ Buchenwald unter grausamsten Bedingungen. Nach den Unterlagen der SS kamen im „Mittelbau Dora" zirka 12.000 Häftlinge um. Neuere Schätzungen gehen von 20.000 Toten aus.

Kurz vor Kriegsende flohen die Raketenbau-Offiziere aus dem Harz und stellten sich wenige Tage später in Bayern den US-Truppen, denen sie fortan beim Aufbau des amerikanischen Raketenprogramms halfen. Die in Peenemünde verbliebenen Forscher und Entwickler wurden von der Roten Armee inhaftiert und bauten fortan den sowjetische Raketenbau auf.

Aus den Plänen und Bauteilen der V2 hat Wernher von Braun in den USA die Redstone-Rakete konstruiert, mit der Nasa-Astronaut Alan Shepard 1961 als erster Amerikaner ins Weltall gelangte, damit den Lebensraum des Menschen verlassen konnte. Zudem war von Braun Chefentwickler der Saturn V-Rakete, mit der die Nasa von 1969-72 insgesamt zwölf Männer auf den Mond brachte, der bisher größte Triumph der bemannten Raumfahrt.

Wegen seiner Bedeutung für das US-Militär im Kalten Krieg und beim Wettlauf mit der Sowjetunion zum Mond wurde der Raketenbauer für die Verbrechen an Kriegsgefangenen, Zwangsarbeitern und KZ-Häftlingen nie zur Rechenschaft gezogen. Stattdessen erhielt er 1970 das Große Verdienstkreuz mit Stern der Bundesrepublik Deutschland und wurde 1975 Aufsichtsrat der Daimler-Benz AG.

Er starb 1977 in den USA an Darmkrebs.

Behaglichkeit:
Wärme, Düfte, Nähe, Geborgenheit wie
Trost spenden. Und verkaufen

Wer sich wohlfühlen möchte, braucht dafür Eintracht mit sich selbst und mit seiner Umgebung. Er oder sie muss sich aufgehoben, im besten Fall auch behütet wissen. Bei Kindern können Puppen oder Kuscheltiere diese Harmonie herstellen, bei Erwachsenen helfen stimmungsvolles Licht und angenehme Gerüche. Eine ausgesuchte Ansammlung von Einrichtungsgegenständen und Accessoires, die für Geborgenheit und Nestwärme stehen, kann das Idyll weiter verstärken. In den vergangenen 130 Jahren haben es deutsche Unternehmerinnen verstanden, aus diesem Bedürfnis ein einträgliches Geschäft zu machen. Mit ihren zum Großteil selbst entwickelten Produkten haben sie die Weltmärkte erobert, die Literatur und das Filmschaffen bereichert mit und damit zugleich das Image eines gutwilligen, gemütlichen Deutschlands verbreitet.

Am 24. Juni 1874 begann im schwäbischen Giengen an der Brenz eine in der deutschen Unternehmenslandschaft bis heute einmalige Erfolgsgeschichte. Sie brachte, getragen und getrieben von einer Firmengründerin, ein besonderes Kulturgut in die Welt: ein Spielzeug, das viele Millionen von Kindern lieben gelernt haben, das Trost und Zuversicht, Wärme und das Gefühl von Aufgehobensein spenden kann. Das zur Hauptfigur literarischer Weltbestseller, zum Helden zahlreicher Spielfilme und TV-Serien wurde.

An diesem Datum, dem 27. Geburtstag seiner Tochter Margarete, präsentierte der Bauwerksmeister Friedrich Steiff seiner Familie die Umbaupläne für deren Wohnhaus in der Giengener Lederstraße. Im ersten Obergeschoß nutzte Tochter Gretchen, wie sich die junge Frau auch selber nannte, gemeinsam mit ihren zwei Schwestern ein Eckzimmer für Näharbeiten im Auftrag benachbarter Textilbetriebe.

Dies wäre allein noch kein Grund für einen umfassenden Umbau gewesen. Doch war Margarete schon als Kleinkind an Polio erkrankt. Seither waren ihre Beine vollständig gelähmt, sie saß im Rollstuhl und der rechte Arm ließ sich nur mit Mühe und unvollständig bewegen. An eine Ehe, meist die einzige Versorgungsgrundlage für bürgerliche Frauen in jener Zeit, war somit nicht zu denken. Gretchen würde auf Dauer für sich selber aufkommen müssen. Also ließ Vater Fritz ein Eckfenster einbauen, das mehr Tageslicht in die Nähstube bringen, die Arbeit dort erleichtern sollte.

Die Schneiderei florierte und bald ratterte bei Margarete Steiff die erste Nähmaschine der schwäbischen Kleinstadt. Als die junge Frau feststellen musste, dass sie wegen ihrer Behinderung das Schwungrad kaum bedienen konnte, drehte sie die Maschine kurzerhand um. So ließen sich die groben Handgriffe mit der linken, gesunden Gliedmaße erledigen. Auch hatte sie, um den gelähmten Arm zu trainieren, das Zitherspielen erlernt.

Den nächsten Schub für die Geschäftsentwicklung brachten die Zulieferungen der benachbarten Württembergischen Woll-Filz Manufaktur, gegründet von Margaretes Vettern Hans und Melchior Hähnle. Die stellten inzwischen so feine und zugleich wärmende, robuste und farbechte Stoffe her, dass Margarete Steiff daraus im Jahr 1877 eine Kollektion von Filz-Oberbekleidung auflegen konnte. Für deren Produktion stellte sie vier Näherinnen ein, weitere wurden in Heimarbeit beschäftigt. Ihre beiden Schwestern hatten inzwischen geheiratet und waren aus der Schneiderei ausgeschieden. Neben Konfektion umfasste das das Steiff-Sortiment jener Zeit auch Kissen und Kaffeewärmer. Im übrigen war Cousin Hans verheiratet mit Lina Hähnle, die als Gründerin des Deutschen Vogelschutzbundes zu einer der bedeutendsten Figuren im deutschen Naturschutz werden sollte (s. S. 75).

In der Weihnachtsausgabe der Zeitschrift „Modewelt" von 1879 fand Margarete Steiff dann die Anleitung zur Herstellung einer vollkommen neue Produktgruppe: Für das dort abgebildete Schnittmuster einer kleinen Elefantenfigur verarbeitete jedoch nicht den vorgeschlagenen Baumwollstoff, sondern die weichste Filzsorte ihrer Vettern. Statt der vorgeschriebenen Flachs- und Hanfreste verwendete sie für die Füllung Schwerwolle aus der Fabrik der Hähnles. So entstand ein gutes Dutzend kuscheliger „Elefäntle", die Tante Margarete an die Kinder ihrer inzwischen ausgedehnten Verwandtschaft verschenkte. Im Versandkatalog ihrer Filzkonfektion von 1883 tauchten zum ersten Mal auch „Kinderspielwaren aus Filz, unverwüstlich und ungefährlich" auf.

Schon zwei Jahre zuvor hatte Margaretes jüngerer Bruder Fritz ein metallenes Untergestell auf Rollen für das „Elefäntle" konstruiert, das ab 1885 in drei Größen angeboten wurde. „Kein beliebteres Spielzeug am Markte" hieß es im ersten Verkaufsprospekt. Schon im Jahr darauf hatte sich der Absatz gut verachtfacht – auf über 5000 Stück. Prompt kamen nach gleichem Muster auch Esel und Pferde, Schweine und Kamele, später auch Hunde und Katzen auf den Markt, produziert nach dem Leitsatz der kinderlosen Chefin: „Für Kinder ist nur das Beste gut genug".

Im Jahr 1893, der Umsatz war auf stolze 30.000 Mark gestiegen, wurde Margarete Steiffs Filz-Spielwaren-Fabrik ins Handelsregister eingetragen. Acht Jahre später startete der Export nach USA, wodurch sich der Ertrag versechsfachte. Nacheinander stiegen alle sechs Söhne von Bruder Fritz ins Geschäft ihrer Tante Margarete ein.

Neffe Richard Steiff, ein Absolvent der Stuttgarter Kunstgewerbeschule, brachte 1903 eine technische Neuerung ein, die den Weltruhm der „Steiff-Tiere" begründen sollte: Bewegliche Gliedmaßen. Damit konnten die Spielzeugwesen nicht nur stehen oder liegen, sondern auch sitzen. Und bei Bedarf ihre kleinen Besitzerinnen und Besitzer umarmen.

Nach ausführlichen Studien im Stuttgarter Zoo entschloss sich Richard Steiff, die Scheibengelenke in eine neu gestaltete Bären-Figur einzubauen. Die erste Jahresproduktion von 3000 dieser Plüschtiere ging komplett in die Vereinigten Staaten. Im Jahr darauf, eine kleinere, zartgliedrige Version war entwickelt worden, wurden schon 12.000 Stück verkauft. Prompt besorgte sich ein amerikanischer Wettbewerber die Genehmigung vom damals recht populären US-Präsidenten Roosevelt, sein Konkurrenz-Produkt mit dessen abgekürztem Vornamen zu bezeichnen. Damit war der „Teddy-Bär" geboren. Angeführt von den Steiff-Produkten hält sein Siegeszug bis heute an.

In Giengen hatten Tante und Neffen schon zu Beginn des Jahrhunderts die großzügige Erweiterung der Steiff-Produktionsanlagen geplant. Richard Steiff, als Architekt ein total unbeschriebenes Blatt, ließ 1903 von lokalen Hilfsarbeitern seine raffinierte Eigenkonstruktion aus Eisen und Glas errichten, die den schwäbischen Provinzunternehmer zum geheimen Pionier des „Neuen Bauens" machte (s. S. 166). Walter Gropius' epochemachende „Vorhang-Fassade" der Fagus-Schuhleistenfabrik im niedersächsischen Alfeld (s. S. 160), heute als Unesco-Welterbe geschützt, wurde in Giengen um acht Jahre vorweggenommen. Doch gab es damals noch keinen Deutschen Werkbund (s. S. 161) oder ähnliche Institutionen, die solch futuristische Stil-Experimente hätten würdigen und prämieren können.

Die Baugenehmigung für Steiffs Start in die vollverglaste Moderne war übrigens erst erteilt worden, nachdem das Unternehmen zugesichert hatte, für alle Gesundheitsschäden bei den Beschäftigten aufzukommen, die durch das pralle Sonnenlicht in den Räumen entstehen könnten.

Die neuen Bauten umfassten „9000 Quadratmeter erstaunlich helle Fabrikräume, nach eigenem, unerreicht billigem System erbaut, mit Wänden ganz aus doppeltem Gussglas, Dampfheizung, neuester Bogenlampenbeleuchtung und 25 Telefonstationen", wie Margarete Steiff stolz an ihre Kunden schrieb. Weil dort vor allem unverheiratete junge Frauen arbeiteten, wird das Gebäude bis heute als „Jungfrauenaquarium" bespöttelt.

Im Jahr 1907 beschäftigte die Firma Steiff 400 Arbeiterinnen in der Fabrik und 1800 in Heimarbeit. Ein Jahr später wurden 1,7 Millionen „Spielartikel" hergestellt, wurde eine Million „Teddybären" in die USA exportiert. Margarete Steiff starb 1909 überraschend an einer Lungenentzündung. Bis zu ihrem Tod arbeitete sie regelmäßig im zweiten Stock des „Jungfrauenaquariums", den sie über eine Rampenkonstruktion mit ihrem Rollstuhl erreichen konnte.

In den 1920er-Jahren verfasste der britische Autor Alan Alexander Milne das Kinderbuch „Pu, der Bär" (englisch: „Winnie-the-Pooh"). Für die Titelfigur nahm er sich das Steiff-Tier seines Sohnes Christopher Robin zum Vorbild, der in der Geschichte ebenfalls eine Hauptrolle erhielt. Der Roman, in zahllose Sprachen übersetzt, hat weltweit eine dreistellige Millionenauflage erreicht. Milne schrieb 1928 selbst eine Folgegeschichte („Pu baut ein Haus", englisch: „The House at Pooh-Corner"), im Jahr 2009 erschien ein weiterer Band, von der Nachlassstiftung des Original-Autors autorisiert.

Noch bekannter wurde die Teddybär-Figur durch die Adaptionen der amerikanischen Disney-Group. Unter dem verkürzten Namen Winnie Puuh produzierte sie ab 1961 mehrere Spielfilme, vor allem aber TV-Serien mit z.T. über fünfzig Folgen. Die haben weltweit ein Milliardenpublikum erreicht. Konzerngründer Walt Disney selbst hatte schon im Jahr 1931 eine Zusammenarbeit mit der Firma Steiff begonnen: Sie stellte Micky Mouse als Plüschtier her. Das Giengener Unternehmen hat seither über 100 Disney-Figuren produziert und pflegt die „Kreative Kooperation" mit dem US-Konzern bis heute.

Margarete Steiff sollte nicht die einzige erfolgreiche Unternehmensgründerin in der deutschen Spielwarenbranche bleiben. Die Schauspielerin Käthe Kruse, im Jahr 1883 als Katharina Simon in Oberschlesien geboren, startete 1911 in Berlin eine Fabrik zur Produktion der Puppen, die sie in den sechs Jahren zuvor gestaltet, entwickelt und selber von Hand hergestellt hatte.

Als Darstellerin am Berliner Lessing-Theater hatte Simon 1902 den Bühnenbildner und Bildhauer Max Kruse kennengelernt. Noch im selben Jahr wurde die erste Tochter Maria, genannt Mimerle, geboren. Als Simon ein zweites Mal schwanger wurde, ordnete der Kindsvater einen Umzug in die lebensreformerische Künstlerkolonie Monte Verità im Tessin an. Die Großstadt schien ihm völlig ungeeignet als Lebensraum für seine Kinder.

Als dann Baby Sofie in der Schweiz von der Mutter liebevoll umsorgt wurde, wünschte sich die ältere Mimerle „auch so ein Kind" wie die Mama eins hatte. Aus einem Handtuch, das Käthe Simon zu einem Behältnis für eine Sandfüllung knotete und das eine Kartoffel als Kopf erhielt, entstand 1905 die erste Puppe. „Mimerle war glücklich und liebte ihre 'Bambina' abgöttisch" erinnerte sich die Schöpferin. „Und ich sah gleich, was sie daran liebte, und warum: Es war so schön schwer! Sie hatte was zu schleppen." Dank der Sandfüllung hatte die Puppe ein solides Gewicht – und wirkte damit lebensecht.

Augen, Nase und Mund der „Bambina" waren allerdings nur durch abgebrannte Streichhölzer markiert. In dieser Form war das Spielzeug schnell verschlissen und Käthe Simon begann mit Verbesserungen. Vor allem der Kopf, das Gesicht und sein Ausdruck verlangten sorgfältige Entwicklungen.

Schwanger mit der dritten Tochter zog die werdende Puppenmutter im Jahr 1909 zurück nach Berlin, heiratete Max Kruse und präsentierte ein Jahr später bei der Ausstellung „Spielzeug aus eigener Hand" im Kaufhaus des jüdischen Unternehmers Hermann Tietz (nach „Arisierung" in der NS-Zeit aus den Anfangssilben des Namens in „Hertie" umgewandelt) ihre handgearbeiteten Puppenmodelle. Die aus acht Stoffteilen zusammengenähten Körper waren ausgestopft mit Reh-, Rentier oder Rosshaaren, ausgesucht wegen ihrer besonderen Weichheit. Die Beine waren wie beim Teddybären mit Scheibengelenken befestigt und somit beweglich, die Knie rundlich aufgepolstert, die Füße mit Pappe verstärkt, um die Standfestigkeit zu verbessern.

Kruses Ehemann, der Bildhauer, hatte großen Anteil an der Gestaltung und Bemalung der rotbackigen Puppenköpfe. Die adrette Kleidung war sorgfältig genäht, insgesamt hatten die damals durchweg weiblichen Spielzeugwesen eine Ausstrahlung wie aus einer aufwändig colorierten Illustration der Grimmschen „Kinder- und Hausmärchen". Prompt ging 1911 eine Großbestellung aus den USA ein, die zur Unternehmensgründung führte. Die erste Produktserie wurde ausschließlich in Heimarbeit hergestellt, die Wohnung der Kruses glich einer Werkstatt mit mehreren Stationen. Dabei entschied sich die Gründerin für Manufakturarbeit: „Die Hand geht dem Herzen nach. Nur die die Hand kann erzeugen, was durch die Hand wieder zum Herzen geht".

Schon ein Jahr später, finanziert aus dem Gewinn des Amerika-Geschäfts, entstand dann im anhaltinischen Bad Kösen Käthe Kruses erste Puppenfabrik. Für die Konstruktion des ersten männlichen Großserienmodells hatte die Puppenmutter 1914 sogar ein Patent erhalten: Ein Drahtskelett ermöglichte, Arme, Beine und Körper des „Kleinen Soldaten" in menschenähnliche Haltungen zu bringen. In den 1920er-Jahren kam ein weiteres männliches Kleinkind-Modell auf den Markt. Das Köpfchen dieses dauerschlafenden „Träumerchens" war nur locker angenäht und fiel sofort nach hinten, wenn man es nicht schützend, behütend abstützte. Inzwischen hatte die Puppenmutter auch sieben echte Kinder.

Im Jahr 1925 musste Kruse einen Prozess gegen die Konkurrenz des Nürnberger Bing-Konzerns führen, der dreist mit seinen billigen „Imitationen der Käthe-Kruse-Puppen" warb. Sie gewann und setzte damit einen Meilenstein im

Urheberrecht der Spielwarenindustrie. Drei Jahre später kam die „Puppe VIII" in männlicher und weiblicher Ausführung und jeweils mit echtem Haar auf den Markt, landläufig „Das deutsche Kind" genannt. Mit diesem erfolgreichen Modell eröffnete sich Käthe Kruse auf der Weltausstellung 1937 in Paris endgültig die Weltmärkte. Im Zweiten Weltkrieg versiegte jedoch der Nachschub an edlen Materialien wie Reh- und Rentierhaar, das Auslandsgeschäft erlosch ganz.

Mit einem Geschäftssitz in der Sowjetisch Besetzten Zone kam es aus denselben Gründen auch nach Zusammenbruch des NS-Reichs nicht wieder richtig in Gang. Im Jahr 1952 wurde Kruse enteignet und das Bad Kösener Unternehmen in einen Volkseigenen Betrieb umgewandelt, der bis in die 1960er-Jahre Spielzeuge im Stil der Käthe-Kruse-Puppen herstellte. Doch hatten zwei der Kruse-Söhne schon 1946 im westdeutschen Bad Pyrmont das Geschäft der Muttergesellschaft wieder aufgenommen. Vier Jahre später zog das Unternehmen ins bayerische Donauwörth um, wo es noch heute seinen Sitz hat.

Im Jahr 1958 übernahm Tochter Hanne Adler-Kruse die Geschäftsführung, das von ihr entwickelte Modell „Däumelinchen" wurde wieder ein großer Erfolg. Seit 1967 produziert die Firma auch Spielzeuge und Kuscheltiere für Kleinkinder. Käthe Kruse, die erst 1954 nach Westdeutschland umgezogen war, starb 1968. Seit 1990 ist das Unternehmen nicht mehr in Familienbesitz.

Das dritte deutsche Unternehmen, das den Namen einer Frau trägt und mit Objekten der Behaglichkeit, mit idyllischem Dekor zu Weltgeltung gekommen ist, wurde in den Wirtschaftswunderjahren von einem Ehepaar gegründet: Wilhelm und Käthe Wohlfahrt waren aus der DDR in die

Region Stuttgart geflohen, damals dicht besetzt von amerikanischen Streitkräften. Zur Weihnachtsfeier bei der Familie eines befreundeten US-Offiziers brachten die Wohlfahrts 1963 eine hölzerne Spieluhr mit tanzenden Schnitzfiguren aus ihrer sächsischen Heimat mit – und ernteten bei den damit Beschenkten nicht nur Dankbarkeit, sondern Begeisterung. So kam Wilhelm Wohlfahrt auf die Idee, weitere Spieluhren an US-Familien in der Nachbarschaft zu verkaufen.

Ein Großhändler belieferte ihn jedoch nur ab einer Mindestabnahme von zehn Stück. Als Wilhelm Wohlfahrt damit in einer amerikanischen Kaserne von Tür zu Tür zog, wurde er von der Militärpolizei festgenommen: Hausieren war verboten auf dem Armeegelände. Eine Offiziersgattin, die auf der Polizeistation Zeugin der Protokollierung wurde, war jedoch entzückt von der feilgebotenen Ware und lud den Verkäufer zu einem Wohltätigkeitsbasar am nächsten Wochenende ein. Dort wurde er seinen Vorrat im Handumdrehen los und zur Deckung der überbordenden Nachfrage prompt auf weitere Basare eingeladen.

Ein Geschäftsmodell war entstanden: Wilhelm und Käthe verkauften Weihnachtsdekorationen über alle Jahreszeiten hinweg auf Märkten. Weil aber Wilhelm Wohlfahrt seinen gutbezahlten Posten beim US-Konzern IBM in Böblingen nicht aufgeben wollte, wurde das Handelsunternehmen 1964 auf den Namen seiner Frau eingetragen. Käthe Wohlfahrt klingt schließlich gemütlicher, heimeliger, lässt sofort den Duft von Bratäpfeln, Kerzen, Zimtsternen und Weihnachtstannen erahnen.

Im Jahr 1977 eröffneten das Ehepaar dann das erste Ladengeschäft, in dem der Zauber einer deutschen Weihnacht das ganze Jahr über zelebriert wurde. Zumindest ließ sich dort der Bedarf an dekorativen Elementen decken. Angeboten wurden Christbaumkugeln in jeglicher Form, Farbe und Größe. Dazu Rauschgoldengel und Krippenfiguren, Lichterketten, Adventskränze und -kalender, Kerzen-Karussells und Ausstechformen, Strohsterne, Bilderbücher, Erzgebirgische Schwibbögen, Nussknacker in jeder Ausstattung, Schneekugeln, Weihnachtskarten, Lametta, Duft-, Räucher- und Wunderkerzen, Topflappen mit Rentiergesichtern, Mobiles mit Putten, Geschirrhandtücher und Tischdecken mit Motiven aus der Weihnachtsgeschichte und natürlich Spieldosen. Vor allem aber: weihnachtliche Atmosphäre im Mai wie Ende Oktober, zu Fasching wie während der Hundstage.

Bei der Wahl des Standorts für ihr erstes Ladengeschäft bewiesen die Wohlfahrts jenen besonderen Geschäftssinn, den es braucht, um Idyllen im großen Stil zu verkaufen: „Käthe Wohlfahrts Christkindlmarkt" liegt an einer Straßenecke mitten in der Altstadt von Rothenburg ob der Tauber, jener mittelfränkischen Kleinstadt, die mit ihren Fachwerkfassaden und Gaubendächern, Kopfsteinpflasterstraßen, historischen Stadttoren, Hofeinfahrten und romantischen Brunnenplätzen alljährlich etwa zwei Millionen Touristen aus aller Welt anzieht. Eine Innenstadt wie eine Hollywood-Kulisse, die jedem Klischee von deutscher Niedlichkeit und vorindustrieller Beschaulichkeit, Gemütlichkeit entspricht.

Das Konzept wurde ein voller Erfolg. In Rothenburg ist Käthe Wohlfahrt „der mit Abstand größte Einzelhändler", heißt es aus dem Rathaus. Gegenüber dem Laden wurde 1981 ein „Weihnachtsdorf" eröffnet – mit noch mehr Angeboten für Dekorationsartikel. Im selben Haus zeigt das im Jahr 2000 eröffnete, ebenfalls von Käthe Wohlfahrt betriebene „Deutsche Weihnachtsmuseum" die „historische Entwick-

lung" des „traditionellen Festes" seit „Urgroßmutters Zeiten",
wie die Website beschreibt.

International ist Käthe Wohlfahrt mit „Weihnachts-Fach-
geschäften" vor allem an Standorten mit touristisch verwert-
barer Butzenscheibenromantik vertreten. In Deutschland also
etwa in Rüdesheim am Rhein, in Bamberg, Nürnberg und in
Heidelberg. Oberammergau hat, wie Rothenburg, gleich zwei
Geschäfte; in Berlin liegt die Filiale am touristisch besonders
beliebten Ende des Kurfürstendamms gegenüber dem Café
Kranzler.

Hinzu kommen die ausländischen Niederlassungen im
elsässischen Riquewihr, im britischen York und in Barcelona.
In den USA hat Käthe Wohlfahrt ein Geschäft in Stillwater
im nördlichen Bundesstaat Minnesota, auch in der berühmten Altstadt des belgischen Brügge finden sich zwei Läden.
In der Adventszeit betreibt die Firma mobile Stände auf
Weihnachtsmärkten, wofür in der Vergangenheit bis zu 850
Saisonkräfte eingestellt wurden. Hinzu kommt der immer
wichtigere Online-Handel.

Das alles ist ein Millionengeschäft von inzwischen globaler
Tragweite. Nach dem Tod seines damals 72-jährigen Vaters im
Jahr 2001 übernahm Wohlfahrt-Sohn Harald die Geschäfts-
führung, Mutter Käthe starb 2018 im Alter von 85 Jahren.

Von der Corona-Pandemie im Jahr 2020 wurde das
Unternehmen jedoch härter getroffen als die meisten anderen
deutschen Betriebe: Schon ab dem Frühjahr blieben viele
ausländische Touristen fern, im Advent fielen fast alle Weih-
nachtsmärkte aus. Die meisten Beschäftigten mussten über
Monate in Kurzarbeit gehen. Und als sich dann im Dezember
ein Umsatzrückgang um 80 Prozent abzeichnete, beantragte
die Käthe Wohlfahrt KG drei Tage vor Weihnachten ein

Schutzschirmverfahren in Eigenverwaltung zur Vermeidung einer Insolvenz.

Der Plan ging auf. Acht kleinere Souvenirläden wurden geschlossen, 20 der 280 Beschäftigten gekündigt, die ungesicherten Gläubiger stimmten einer Insolvenzquote von 37 Prozent zu. Und da die wenigsten von Käthe Wohlfahrts Artikeln schnell verderblich sind, konnte die Firma die kommende Saison zu einem größeren Teil aus Lagerbeständen bestreiten und so massiv Kosten beim Einkauf sparen. Im Laufe des Jahres 2024 will Harald Wohlfahrt, dann 70 Jahre alt, die Geschäftsführung an seinen Sohn Takuma übergeben. So bleibt das Traditionsunternehmen komplett im Familienbesitz.

Auch bei Steiff und bei Käthe Kruse laufen die Geschäfte glänzend. Die Margarete Steiff GmbH beschäftigt rund 1400 Menschen, davon etwa 300 in Deutschland, und macht alljährlich einen dreistelligen Millionenumsatz. Die darüberstehende Holding wird von einem Ururgroßneffen der Gründerin geführt. Ein neuer Steiff-Teddy kostet etwa 50 Euro, für historische Sammlerstücke werden auf Auktionen astronomische Summen im sechsstelligen Bereich geboten.

Ähnliche Verhältnisse herrschen beim Puppenhersteller in Donauwörth. Die Käthe Kruse GmbH ist inzwischen Teil der schweizer Hape Holding.

Digitalisierung:
Übersehene, vergessene Pioniere

Obwohl ihre Leistungen keinen so nachdrücklichen Eindruck gemacht haben wie die von Apple, Google, Microsoft oder Intel haben deutsche Erfinder und Unternehmer maßgebliche Beiträge für die Digitalisierung geleistet: Einer hat schon 1941 den ersten voll funktionsfähigen Computer gebaut, ein anderer hat in den 1960er-Jahren die Rechnertechnik so erfolgreich miniaturisiert, dass Elektronische Datenverarbeitung auch bei kleinen und mittelständischen Firmen Einzug halten konnte, dem Großteil der Unternehmenslandschaft. Und für die Vierte Industrielle Revolution, die derzeit als „Industrie 4.0" weltweit abläuft, haben deutsche Forschungsmanager die entscheidenden Weichen gestellt.

Niemand, der ganz bei Trost ist, würde behaupten wollen, der Siegeszug der Digitalisierung sei von Deutschland ausgegangen.

Die Grundlagen der Halbleitertechnik und damit das Fundament der digitalen Hardware wurden vor allem in den USA entwickelt. John Bardeen, William Shockley und Walter Brattain, Physiker in der Forschungsabteilung der Bell Telephone Company in New Jersey, präsentierten zum Beispiel kurz vor Weihnachten 1947 ihren Kollegen einen funktionsfähigen Transistor. Für diese Erfindung erhielten sie 1956 den Physik-Nobelpreis. Jeder Mikroprozessor enthält heute mehr als zehn Milliarden dieser Bauteile.

Auch spielte sich später die Entwicklung integrierter Schaltkreise, der Speichertechnologien, der internen Kommunikationssysteme digitaler Maschinen, der externen Netzwerkstruktur zum Austausch von Daten nahezu in Lichtgeschwindigkeit vor allem in den Vereinigten Staaten ab. Das kalifornische „Silicon Valley" wurde zum Herzen der Computerei, zum Zentrum einer technischen Welt, in der digitale „Sprachen" eine „Schnittstelle zwischen technologischen Bereichen" schaffen, „in der Informationen erstellt, gespeichert, aufgerufen, verarbeitet und weitergeleitet werden können" (Manuel Castells).

Es waren amerikanische Konzerne, die in den vergangenen 50 Jahren digitale Technologien bis in den letzten Winkel des Alltags verbreitet haben, zumindest in den industrialisierten Ländern: IBM hat die ersten Großrechner gebaut und vertrieben, Intel gelangen die wichtigsten Entwicklungsschritte bei den Mikroprozessoren, Apple hat den Personal Computer und das Tablet in die Haushalte gebracht, das Smartphone in die Hand-, Hosen- oder Jackentasche von Milliarden Menschen. Microsoft hat hierfür und für die wichtigsten Arbeiten im Büro die passende Software geliefert, außerdem betreibt es, ähnlich wie Amazon, weltweit gigantische Cloud-Speicher für unvorstellbare Datenmengen und ermöglicht das Arbeiten mit Künstlicher Intelligenz. Google/Alphabet hat allseits einsetzbare Suchfunktionen entwickelt und treibt ebenfalls die KI voran. Cisco baut die großen Router für die weltweiten Datennetze, Meta/Facebook liefert die Infrastruktur für die so genannten Sozialen Netzwerke.

Doch haben auch zwei Deutsche schon früh mitgewirkt an der Erschaffung dieser digitalen Welt. Der eine hat den weltweit ersten voll funktionsfähigen Computer gebaut. Der andere hat die Elektronische Datenverarbeitung dezentralisiert, die anfänglich nur von Großrechnern im Format von

Gülletanks bewältigt werden konnte. Diese Dezentralisierung und Miniaturisierung hat die EDV für den größten Teil der Wirtschaftswelt überhaupt erst nutzbar gemacht.

Nur konnten die deutschen Beiträge zur technischen und ökonomischen Entwicklung, zur strukturellen Verankerung der Digitaltechnologien und ihrer Anwendung bei weitem nicht die globalen Auswirkungen zeigen wie die Erfindungen der Amerikaner.

In den späten 1980er-Jahren hat jedoch ein bis dahin weitgehend unbekannter Forscher in der niederrheinischen Provinz einen grundlegenden physikalischen Effekt in nanometerdünnen Magnetschichten entdeckt, der die Technik der Festplattenspeicher revolutioniert und das Fundament für die so genannte Spintronic gelegt hat. Und bei der derzeit ablaufenden „Vierten Industriellen Revolution", kurz: „Industrie 4.0", liefern deutsche Wissenschaftler und Entwickler maßgebliche Beiträge. Zumindest kamen entscheidende Zündfunken für diese bahnbrechende Entwicklung aus Deutschland. Wodurch auch der Begriff „Industrie 4.0" zu einem der wenigen weltweit verbreiteten Germanismen wurde, ähnlich wie „Kindergarten" oder „Weltanschauung".

Der erste echte Computer, der alle für diese Bezeichnung erforderlichen Anforderungen in der Praxis tatsächlich erfüllte, wurde 1941 in Berlin-Kreuzberg von einem frustrierten Bauingenieur zusammengelötet. Der war entnervt von den öden statischen Berechnungen, die ihm sein Beruf ständig abverlangte. Er brauchte eine Maschine, die ihm diese stumpfe, zeitfressende Arbeit abnahm. Und weil es derlei noch nicht gab, musste er diese Maschine selbst erfinden, selbst konstruieren.

Konrad Zuse, 1910 im heutigen Berlin-Wilmersdorf geboren, hatte schon 1938 im Wohnzimmer seiner Eltern eine elektrisch angetriebene mechanische Rechenmaschine entwickelt und gebaut. Die arbeitete erstmals mit dem binären Zahlensystem und las ihre Programme von gelochten Kinofilmstreifen ab.

Dieser Z1 genannte Apparat funktionierte jedoch nie zuverlässig. Die von Zuse handgefertigten Bleche seiner mechanischen Schaltwerke verklemmten sich ständig. Der Ingenieur wich deshalb auf elektrische Relais aus, die er aus Telefon-Schaltkästen ausbaute. Nach einem Zwischenschritt, dem Prototypen Z2, entstand damit die 1941 vorgestellte Z3 – eine vollautomatische, frei programmierbare elektrische Maschine mit Speicher und Zentralrecheneinheit, die mit binären Zahlen in Gleitkommarechnung arbeitete.

Die vom Zweiten Weltkrieg stark geforderte deutsche Flugzeugindustrie benutzte die Z3, um das gefürchtete Flügelflattern zu untersuchen und zu berechnen, das bei zu vielen der oft gewagten Luftwaffeneinsätzen zu Abstürzen geführt hatte. Doch wurde das einzige fertiggestellte Exemplar der Z3 bei einem Bombenangriff im Dezember 1943 zerstört. Im Deutschen Museum wird heute ein Nachbau ausgestellt.

Gefördert von der Deutschen Versuchsanstalt für Luftfahrt entstand ab 1944 das deutlich verbesserte Nachfolgemodell Z4. Nach seiner Flucht aus dem bombengeschädigten Berlin stellte Konrad Zuse die Maschine im Frühjahr 1945 im Göttinger Kaiser-Wilhelm-Institut für Strömungsforschung fertig, wo er auch mit der Gruppe um den Raketenbauer Werner von Braun (s. S. 207) in Kontakt kam. Die nahmen ihn und seinen demontierten Rechner mit bei der weiteren Flucht vor den Siegermächten ins ländliche Bayern. Dort baute Zuse die Z4 wieder auf und verdiente in der schwierigen Zeit unmittelbar nach Kriegsende seinen Lebensunterhalt zunächst, indem sein Rechner die Erträge für die benachbarten Milchbauern kalkulierte und bilanzierte.

In Fachkreisen sprach sich herum, dass im Allgäu eine elektromechanische Rechenmaschine arbeitete. Eduard Stiefel, Mathematikprofessor an der ETH Zürich, besuchte deshalb Zuse im Jahr 1949 und schloss, nach eingehender Prüfung der Z4 auf Einsatzmöglichkeiten für seine Zwecke, einen Leasingvertrag. Die Z4 ließ ihre Relais von 1950 bis 1955 an der weltweit renommierten Eidgenössischen Technischen Hochschule rattern. Die Leasing-Erlöse erlaubten ihrem Erfinder 1949 die Gründung der Zuse KG, der ersten Computerfirma der Welt. Nach Ablauf des Vertrages mit der ETH Zürich verkaufte Konrad Zuse die Z4 an das militärische Forschungsinstitut ISL im elsässischen Saint Louis, wo sie bis 1959 vor allem für ballistische Berechnungen eingesetzt wurde.

Die Zuse KG baute und verkaufte insgesamt 251 Computer. Darunter die im Einsatz recht erfolgreiche Z11, die noch Relais verwendete, und die Z22, die mit elektronischen Röhren arbeitete und die Daten auf Magnetband speicherte. Gegen Zuses in Deutschland bereits erteiltes Patent für die Z3 erhob jedoch 1952 unter anderem der amerikanische IBM-Konzern Einspruch, der mittlerweile riesige „Elektronengehirne" konstruierte und vertrieb. Das Bundespatentgericht sah dann 1967 als oberste Instanz „eine zu geringe Erfindungshöhe" für die Z3 und entzog dem Erbauer des ersten funktionsfähigen Computers die Patentrechte.

Auch wirtschaftlich hatte Konrad Zuse kein Glück. Seine kleine Firma benötigte für ihre Neuentwicklungen und für Wachstum schnell und vergleichsweise viel Fremdkapital. Die Banken verstanden jedoch weder die abstrakte und komplizierte Computertechnik noch die internationalen Märkte dafür. Auch gab es keine staatliche Förderung. So verkaufte der geniale Erfinder die Zuse KG 1964 an die deutsche Niederlassung der Schweizer BBC. Die reichte das Unternehmen 1967 an den Siemens-Konzern weiter. Dort wurden das geistige Kapital und die Beschäftigten vollkommen absorbiert. Der Gründer widmete sich daraufhin seiner zweiten Leidenschaft, der Malerei. Er hat zeitlebens nie einen PC besessen.

Konrad Zuse starb 1995 – akademisch hoch dekoriert. Er war Mitglied der international angesehenen Leopoldina, Nationale Akademie der Wissenschaften, wurde mit dem Werner-von-Siemens-Ring ausgezeichnet, eine der renommiertesten Ehrungen für die Förderung der Technik, und 1985 zum ersten Ehrenmitglied der Gesellschaft für Informatik ernannt. Darüber hinaus erhielt er zahlreiche Ehrendoktorwürden, unter anderem von der ETH Zürich, der Uni Dortmund und der TU Dresden.

In den USA blieb Konrad Zuse zeitlebens ungewürdigt und weitgehend unbekannt. Der deutsche Erfinder der Computerei war zum falschen Zeitpunkt am falschen Ort, sodass seine Pionierarbeit in den USA keinen Widerhall finden konnte, von niemand aufgegriffen wurde, in den Nachkriegswirren und bei der Aufteilung der Weltmärkte in den 1950er-Jahren unterging. Die einzigartige Erfolgsspur der digitalen Technologien in sämtliche Nischen und Aspekte unserer Zivilisation haben die eingangs genannten US-Konzerne selbstständig und unabhängig von Konrad Zuses Lebensleistung gelegt.

Auch die Erinnerungen an den zweiten Pionier der Digitaltechnik in Deutschland sind weitgehend verblasst: Heinz Nixdorf wurde 1925 im westfälischen Paderborn geboren.

Die kinderreiche Familie lebte in kleinen Verhältnissen, nur durch einen persönlichen Brief ans Berliner Kultusministerium konnte Heinz 1941 eine Ausnahmegenehmigung für den Besuch eines Paderborner Gymnasiums erhalten. Nach Kriegsende studierte er angewandte Physik und Betriebswirtschaftslehre in Frankfurt, arbeitete als Werksstudent bei der deutschen Niederlassung des amerikanischen Bürogeräteherstellers Remington Rand. Dort vermittelte ihm Entwicklungschef Walter Sprick erste Grundlagen der Computertechnik. Der Physiker hatte schon 1950 im Rahmen seiner Doktorarbeit eine einfache elektronische Rechenmaschine gebaut, die Röhrentechnik einsetzte.

Nixdorf war fasziniert von den Möglichkeiten der neuen Technologie. Unterstützt von Sprick konnte er bei den Rheinisch Westfälischen Elektrizitätswerken (RWE) eine großzügige Projektförderung in Höhe von 30.000 Mark einwerben. Er brach sein Studium ab und gründete 1952 in Essen das Heinz Nixdorf Labor für Impulstechnik. Das lieferte Anfang 1954 den ersten in Deutschland hergestellten „Elektronenrechner" mit Röhrentechnologie an die Buchhaltung der RWE aus. Der Computer verarbeitete Daten, die auf Lochkarten gespeichert und ausgelesen wurden.

EDV fand damals fast ausschließlich auf individuell konstruierten Riesen-Anlagen statt, die eigene hohe Räume benötigten. So etwas konnten sich nur große Konzerne leisten. Auf dem noch sehr überschaubaren Weltmarkt hatte die amerikanische IBM eine nahezu unangreifbare Führungsposition. Nixdorf entschloss sich daher zunächst zu einer Geschäftsstrategie als Zulieferer. Anfang der 1960er-Jahre zog sein Unternehmen, damals schon mit 50 Beschäftigten, um in Nixdorfs Heimatstadt Paderborn. Dort überzeugte ihn ein Entwicklungsingenieur, künftig kleine Tischrechner zu bauen, die mit Halbleiter-Technologie arbeiteten.

Damit gelang 1965 der Durchbruch zu einer dezentralen Datenverarbeitung, das erste Angebot der Digitaltechnik für kleine und mittlere Unternehmen und ein attraktives Instrument zur Vereinfachung zahlloser Geschäftsprozesse. Eine Marktlücke, ausbaufähig und vielversprechend.

Ab 1967 entwickelte die Firma Nixdorf diesen ersten Kleincomputer weiter zum Modell Nixdorf System 820. Das war frei programmierbar, hatte bereits einen Magnetkernspeicher, eine integrierte Tastatur und eine Schreibmaschine zur Datenausgabe. Aus den USA kam ein Großauftrag für 10.000 Geräte im Wert von 100 Millionen Mark. Von nun an galt Heinz Nixdorfs Motto: „Computer müssen so klein sein, dass sie in die linke untere Schublade eines Buchhalter-Schreibtisches passen".

Im Jahr 1972 war das zur Aktiengesellschaft umgewandelte Unternehmen in 22 Ländern vertreten, 1978 überstieg der Jahresumsatz zum ersten Mal die Milliardengrenze. Im Jahr 1985 betrug er fast vier Milliarden Mark, der Gewinn 172 Millionen. Das Unternehmen hatte damals 23.000 Beschäftigte in 44 Ländern. Die Firmenzentrale wurde zu einem Zentrum für innovative Digitaltechnologien, Mitte der 1980er-Jahre arbeitete zum Beispiel die Informatik-Pionierin Anita Borg in der Paderborner Entwicklungsabteilung. Die Begründerin des Cyberfeminismus, 1949 in Chicago geboren, hatte zuvor mit ihrer Doktorarbeit fundamentale Beiträge zur Funktionalität von Betriebssystemen geleistet. Sie gründete 1987 das virtuelle Institut für Frauen und Technologie, das heute im kalifornischen San Mateo als Anita B.org firmiert.

Heinz Nixdorf war zeitlebens sportlich, trat sogar als Zehnkämpfer an. Mit fast 60 Jahren startete er in der olympischen Segelmannschaft. Dennoch starb er 1986 völlig überraschend an einem Herzinfarkt auf der Computermesse Cebit in Hannover.

Nach dem Tod des Firmengründers ging es rasch bergab. Zwar zählte die Nixdorf Computer AG 1988 noch zu den 30 größten Aktiengesellschaften Deutschlands, doch musste Nixdorfs Nachfolger an der Unternehmensspitze schon 1989 seinen Posten mit sofortiger Wirkung räumen. Er hatte wichtige Technologietrends wie den Siegeszug des Personal Computers verpasst. Im Massenmarkt der Mittleren Datentechnik fielen die Preise rasant, was die Rendite des Unternehmens unterhöhlte. Ab Oktober 1990 übernahm daher der Münchener Siemens-Konzern die Mehrheit der Nixdorf-Aktien und legte seinen Bereich der Daten- und Informationstechnik mit den Paderborner Geschäftsaktivitäten zusammen. So entstand die Siemens-Nixdorf Informationssysteme (SNI) AG. Mehrere tausend Arbeitsplätze gingen in Paderborn verloren, doch Mitte der 1990er-Jahre war SNI der größte europäische Computerhersteller.

Aber auch dieser Schachzug brachte das Unternehmen nicht in stabil-profitable Bahnen. Im Oktober 1998 wurde die SNI als Aktiengesellschaft aufgelöst, von Siemens komplett absorbiert. Wenig später stieß der Münchener Technologiekonzern sein Computergeschäft dann vollständig ab. Unter dem Markennamen Diebold Nixdorf stellt eine US-Firma heute Kassensysteme und Geldautomaten her. Bei letzteren beliefert das Unternehmen mehr als ein Drittel des Weltmarkts. In der Paderborner Europazentrale, dem ehemals von Heinz Nixdorf aufgebauten Werksgelände, arbeiten noch

2.000 Beschäftigte. Das futuristische Flair des Computerzeitalters, der Nimbus einer IT mit unbegrenzten Möglichkeiten ist dort jedoch vollkommen perdu.

Wenigstens erinnert nebenan das „Museumsforum" an den Unternehmensgründer. Es ist die weltweit größte Sammlung und Schau zur Computertechnik, Austragungsort für Konferenzen und Seminare zur Entwicklung digitaler Informations- und Kommunikationstechnologien.

Kurz bevor im Osten von Nordrhein-Westfalen der traurige Niedergang des Nixdorf-Konzerns begann, entdeckte am westlichen Rand des Bundeslandes der bis dahin weitgehend unbekannte Physiker Peter Grünberg im Forschungszentrum Jülich einen fundamentalen elektronischen Effekt zwischen ultradünnen, unterschiedlich magnetisierten Materialschichten: den Riesenmagnetowiderstand. Eingesetzt in Computer-Festplatten ließ sich damit die Speicherkapazität drastisch vervielfachen. Die Entwicklungsabteilungen der Hardware-Hersteller setzten die neue Erkenntnis schnell um in Technologie. Plötzlich konnten auch Laptops viele große Videodateien speichern und in Präsentationen integrieren. Die Digitalkonzerne erlebten einen gigantischen Aufschwung, ausgerüstet mit der neuen Festplattentechnik starteten die Smartphones in den frühen Nullerjahren ihren weltweiten Siegeszug. Für seine Entdeckung, die den zukunftsträchtigen Technologiezweig der Spintronics begründete, erhielt Peter Grünberg den Physik-Nobelpreis des Jahres 2007.

Seit den 2010er-Jahren rollt nun die „Vierte Industrielle Revolution". Über Sensoren, kleine Funk-Chips und über Wlan- oder Bluetooth-Netze werden Daten automatisch ausgetauscht, verknüpft sich alles mit allem, bei Bedarf bis zur GPS-Ortung im Weltall. In Lagerhäusern bestellen leere Regale Nachschub an Rohmaterialen oder Halbzeug, in Werkshallen instruieren Schrauben oder Bolzen die Drehbänke, die gerade an ihnen arbeiten, aus dem Bauch eines Ozeanriesen informiert der Container, der dort transportiert wird, seinen Adressaten, wenn sich seine Ankunft verspätet. So werden Just-in-time-Lieferungen und Herstellungsprozesse optimiert, Lagerkosten minimiert, managt sich die industrielle Produktion ein ganzes Stück weit selbst.

Während das Konzept noch in deutschen Forschungsinstituten und Versuchs-Unternehmen entwickelt wurde, sprach man gerne von einem „Internet der Dinge", weil eben, wie oben geschildert, die Objekte und Wirtschaftsgüter ohne menschliches Zutun miteinander kommunizieren und entsprechende Steuerungsprozesse auslösen konnten. Zu Beginn des 21. Jahrhunderts bildete die deutsche Bundesregierung dann eine „Forschungsunion Wirtschaft-Wissenschaft" als Impulsgeber für ihre „Hightech-Strategie". Dort prägte Henning Kagermann, einst Vorstandschef des Software-Konzerns SAP und später Präsident von Acatech, Deutsche Akademie der Technikwissenschaften, zusammen mit Wolfgang Wahlster, Leiter des Deutschen Forschungszentrums für Künstliche Intelligenz, die griffigere, leicht internationalisierbare Bezeichnung Industrie 4.0. Sie tauchte im Jahr 2011 bei der Hannover-Messe zum ersten Mal auf und wurde bis 2013 zu einer betriebswirtschaftlich-technischen Strategie ausgearbeitet. Auf der so genannten Plattform Industrie 4.0 kooperieren heute die Branchenverbände Bitkom (IT), VDMA (Maschinen- und Anlagenbau) und ZVEI (Elektrotechnik) bei der Umsetzung.

Techno:
Tanzen, Drogen und Partys mit mehr als einer Million Teilnehmern

Popmusik ist nur auf der Oberfläche leicht durchschaubar, kalkulierbar. In den Strukturen darunter geschieht jedoch immer wieder Unerwartetes. So etwa in den 1970er-Jahren, als in Deutschland der so genannte Elektropop erfunden wurde und alsbald seinen Siegeszug um die Welt antrat. Diese Stilrichtung, die mehr und mehr Synthesizer und andere programmierbare Soundspeicher einsetzte, markierte eine breite Abkehr vom Primat der Gitarren und anderen handgemachten Klängen. In den amerikanischen Industriestädten mischten sich dann harte Rhythmen und dunkle Atmosphären in die Tanzmusik, die in Deutschland bald als „Techno" bezeichnet wurde. Mit legendären Nachtclubs und Festivals, die unter dem Etikett pseudo-politischer Demonstrationen immer wieder Millionen von Teilnehmerinnen und Teilnehmern anzogen, schufen die digitalisierten Klangwelten neue Formen der Unterhaltungskultur. Die deutschen Pioniere dieser Bewegung sind immer noch aktiv und werden inzwischen auch international geehrt und gewürdigt.

In der Popkultur markiert der 2. November 1974 eine Zeitenwende. An diesem Samstag kam das Album „Autobahn" der Düsseldorfer Band Kraftwerk in die Schallplattenläden. Das Titelstück sowie die Haltung und das Auftreten der Haupt-Protagonisten sollten in den kommenden Jahrzehnten für einen Stilwandel in der weltweiten Jugendkultur sorgen.

Kraftwerk waren zu jener Zeit schon kein unbeschriebenes Blatt mehr. Die Redaktion des ZDF-Politmagazins „Kennzeichen D" hatte den Song „Ruckzuck", ein Instrumentalstück vom Debütalbum der Band, zur Titelmelodie der vierzehntäglichen Abendsendung und dadurch Millionen von TV-Zuschauern bekannt gemacht. Aber mit ihrem vierten Album „Autobahn" betraten Kraftwerk Neuland. „Nachdem Elvis als Weißer in den 1950ern die Lieder des schwarzen Amerika gesungen hatte, initiierten Kraftwerk den zweiten Paradigmenwechsel in der Popmusik: Fort mit Schlagzeug und Gitarren, her mit Synthesizern und Musikmaschinen!" So ordnete Andriy Makukha den historischen Wandel im Online-Magazin „The Conversation" ein.

Kraftwerk wurden zu Pionieren innovativer Ausdrucksformen, so radikal und konsequent wie das vorher noch kein Popmusiker gewagt hatte. Und wie es seither kaum mehr beobachtet werden konnte.

Emil Schult, ein Meisterschüler von Joseph Beuys und Gerhard Richter, hatte das Gemälde auf der Hülle des Tonträgers beigesteuert. Es zeigt ein deutsches Idyll am Ausgang des Wirtschaftswunder-Zeitalters: Ein Blick durch die Frontscheibe eines Pkw in der langgestreckten Linkskurve einer fast leeren Autobahn. Eine grellgelbe Sonne sendet ihre Strahlen aus einem hellblauen Himmel über die waldgrünen Wölbungen eines Mittelgebirges. Was zunächst banal scheint, wirkt schnell irritierend: das Schlichte ist zugleich tiefgründig. Und sehr deutsch.

Die Band Kraftwerk war eine Gründung von Florian Schneider, Jahrgang 1947, und dem ein Jahr älteren Ralf Hütter. Beide stammten aus wohlhabenden Familien. Schneider studierte Flöte am Konservatorium, Hütter war eingeschrieben für Architektur. In Düsseldorf, durch die Ateliers von Günter Uecker, Markus Lüpertz, Sigmar Polke und vielen anderen damals ein Weltzentrum der modernen Malerei, fanden sie schon Ende der 1960er-Jahre ein aufgeschlossenes Publikum für ihre Klangexperimente. Dafür setzten sie zunächst konventionelle Instrumente ein, doch erprobte Florian Schneider schon seit 1970 die komplizierte Elektronik des gerade entwickelten Synthesizers. Dieses damals neuartige und sündhaft teure Musikinstrument bot die Möglichkeit, die bisweilen ungelenken Experimente von Karlheinz Stockhausen und anderen „Neutönern" mit Sinus-Generatoren, Ringmodulatoren, Klangfiltern und ähnlich schwer bedienbaren Maschinen in herkömmliche Musikstrukturen zu übertragen. Also auch in Popmusik. Einzelne Hits des Disco-Königs Giorgio Moroder, von Rockgruppen wie Emerson, Lake and Palmer, The Who oder der Beatles hatten das schon bewiesen.

Mit „Autobahn" traten Kraftwerks in die neue, elektronische Ära ein. Das Titelstück beginnt mit dem Zuschlagen einer Autotür und dem Anspringen eines Motors, der dann vom rechten in den linken Stereokanal nagelt. Darauf folgt der 22-minütige Soundtrack einer Autobahnfahrt, eine Reise durch vielschichtige Klangwelten: Vocoder verzerren einzelne Worte des Texts bis an die Grenze der Unkenntlichkeit, Synthesizer sorgen für federnde Basslinien, Sequencer für pluckernde Rhythmusfiguren. Dort, wo üblicherweise ein Schlagzeug für einen treibenden Beat sorgt, klatschen, zischen und scheppern hier Rhythmusmaschinen. Soundeffekte, die wie Fahrgeräusche durch den Raum der Stereo-Abmischung wischen, markieren Szenenwechsel. Nur gelegentlich oder im Hintergrund wahrnehmbar: Garnituren von einer weichen, getragenen Flötenmelodie, herkömmliche Orgelklänge, Gitarrengezirpe.

Es ist ein plastischer, bunter Film aus abwechslungsreicher Musik und kindlich-naiven Reimen, teils häufig wiederholt („Wir fahr'n, fahr'n, fahr'n auf der Autobahn"), meist simpel bis platt („Die Straße ist ein graues Band, weiße Streifen, grüner Rand"). Eine ähnlich heiter-unterhaltsame, zugleich anspruchsvoll-moderne Musik hatte man zuvor noch nie gehört. Eingängig und glatt auf der Oberfläche, dennoch immer wieder überraschend.

In einer auf dreieinhalb Minuten verkürzten Version zog das Titelstück „Autobahn" im Jahr 1974 als erster deutschsprachiger Song in die US-Hitparade ein. Das Album erreichte dort Platz 5, in den englischen Charts Platz 4. In Deutschland kam das Werk auf Platz 9.

Mit „Autobahn" begann weltweit das Zeitalter des Elektropop. Das Ziel der Band war ab nun, einen „vollelektronischen Sound herzustellen. Präziser: die Seele der Maschinen zu finden und sie mit Humanität zu versehen," schreibt der Journalist Michael Fuchs-Gamböck. Und Kraftwerks-Gründer Ralf Hütter ergänzt: „Wir gehen eine partnerschaftliche Koexistenz mit den Maschinen ein, stoßen so gemeinsam in fremdartige Gebiete vor. Kraftwerk zeigt mit diesem vollelektronischen Sound, dass Maschinen nicht böse sind, sondern sehr wohl Harmonie erzeugen können." An anderer Stelle sagt Hütter: „Wir sind die Kinder von Fritz Lang und von Wernher von Braun." Er ordnet die Band somit ein in ein Kraftfeld zwischen dem utopistisch-expressionistischen Filmregisseur, der vor der NS-Diktatur in Deutschland geflohen war, und dem Raumfahrttechniker, der mit seinen Raketen die Menschheit aus ihrem natürlichen Lebensraum der Erde hinauskatapultiert hat (s. S. 207).

Für eine Weile blieben Kraftwerk ziemlich alleine in ihrer Nische des Elektropop. Sie produzierten wegweisende Alben wie „Radio-Aktivität" (1975). „Trans Europa Express" (1976), „Mensch-Maschine" mit dem programmatischen Song „(Wir sind)Die Roboter" (1978) und schließlich, zu Beginn des Digital-Zeitalters, „Computer-Welt" (1981).

Zugleich enstand an der Schwelle zu den 1980er-Jahren und danach vor allem in Großbritannien eine Welle von Millionenhits, die mit elektronischen Instrumenten produziert und somit stark von Kraftwerks Musik beeinflusst waren: „Tainted Love" von Soft Cell, „It's a Sin" von den Pet Shop Boys, „People Are People" und „Just Can't Get Enough" von Depeche Mode, „Blue Monday" von New Order (mit Original-Elementen von Kraftwerks Stück „Uran") , „Smalltown Boy" von Bronski Beat, „The Pleasure Principle" von Gary Numan, „Vienna" von Ultravox, „Sweet Dreams (Are Made of this)" von den Eurythmics, „Relax" von Frankie Goes to Hollywood oder „Fade to Grey" von Visage. Ein kräftiger Beat rückte hier meist die Tanzbarkeit in den Vordergrund, die Soundstrukturen waren nicht so komplex wie bei Kraftwerk, Text und Gesamtarrangement eindeutig auf Stimulanz ausgelegt.

Parallel dazu entwickelte sich die so genannte Industrial Music, ebenfalls stark auf synthetisch erzeugte Klänge und Rhythmen fixiert. Sie nahm eine düstere Weltsicht ein, sprach dystopische Themen und Topoi an. Wichtige Vertreter waren die britischen und amerikanischen Bands Throbbing Gristle, Psychic TV und Cabaret Voltaire, in Deutschland wurden die Band Einstürzende Neubauten zu dieser Musikrichtung gezählt, aber auch die Krupps und die Deutsch Amerikanische Freundschaft (DAF) mit ihrer hart rhythmisierten Electronic Body Music (EBM).

Den entscheidenden Schub zur Veränderung der weltweiten Popkultur brachte jedoch Afrika Bambaata. Die afro-amerikanische Hiphop-Legende, 1957 als Lance Taylor geboren, verwendete 1982 das zentrale Riff und andere Melodie-Elemente von Kraftwerks „Trans Europa Express" sowie die Rhythmus-Tracks ihres Songs „Nummern" als Samples, also als tonale Bausteine für seinen Hit „Planet Rock". Das Stück kombinierte offensive Texte in der damals gerade modischen Rap-Manier mit einem durchgehenden, harten Beat. Zugleich bewegte es sich fließend zwischen verschiedenen musikalischen Versatzstücken und etablierte damit die Techniken des Samplings.

Aus diesen Elementen – Sampling, elektronische Sounds plus treibende, synthetische Beats – entstand in den folgenden Jahren zunächst die sogenannte House-, dann die Techno-Music und die damit zusammenhängende Kultur der Musikclubs, der durchfeierten, drogengetränkten Wochenenden, der Raves und Partys mit zum Teil über einer Million tanzender „Gäste". Die Entwicklung erfasste zunächst die USA, kehrte aber schon bald nach Europa und an ihre deutschen Wurzeln zurück.

Kraftwerk verklagten Afrika Bambaata wegen des Diebstahls ihres geistigen Eigentums und erhielten tatsächlich ein Teil der Tantiemen von „Planet Rock". Während des jahrelangen Gerichtsprozesses entwickelten Tausende von Party-DJs die von nun an geltende Technik und Tradition, aus Diskomusik und elektronischen Klängen endlose Party-Soundtracks zu montieren. Sie mischten den harten 4/4-Takt in den Vordergrund, so dass der Tanz-Stimulus („Groove") mit einem Tempo von mehr als 130 Beats pro Minute („BPM") als klare Botschaft überspringen konnte („Four on the Floor!"), sampelten aus ihren nun schon digitalisierten Sound-Sammlungen zum Teil stundenlange Reisen durch unzählige musikalische Motive. Im „Warehouse-Club", einem ehemaligen Lagerhaus in Chicago, wurde diese Tanzmusik und Partykultur besonders erfolgreich zelebriert; der abgekürzte Name House wurde schnell zur Bezeichnung der neuen musikalischen Gattung.

Bald kam in Mode, vor und beim Club-Besuch LSD zu konsumieren, um mit dessen „psychedelischer Wirkung" das Musik- und Tanzerlebnis zu verstärken. Da die Droge im anglo-amerikanischen Slang als „Acid" abgekürzt wird, wurde die Musik dann Acid-House genannt. Und weil der Drogenkonsum deutlich gegen Gesetze verstieß, wurden die Acid-House-Partys meist spontan und illegal gefeiert – in leerstehenden Fabrikhallen oder Lagerhäusern, in Kellerfluchten oder auf Flachdächern entlegener Industriekomplexe. Die Einladungen zu diesen „Raves" – es gab noch keine digitalen Kommunikationsmöglichkeiten über Mobilfunknetze, übers Internet und die Sozialen Medien – wurden unter der Hand verteilt, oft über kodierte Telefonketten.

Das Modewort und Lieblingsverb der „Raver" war zu jener Zeit „to jack", auf deutsch in etwa: „auf Touren bringen". Ulf Poschardt, der 1995 mit einer Arbeit über die Kulturgeschichte des Discjockeys an der Berliner Humboldt-Universität promoviert wurde, selber als DJ gearbeitet hat und seit 2001 verschiedene Leitungspositionen der konservativen Zeitungsgruppe „Die Welt" besetzt, schreibt über diese frühe Phase elektronischer Tanzmusik: „Jack, als Personifizierung des

Groove, erscheint als gottähnlicher Schöpfer, der die Körper der Menschen in Besitz nehmen kann. Sexualtrieb und der Trieb, zum Rhythmus der Musik zu tanzen, erscheinen in gleicher Weise grundsätzlich, fundamental und existenziell."

In Detroit, der schon zu jener Zeit sozial und wirtschaftlich schwer angeschlagenen Metropole der amerikanischen Auto-Industrie, mischten die DJs düstere Industrial-Klänge in die schnellen Acid-House-Rhythmen, schufen dadurch eine lebendige Clubkultur in der kaputten Großstadt und bald auch eigene Schallplatten-Labels für ihre Musik. Und auf der Balearen-Insel Ibiza, seit jeher ein klimatisch begünstigter und daher beliebter Zufluchtsort einer vergnügungssüchtigen Bohème, entstand eine fast ganzjährige Szene für die Raver. „Amnesia" hieß der berühmteste Club dort.

Nun brauchten diese neuen Entwicklungen einen Namen. Der fand sich 1983 in Frankfurt am Main. Dort jobbte der gelernte Industriekaufmann Andreas Tomalla als Verkäufer eines Schallplattenladens in der Einkaufspassage unter dem Hauptbahnhof. Da Tomalla, geboren 1963, ein Faible für Popmusik mit elektronischen Elementen hatte, sortierte er alle Schallplatten, die unter dieses Rubrum fielen, in eine gesonderte Kiste, die er mit dem Begriff „Techno" auszeichnete. Sven Väth, Jahrgang 1964 und nach einer abgebrochenen Schlosserlehre nun einer der Stamm-DJs in der Nobeldisco „Dorian Gray", bediente sich beim Kauf neuer Musik für den Club besonders gerne aus dieser „Techno"-Kiste. Unter dem Künstlernamen Talla 2XLC eröffnete Tomalla Jahr 1984 selbst einen „Techno-Club" in Frankfurt und machte damit die neue elektronische Tanzmusik weiter populär. Auch gehörte er zu den regelmäßig gebuchten DJs des „Dorian Gray" am Frankfurter Flughafen.

Die größte Resonanz fand Techno jedoch in West-Berlin. Im Stadtteil Kreuzberg, nahe der damals noch imposanten Grenzmauer, eröffneten Achim Kohlberger und Dimitri Hegemann 1988 den „Ufo Club", der nach der Maueröffnung zum Wegbereiter der gesamten deutschen Techno-Szene wurde. Der Kellerraum unter dem „dadaistischen Fischbüro" der Gründer ließ sich nur über eine Luke und eine Leiter betreten und war nur 1,90 Meter hoch. Zu den wichtigen DJs des „Ufo" zählten etwa Tanith, Mijk von Dijk und Dr. Motte, von dem später noch die Rede sein wird.

Der illegale Clubbetrieb in Kreuzberg wurde bald verboten. So zog das „Ufo" in eine ehemalige Supermarkt-Filiale im Stadtteil Schöneberg um, schloss aber auch dort im Jahr 1990. Ein Jahr später eröffneten Kohlberger und Hegemann in den ehemaligen Tresorräumen des Wertheim-Kaufhauses in der Ost-Berliner Leipziger Straße den „Tresor-Club". Der Kellerraum, der in den Jahrzehnten der real-sozialistischen DDR leer gestanden und schon teilweise verfallen war, wurde durch seine karge Einrichtung vor der Kulisse aufgebrochener Tresor-Schließfächer, durch seine Beleuchtung aus grellen Stroboskop-Lampen und organgefarbenen Alarmleuchten, vor allem aber durch seine exzellente Musik bekannt. Bald bereicherten auch DJs wie Jeff Mills, Juan Atkins und Blake Baxter sowie Live Acts aus Detroit das Programm, so dass der „Tresor" bis heute als einer der wichtigsten Schauplätze und Austragungsstätten in der Geschichte des Techno gilt. Nicht ganz so radikal waren in jener Zeit die Berliner Clubs „Bunker" und „E-Werk".

Parallel zu den eher auf den Underground zielenden Aktivitäten rings um den „Tresor" etablierte sich in Berlin auch ein populärer Flügel des Techno. Die Hauptfiguren waren hier der DJ WestBam und der bereits erwähnte Dr. Motte. WestBam, 1965 als Maximilian Lenz in Münster geboren, arbeitete Mitte der 1980er mit den Industrial- und „Electronic Body"- Musikern von DAF zusammen und durfte 1988 auf Einladung des Goethe-Instituts als wichtigster Vertreter der deutschen Techno-Szene zum Kulturprogramm der Olympischen Spiele im koreanischen Seoul reisen.

Im Dezember 1991 organisierte WestBam im Ostberliner Stadtteil Weißensee den „Mayday"-Rave zur Rettung des noch immer populären Radioprogrammes DT64 aus DDR-Zeiten. Trotz ihres Misserfolgs – DT64 wurde eingestellt – schlossen sich die „Mayday"-Macher zu einem Veranstaltungsbüro zusammen und managten unter anderem 1994 den „Rave Olympia" als Massen-Event in der Dortmunder Westfalenhalle. Als Members of Mayday komponierten WestBam und der Musikproduzent Klaus Jankuhn Techno-Nummern, das Stück „Sonic Empire" stieg 1997 bis auf Platz 1 der deutschen Hitparade.

Jankuhn produzierte auch die Erfolge von Marusha, der DJane und Moderatorin der beliebten, inzwischen jedoch eingestellten Radiosendung „Rave Satellite". Marusha, 1966 in Nürnberg geboren, brachte 1994 eine Coverversion des Klassikers „Somewhere over the Rainbow" aus dem Film „The Wizard of Oz" heraus, die sich 500.000 mal verkaufte, bis auf Platz 3 der deutschen Hitparade stieg und den Weg für den kommerziellen Erfolg weiterer Techno-Stücke ebnete.

Die größte Popularität erreichte die Techno-Musik jedoch über die Loveparade, die von 1989 bis 2003 alljährlich in Berlin und danach bis in Nordrhein-Westfalen stattfand. Initiator war der DJ Dr. Motte, 1960 als Matthias Roeingh in Berlin-Spandau geboren. Sein Trick: Unter dem Motto

„Friede, Freude, Eierkuchen" hatte er die Veranstaltung, bei der DJs mit ihren Musikanlagen in einer Lkw-Prozession durch die Stadt fuhren, als Demonstration angemeldet. So fielen für die Organisatoren keine Kosten etwa für die teure Müllbeseitigung an. Für politische Veranstaltungen, so die Verordnung, muss die betroffene Gebietskörperschaft dies übernehmen, also etwa die Stadt, der Bezirk.

Das Debüt im Sommer vor dem Mauerfall war noch eine Insider-Veranstaltung für 150 hartgesottene Techno-Fans. Die Party nach der Parade fand im „Ufo-Club" statt. Schon 1999 tanzten jedoch 1,5 Millionen Teilnehmerinnen und Teilnehmer zu lauter Musik durch die Straßen Berlins und bei der „Abschlusskundgebung" an der Siegessäule. Da ein politischer Charakter, selbst in den Anfangsjahren höchst umstritten, hier nicht mehr erkennbar war, sprach das Bundesverfassungsgericht der Veranstaltung den Status als Demonstration ab, ordnete sie als kommerziell ein. Fortan mussten die Organisatoren alle Kosten tragen – auch für die Stadtreinigung und für die Sicherheit. Dies fiel immer schwerer, da immer mehr Sponsoren absprangen. Schon im Jahr 2003 konnte eine Insolvenz nur abgewendet werden, indem die Berliner Messegesellschaft einen Zuschuss von 500.000 Euro leistete.

In den Jahren 2004 und 2005 fiel die Loveparade komplett aus. In 2006 steuerte die Fitnessstudiokette McFit drei Millionen Euro bei; es wurde nicht nur Techno gespielt sondern auch andere Formen elektronischer Musik. Dr. Motte machte nicht mehr mit und distanzierte sich offen von dem Konzept, in der Folge kamen nur noch 500.000 Raver nach Berlin. In den Jahren darauf fand die Loveparade an verschiedenen Orten im Ruhrgebiet statt, jeweils mit weit über einer Million Teilnehmenden. Die Veranstaltung im Jahr 2009 musste ausfallen, im Sommer 2010 kam es auf dem schlecht gesicherten Gelände des ehemaligen Güterbahnhofs von Duisburg zu einer Massenpanik, bei der 21 Menschen getötet, 652 verletzt wurden.

Seither gibt es keine Loveparades mehr, weder in Berlin noch im Ruhrgebiet. In anderen deutschen Stätten fanden vergleichbare Veranstaltungen statt, etwa in München (Union Move, von 1996-2001), in Bremen die Vision Parade (2002-2006), in Hannover die Reinacarnation (1995-2006). Paris hat seit 1998 eine alljährliche Techno-Parade, in Zürich kommen zu der seit 1992 stattfindenden Street Parade in jüngerer Zeit alljährlich über eine Million Menschen.

Dr. Motte war dabei, als 2022 und 2023 in Berlin jeweils 200.000 Menschen bei „Rave the Planet"-Festivals tanzten. Seine politischen Positionen, die ihn seinerzeit eine Demonstration für „Friede, Freude, Eierkuchen" mit Techno-Musikuntermalung anmelden und genehmigen ließen, haben ihn jedoch in die Nähe der so genannten Querdenker gebracht. Einzelne Vorwürfe hat er dementiert, doch seine Äußerungen werden immer wieder in dieser Richtung verstanden.

Im Jahr 2008 hatte der Spielfilm „Berlin Calling" des Regisseurs Hannes Stöhr gleich doppelt Erfolg: Als stimmungsvolles Kino-Porträt der Berliner Techno-Szene und eines ihrer Haupt-Protagonisten Paul Kalkbrenner, der selbst die Hauptrolle übernahm, sowie mit dem Song „Sky and Sand". Musikproduzent und DJ Kalkbrenner hatte den Titel mit seinem Bruder Fritz eingespielt, der hier, sehr ungewöhnlich für eine Techno-Nummer, auch sang. Mit diesem Einsatz konnte Fritz Kalkbrenner, 1981 und damit vier Jahre nach seinem Bruder Paul in Ost-Berlin geboren, eine eigene Karriere als Techno-Musiker und -Produzent starten. „Sky and

Sand" hielt sich 129 Wochen lang in der deutschen Hitparade, länger als jeder andere Titel in deren Geschichte.

Die Brüder Kalkbrenner haben, jeder für sich, der deutschen Techno-Musik eine Wendung gegeben, neue atmosphärische Dimensionen hinzugefügt: Fritz mit seinem maskulineleganten Gesang, Paul mit seinen kunstvollen Übergängen von ekstatischen Beats zu melancholischen Stimmungen. „Der macht Techno mit Melodie und in Moll", schrieb der Musikjournalist Markus Kavka, „die Leute haben Tränen in den Augen". Beide Kalkbrenner-Brüder treten längst überall in der Welt auf, bei Festivals in Shanghai, Peking oder Taipeh erhalten sie Gagen in sechsstelliger Höhe.

Die Frankfurter Techno-Szene orientiert sich seit jeher nicht so sehr am Massenpublikum, kann jedoch kontinuierliche Erfolge vorweisen. Mit seinen Clubs „Omen" und „Cocoon" prägte Sven Väth über Jahre das Nachtleben in der Mainmetropole. Zwanzig Jahre lang gab es legendäre „Cocoon-Raves" in Väths Club auf Ibiza. Von 1990 bis ins Jahr 2003 gestaltete und moderierte er regelmäßig die Radiosendung „Clubnight" beim Hessischen Rundfunk.

Im Jahr 2015 wurde Sven Väth mit der Goetheplakette der Stadt Frankfurt geehrt – was ihn in eine Reihe mit Albert Schweitzer, Max Horkheimer, Carl Orff, Theodor W. Adorno und Nobelpreisträgern wie Thomas Mann, Otto Hahn und Christiane Nüsslein-Volhard stellt. DJ-Kollege Talla 2XLC, angeblich der „Erfinder" des Begriffs Techno, war schon 2010 mit der Ehrenplakette der Stadt Frankfurt ausgezeichnet worden. Die damalige Oberbürgermeisterin Petra Roth lobte, Talla 2XLC habe „mit seiner innovativen Musik den Namen unserer Stadt in alle Welt getragen und das kulturelle Ansehen Frankfurts international gefördert."

Die Düsseldorfer Band Kraftwerk, die Keimzelle des Elektropop und Wegbereiter aller elektronischen Formen der Popmusik, feierte auch nach dem Siegeszug von House und Techno weltweit Erfolge. Florian Schneider wurde 1998 von der Karlsruher Hochschule für Gestaltung zum Professor für Medienkunst und Performance berufen. Das Kraftwerk-Album „Tour de France Soundtracks" belegte im Jahr 2003 auf Anhieb Platz 1 der deutschen Album-Hitparade. Im Spätjahr 2008 verließ Schneider die Band, im Frühjahr 2020 starb er an seiner Krebserkrankung.

Schneiders Kollege Ralf Hütter produziert auch 55 Jahre nach Gründung von Kraftwerk noch immer elektronische Popmusik. Catherine Wood, Kuratorin der Tate Modern Gallery in London und Initiatorin der Kraftwerk-Auftritte in der legendären Kunststätte, verglich die Bedeutung der Band mit dem Ruf eines der größten, teuersten und einflussreichsten Maler der Gegenwart – und schließt damit den Kreis in die Düsseldorfer Kulturszene: „Kraftwerk", sagt Expertin Wood, „sind für die populäre Musik das, was Gerhard Richter für die zeitgenössische Kunst ist."

Andy McCluskey, Mitgründer der britischen Synthie-Popband Orchestral Manoeuvres in the Dark (OMD) ordnet die kulturgeschichtliche und zivilisatorische Leistung von Hütter und Schneider anders ein: „Als Kraftwerk anfingen, war Technologie ein Anlass zum Fürchten. Die Menschen sagten: ‚Schau dir diese Roboter-Typen an, die Musik auf Computern machen. Das ist falsch!' Dabei hat sich herausgestellt, dass Kraftwerk absolut recht hatten! Nicht nur mit ihrer Musik, sondern mit ihrer Synthese von Mensch und Maschine. Das war überhaupt nicht furchterregend. Wir haben es genossen und unser Leben weiter geführt."

Die amerikanische Vereinigung der Tonträger-Industrie verlieh Kraftwerk 2014 den „Grammy Lifetime-Achievement Award". Das stellt die Band auf eine Stufe mit den Beatles, Frank Sinatra, Irving Berlin und Leonard Bernstein. Im Oktober 2021 wurden Kraftwerk in die Hall of Fame des Rock'n'Roll berufen. Sie sind als einzige deutsche Musiker dort vertreten. Skurrilerweise hat sie die Jury der amerikanischen Ruhmeshalle in die Kategorie „Frühe Einflüsse" eingeordnet, wo ansonsten vor allem angestaubte Blues-, Jazz- und Folk-Antiquitäten zu finden sind.

Personenregister

Nixdorf, Heinz **226 ff.,**
Nobel, Alfred 112
Ollenhauer, Erich 34
Ossietzky, Carl von **24 ff.,** 206
Ossietzky, Rosalinde 194
Osthaus, Karl Ernst 163
Otto(-Peters), Louise **45 ff.**
Otto, Nikolaus 153
Parkhurst, Helen 189
Pasteur, Louis 108
Paul, Bruno 163, 172
Paul, Wolfgang 35
Pestalozzi, Johann Heinrich 142, 180 ff.
Pettenkofer, Max (von) 102
Piscator, Erwin 169
Planck, Max 9, 135
Platzeck, Matthias 83
Podewils-Dürnitz, Clemens von 22
Poppe, Ulrike 37
Porsche, Ferdinand 156 f.
Porsche, Wolfgang 194
Poschardt, Ulf 238
Presley, Elvis 139 ff.
Quidde, Ludwig **22 f.,** 27 f., 60
Quistorp, Eva 69
Rathenau, Emil **125, 127 ff.** 135,
Rathenau, Walther **135 f.**
Rau, Johannes 29, 31
Reitsch, Hanna 63
Reuter, Edzard 138
Richter, Gerhard 233, 245

Verwendete Literatur (Auswahl)

Alex, Jürgen: Wege und Irrwege des Konrad Zuse. Spektrum der Wissenschaft, 01/1997, S. 78 ff;

Bäumler, Ernst: Paul Ehrlich, Forscher für das Leben. Societäts-Verlag, Frankfurt/M., ² 1980;

Benz, Carl-Friedrich: Lebensfahrt eines deutschen Erfinders, die Erfindung des Automobils, Erinnerungen eines Achtzigjährigen. Hopfenberg Sonderausgabe, Berlin 2021 nach: Köhler und Amelang, Leipzig, 1936;

Böpple, Friedhelm, und **Knüfler,** Ralf: Generation XTC, Techno & Ekstase. Deutscher Taschenbuch Verlag, München, 1998;

Borchmeyer, Dieter: Was ist deutsch – Variationen eines Themas von Schiller über Wagner zu Thomas Mann. Vortrag auf einer Veranstaltung des Thomas-Mann-Förderkreises, München, 2008, https://www.tmfm.de/aktuell/Borchmeyer.pdf

Bundeszentrale für politische Bildung (Hg.): Dossier Frauenbewegung. 2008; https://www.bpb.de/themen/gender-diversitaet/frauenbewegung/

Bieling, Richard: Der Tod hatte das Nachsehen – Emil von Behring, Gestalt und Werk. Bielefelder Verlag, Bielefeld, ³1954;

Campbell, Joan: Der Deutsche Werkbund 1907-1934. dtv, München, 1989;

Dahmen, Hermann Josef: Friedrich Silcher, Komponist und Demokrat, eine Biografie. Edition Erdmann im K. Thienemanns-Verlag, Stuttgart und Wien, 1989;

Dünnebier, Anna und **Scheu,** Ursula: Die Rebellion ist eine Frau – Anita Augspurg und Lida G. Heymann, das schillerndste Paar der Frauenbewegung. Heinrich Hugendubel-Verlag, Kreuzlingen/München, 2002;

Ebeling, Hermann: Der Freiherr von Drais, das tragische Leben des „verrückten Barons". Ein Erfinderschicksal im Biedermeier. G. Braun, Karlsruhe, 1985;

Erhard, Annegret: Margarete Steiff. Ullstein Buchverlage, Berlin, 2000;

Feldenkirchen, Wilfried: Werner von Siemens – Erfinder und internationaler Unternehmer. Piper-Verlag, München, 1996;

Fontane, Theodor: Der Erkundungsritt des Grafen Zeppelin am 24. Und 25. Juli 1870. In: Hoerschel, Ernst (Hrsg.): Unser eisernes Kreuz, ein deutsches Heldenbuch. Springer-Verlag, Berlin. Heidelberg, 1915, S. 39 -46;

FrauenMediaTurm (Bearbeitung Jessica Bock): Hedwig Dohm. Digitales Deutsches Frauenarchiv, 2021, https://www.digitales-deutsches-frauenarchiv.de/akteurinnen/hedwig-dohm

Frohn, Hans-Werner: Natur und Staat, staatlicher Naturschutz in Deutschland 1906-2006. Landwirtschaftsverlag, Münster, 2006;

Frohn, Hans-Werner und **Rosebrock,** Jürgen (Hrsg.): Spurensuche – Lina Hähnle und die demokratischen Wurzeln des Naturschutzes. Klartext/Jakob Funke Medienbeteiligungs GmbH & CO KG, Essen, 2017;

Fürst, Artur: Werner von Siemens, der Begründer der modernen Elektrotechnik. Deutsche Verlagsanstalt, Berlin und Stuttgart, 1916;

Füßl, Wilhelm: Oskar von Miller, eine Biografie. C.H. Beck, München, 2005;

Genschorek, Wolfgang: Robert Koch, selbstloser Kampf gegen Seuchen und Infektionskrankheiten. S. Hirzel Verlag, Leipzig, 1987;

Goldschmidt, Helene: Der Kindergarten in seiner Bedeutung für die Erziehung des weiblichen Geschlechts. Vortrag gehalten am 15. Januar 1872 in Leipzig im Verein für Familien- und Volkserziehung. Verlag Sturm und Kappe, Leipzig, 1872;

Hachmann, Gerhard und **Koch,** Rainer (Hrsg.): Wider die rationelle Bewirthschaftung! Texte und Quellen zur Entstehung des deutschen Naturschutzes. Bundesamt für Naturschutz, Bonn, BfN Skripten 417, 2015;

Haffner, Sebastian: Geschichte eines Deutschen – Erinnerungen 1914 – 1933. Deutsche Verlagsanstalt, Stuttgart und München, [9]2001;

Hardenberg, Horst: Siegfried Marcus – Mythos und Wirklichkeit. Wissenschaftliche Schriftenreihe des Daimler-Chrysler Konzernarchivs, Bd. 3, Delius Klasing, Bielefeld, 2000;

Hervé, Florence: Clara Zetkin. In: Digitales Deutsches Frauenarchiv, 2022. https://www.digitales-deutsches-frauenarchiv.de/akteurinnen/clara-zetkin

Heiland, Helmut: Friedrich Fröbel in Selbstzeugnissen und Bilddokumenten. Rowohlt Taschenbuch Verlag, Reinbek bei Hamburg, 1988;

Henke, Christiane: Anita Augspurg. Rowohlt Taschenbuch Verlag, Reinbek bei Hamburg, 2000;

Hilauer, Rebecca: „Der befreiende Tomatenwurf von 1968 – Beginn der neuen Frauenbewegung". Deutschlandfunk Kultur, 2018, https://www.deutschlandfunkkultur.de/der-befreiende-tomatenwurf-von-1968-beginn-der-neuen-100.html

Hoffkamp, Sabine: Lida Gustava Heymann. Digitales Deutsches Frauenarchiv, 2021, https://www.digitales-deutsches-frauenarchiv.de/akteurinnen/lida-gustava-heymann

Holl, Karl: Pazifismus in Deutschland. edition suhrkamp, Suhrkamp Verlag, Frankfurt/M., 1988;

Isaacs, Reginald R.: Walter Gropius, der Mensch und sein Werk.
Gebr. Mann-Verlag, Berlin, 1984;

Joffe, Josef: Der gute Deutsche, die Karriere einer moralischen Supermacht. C. Bertelsmann/Random House, München, 2018;

Käfer-Dittmar, Gabriele: Louise Dittmar (1807 -1884). Un-erhörte Zeit-Zeugnisse. Verlag Justus von Liebig, Darmstadt, 1992;

Kraiker, Gerhard und **Suhr,** Elke: Carl von Ossietzky. Rowohlt Taschenbuch-Verlag, Reinbek b. Hamburg, 1994;

Kraushaar, Wolfgang: 50 Jahre Bundeswehr statt Frieden – Protest gegen die Wiederbewaffnung. In: Friedensforum 6/2005; http://archiv.friedenskooperative.de/ff/ff05/6-61. htm

Kröher, Michael: Der Club der Nobelpreisträger, wie im Berliner Harnack-Haus das 20. Jahrhundert neu erfunden wurde. Knaus-Verlag/Random House, München, 2017;

Kruse, Käthe: Ich und meine Puppen (bearb. Von Sofie Rehbinder-Kruse). Herder Verlag, Freiburg/Brsg. 1986;

Lilienthal, Otto: Der Vogelflug als Grundlage der Flieger-kunst. Ein Beitrag zur Systematik der Flugtechnik. R. Gaertners Verlagsbuchhandlung Hermann Heyfelder, Berlin, 1889;

Makukha, Andriy: See them to believe it – why Kraftwerk is the world's most influental band. The Conversation, 2017, https://theconversation.com/see-them-to-believe-it-why-kraftwerk-is-the-worlds-most-influential-band-78138

Mauritz, Miriam: Die neue Frauenbewegung der 1960er und 70er Jahre im Verhältnis zur politischen (Frauen*-) Bildung: Zwischen Selbsterfahrung, Politisierung und Emanzipation. Bundesausschuss für politische Bildung, 2020; https://profession-politischebildung.de/grundlagen/geschichte/frauenbewegung/

Miethe, Ingrid: Die „Frauen für den Frieden" – Ost. Deutsches Digitales Frauenarchiv, 2018, https://www.digitales-deutsches-frauenarchiv.de/themen/die-frauen-fuer-den-frieden-ost

Muthesius, Hermann: Die Bedeutung des Kunstgewerbes. In: Dekorative Kunst – Eine illustrierte Zeitschrift für Angewandte Kunst, Verlagsanstalt Bruckmann, München, Band XV, 1907, S. 177-192;

Nerdinger, Winfried: Das Bauhaus, Werkstatt der Moderne. Verlag C.H. Beck, München, [3] 2019;

Ossietzky, Carl von: Der Zeit den Spiegel vorhalten. Rowohlt Taschenbuch Verlag, Reinbek bei Hamburg, 1994;

Pammer, Michael: Die Diphtherie in den im Reichsrat vertretenen Königreichen und Ländern in den Jahren 1880 bis 1912. In: Zeitschrift für vergleichende Regionalgeschichte, Nr. 14/1 (2005), S. 70-89;

Pestalozzi, Hans A., Schlegel, Ralf, **Bachmann,** Adolf (Hrsg.): Frieden in Deutschland – Die Friedensbewegung: wie sie wurde, was sie ist, was sie werden kann. Wilhelm Goldmann Verlag, München, 1982;

Pohl, Manfred: Emil Rathenau und die AEG. V. Hase & Koehler, Mainz, 1988;

Quidde, Torsten: Friedensnobelpreisträger Ludwig Quidde – Ein Leben für Frieden und Freiheit. Berliner Wissenschafts-Verlag, Berlin, 2003;

Radkau, Joachim: Die Ära der Ökologie – Eine Weltgeschichte. Verlag C.H. Beck, München, 2011;

Rusch, Barbara: Robert Koch – vom Landarzt zum Pionier der modernen Medizin. NG Buchverlag, München, 2021;

Schipperges, Heinrich: Rudolf Virchow. Rowohlt Taschenbuch-Verlag, Reinbek bei Hamburg, 1994;

Schüller, Elke: Clara Zetkin; Bundeszentrale für politische Bildung, 2009, https://www.bpb.de/themen/gender-diversitaet/frauenbewegung/35316/clara-zetkin/

Schwipps, Werner: Lilienthal. Arani-Verlag Berlin, 1979;

Seher-Thoss, Hans Christoph Graf von (Hrsg.): Zwei Männer, ein Stern – Gottlieb Daimler und Carl Benz in Bildern, Daten und Dokumenten. Klassiker der Technik, vdi-Verlag, Düsseldorf, ²1988;

Siemens, Werner von: Lebenserinnerungen. Holzinger, Berliner Ausgabe, ⁴2017;

Sternburg, Wilhelm von: Es ist eine unheimliche Stimmung in Deutschland – Carl von Ossietzky und seine Zeit. Aufbau-Verlag, Berlin, 1996;

Stock, Adolf: Das Gropius-Prinzip. Deutschlandfunk Kultur, 2008, https://www.deutschlandfunkkultur.de/das-gropius-prinzip-100.html

Stritt, Marie (Hg.): Der Internationale Frauenkongress in Berlin 1904, Bericht mit ausgewählten Referaten. Verlag Carl Kabel, Berlin, 1904;

Strunk, Peter: Die AEG – Aufstieg und Niedergang einer Industrielegende. Nicolaische Verlagsbuchhandlung Bauermann, Berlin, 1999;

Vahsen, Mechthilde: Louise Otto-Peters. Bundeszentale für Politische Bildung, 2009, https://www.bpb.de/themen/gender-diversitaet/frauenbewegung/35309/louise-otto-peters/

Völker, Renate und **Völker,** Karl-Otto: Gottlieb Daimer, ein bewegtes Leben. Silberburg-Verlag, Tübingen. ²2014;

Weiß, Konrad: Lothar Kreyssig, Prophet der Versöhnung. Bleicher Verlag, Gerlingen, 1998;

Wolff, Kerstin: Helene Lange – eine Lehrerin der bürgerlichen Frauenbewegung. Bundeszentrale für politische Bildung, 2009. https://www.bpb.de/themen/gender-diversitaet/frauenbewegung/35312/helene-lange/